JN046339

駿河台出版社
SURUGADAI SHUPPANSHA

テーマで読む韓国語

［中級編］

金昌九・崔昌玉

本文イラスト：がりぼん（ひろガリ工房）
装丁：dice

はじめに

　本書『テーマで読む韓国語（中級編）』は、難易度を韓国語能力試験2〜3級レベルに設定しています。試験対策用テキストとして、あるいは、初級程度の韓国語を修得した方がさらなる実践的スキルを身につけるためのテキストとして、さまざまな学習状況で幅広くご活用いただけるよう、以下の点に配慮しました。

- 重要かつ実践的で身近なテーマの設定
- 客観的なデータに基づいたテーマおよび文法項目・語彙の選定
- 語彙力と文法力をつけるための語彙練習やワークブックの充実
- 学習者と教員双方に役立つ補助資料の充実
- 教室用としても、独学用としても使えるような設計

　これらの点を踏まえつつ、テキストを書くにあたっては、学習者自身が興味を持って主体的に課題に取り組んでもらえるようなテーマや場面を設定するように心がけました。また、硬めの文語的表現からくだけた口語的表現まで、さまざまなニュアンスの表現を取り入れ、韓国語の多彩さに触れていただけるよう工夫してあります。

　本書の使い方は以下の通りです。
- 各テキストの難易度は同程度、文法項目もスパイラル式に配列してあるので、順番に従う必要はありません。興味のあるテーマ、好きなテーマから自由に取り組んでください。
- 学習者自身の立場からも作文およびプレゼンテーションができるようなテーマを選びました。一つのテーマについて読み終わったら、テキストを参考にして、そのテーマについて自分の立場から話したり、書いたりしてみてください。

　本書の作成にあたっては多くの方々にお世話になりました。この場を借りて感謝の気持ちを伝えたいと思います。特に、1年間の教科書試用期間中、プリント教材で我慢してくれた藤女子大学の学生たち、そして、本書の企画段階から出版まで力強く導いてくださった駿河台出版社の浅見忠仁様に心から感謝いたします。

　本書が、一人でも多くの韓国語学習者の役に立てば幸いです。

2021年1月

金昌九・崔昌玉

目　　次

付　録

別冊 WORKBOOK

1 사토 하나라고 합니다.

🔊 001

안녕하세요, 여러분. 처음 뵙겠습니다. 사토 하나라고 합니다. 사토가 성이고, 하나는 이름이에요. 일본에서 왔습니다. 전공은 일본 문학입니다. 고향은 동경이에요. 동경에서 태어났습니다. 지금은 삿포로에 살고 있습니다.

한국에는 올해 3월에 왔습니다. 한국은 처음이에요. 한국 아이돌과 드라마를 아주 좋아해요. 그래서 꼭 한 번 와 보고 싶었습니다. 아이돌 중에서는 BTS를 가장 좋아합니다. 기회가 있으면 여러분들과 같이 콘서트에도 한 번 가 보고 싶습니다.

한국에는 1년 정도 있을 거예요. 한국에서 한국어도 많이 배우고 친구들도 많이 사귀고 싶습니다. 여기저기 여행도 많이 가 보고 싶어요.

그럼, 여러분. 앞으로 잘 부탁드리겠습니다.

혹시 질문 있으세요? 네? 제 나이요? 제 나이는요… 음, 그건 비밀이에요.

감사합니다.

📘 文法・表現リスト → 別冊 WORKBOOK （※数字は文法番号を示す）

1 読む前　自己紹介の時に皆さんは次の内容について話をしますか。

(　) 이름

(　) 가족

(　) 국적 / 고향

(　) 월급

(　) 사는 곳

(　) 나이

(　) 남자 친구(남편) / 여자 친구(아내)

(　) 직업 / 직장; 학교 / 전공

(　) 취미 / 좋아하는 것

(　) 연락처(전화번호 / 이메일 주소)

2 読む前　　　　　に入る適切な表現を ［보기］ から選んで書きなさい。

[보기]　처음　　고향　　태어나다　　기회　　혹시　　비밀

1 한국은 　　　　　　　　 이에요. / 하나 씨와는 오늘 　　　　　　　　 만났어요.

2 주말에는 　　　　　　　　 에 가서 가족과 친구들을 만날 거예요.

3 언어 교환은 한국어를 배울 수 있는 좋은 　　　　　　　　 라고 생각해요.

4 　　　　　　　　 이에요. 하나 씨만 알고 계세요.

5 　　　　　　　　 저 몰라요? ○○대학교에 다녔어요.

6 저는 1999년 일본 동경에서 　　　　　　　　.

3 内容確認　本文を読んで、次の内容があるか確認しなさい。

1 (　) 이름

3 (　) 가족

5 (　) 국적 / 고향

7 (　) 취미 / 좋아하는 것

9 (　) 연락처(전화번호 / 이메일 주소)

2 (　) 나이

4 (　) 남자 친구(남편) / 여자 친구(아내)

6 (　) 직업 / 직장; 학교 / 전공

8 (　) 사는 곳

4 内容確認　読んだ内容と一致するものには○を、一致しないものには×を書きなさい。

1 (　) 이 사람은 일본 사람입니다.

2 (　) 이 사람의 직업은 학생입니다.

3 (　) 이 사람은 지금 동경에서 살고 있습니다.

4 (　) 이 사람은 한국 문화에 관심이 많습니다.

5 (　) 이 사람의 나이는 알 수 없습니다.

우체국 （郵遞局 ▾） ★★★

편지나 소포 등을 보내는 (ⓐ). 예금을 하거나 돈을 찾을 수도 있다.

우체국(ⓑ) 편지를 보냈어요.

우체국에 가서 친구(ⓒ) 소포를 보낼 거예요.

은행[1] （銀行 ▾） ★★★

사람들의 돈을 관리하거나 필요한 사람에게 빌려주는 (ⓐ)

은행에 돈을 찾으러 가요.

여행 전에 일본 돈을 한국 돈(ⓓ) 환전했습니다.

은행(ⓑ) 돈을 빌려서 집을 샀어요.

약국 （藥局 ▾） ★★★

약사가 약을 만들거나 파는 (ⓐ)

어릴 때 몸이 약해서 병원과 약국에 자주 다녔어요.

머리가 아파서 약국(ⓑ) 두통약을 사 먹었습니다.

미용실 （美容室 ▾） ★★★

머리를 자르거나 염색, 파마, 화장을 하는 (ⓐ)

친구 결혼식이라서 미용실(ⓑ) 머리를 잘랐어요.

오랜만에 미용실에 가서 파마를 했습니다.

- -

▌**文法・表現リスト** → 別冊 WORKBOOK

1 読む前　次の会話と関係のあるところはどこですか。

1　A：환전을 하고 싶어요.

　　B：여권 좀 보여 주세요.　　　＿＿＿＿＿＿＿

2　A：머리를 하고 싶은데요.

　　B：여기에 앉으세요.　　　　＿＿＿＿＿＿＿

3　A：소포를 보내려고 하는데요.

　　B：어디로 보내실 거예요?　　＿＿＿＿＿＿＿

4　A：어떻게 오셨어요?

　　B：열이 많이 나서요.　　　　＿＿＿＿＿＿＿

2 読む前　　　　に入る適切な表現を［보기］から選んで書きなさい。

［보기］　보내다　　찾다　　빌리다　　자르다　　내다　　다니다

1　친구에게 이메일을 ＿＿＿＿＿＿＿ / 제가 ＿＿＿＿＿＿＿＿＿ 선물 잘 받았어요?

2　저는 ○○대학에 ＿＿＿＿＿＿＿. / 아파서 매일 병원에 ＿＿＿＿＿＿＿.

3　잃어버린 지갑 ＿＿＿＿＿＿＿? / 은행에 가서 돈을 ＿＿＿＿＿＿＿.

4　도서관에서 책을 ＿＿＿＿＿＿＿ / 미안하지만 돈 좀 ＿＿＿＿＿＿＿ 주세요.

5　화를 ＿＿＿＿＿＿＿ / (식사 후) 오늘은 제가 ＿＿＿＿＿＿＿.

6　A：어디 가세요?　　　B：머리 ＿＿＿＿＿＿＿ 러 미용실에 가요.

3 内容確認　本文を読んで、次の問いに答えなさい。

1　@に共通に入る適切な単語を書きなさい。　　　＿＿＿＿＿＿＿

2　ⓑに共通に入る適切な助詞を書きなさい。　　　＿＿＿＿＿＿＿

3　ⓒに入る適切な助詞を書きなさい。　　　　　　＿＿＿＿＿＿＿

4　ⓓに入る適切な助詞を書きなさい。　　　　　　＿＿＿＿＿＿＿

「내가 꿈 꾸는 집」 댓글 달기 이벤트

↳ 저는 (ⓐ) 없는 섬에서 혼자 살고 싶어요.

↳ 저는 반대예요. 시골 출신이라서 ^^ 저는 복잡한 도시가 좋아요. 시내에 있는 넓~은 아파트에서 살고 싶어요.

↳ 저는 마당이 있고 조용한 집!!

↳ ↳ 저도 마당 있는 집에서 살고 싶어요^^.

↳ 여름에는 시원하고 겨울에는 따뜻한 집에서 살고 싶어요. 지금 사는 집은 여름에는 덥고 겨울에는 (ⓑ). 흑흑

↳ 조용하고 공기가 맑은 곳이요.

↳ 지금 원룸에 살고 있어요. 그래서 방도 많고 거실도 넓은 집에서 살고 싶어요.

↳ 바다가 보이는 곳!!

↳ 저는 그냥 기숙사~

↳ 역이 멀어서 너무 힘들어요. 그래서 교통이 편리한 곳.

↳ 사랑하는 사람과 함께라면 ㅋㅋ 어디든지 괜찮아요.

↳ 저는요~ 근처에 공원도 있고 편의점도 있고 은행도 가깝고 병원도 가까운 집이 좋아요~

↳ 지금 살고 있는 집보다 넓은 집이요~^^

文法・表現リスト → 別冊 WORKBOOK

1 読む前　次の質問に答えなさい。

1　皆さんはどんな場所で暮らしたいですか。

① (　　) 시골　　　(　　) 도시　　　(　　) 바다 근처　　(　　) 산　　(　　) 섬

② (　　) 아파트　(　　) 단독 주택　(　　) 원룸　　　(　　) 한옥

2　誰と一緒に暮らしたいですか。

① (　　) 혼자　　　　　　　　　② (　　) 가족

③ (　　) 사랑하는 사람

3　家を選ぶ時、何を重要だと考えていますか。重要に思う順番を数字で書きなさい。

① (　　) 교통 (편리한 곳)

② (　　) 거리 (학교나 직장에서 가까운 곳)

③ (　　) 가격 (집세가 싼 곳)

④ (　　) 환경 (조용한 곳 / 번화한 곳)

2 読む前　反対の意味を表す単語を線でつなげなさい。

1　많다　　　·　　　　·　① 좁다
2　넓다　　　·　　　　·　② 불편하다
3　조용하다　·　　　　·　③ 가깝다
4　멀다　　　·　　　　·　④ 시끄럽다
5　편리하다　·　　　　·　⑤ 적다

3 内容確認　本文を読んで次の質問に答えなさい。

1　ⓐに入る適切な表現を書きなさい。

_____

2　ⓑに入る適切な表現を書きなさい。

_____

3　皆さんはどんな家に住みたいですか。

_____

4 오늘 하루도 수고했어!

◀) 002

저는 매일 아침 7시에 일어납니다. 일어난 후 먼저 화장실에 갑니다. 그리고 세수를 합니다. 보통은 세수만 하지만 더운 여름에는 샤워를 할 때도 있습니다. 그런 다음 뉴스를 보면서 아침을 먹습니다. 아침 식사 후에 이를 닦고 거울을 보면서 화장을 합니다. 8시쯤 집을 나와서 자전거로 학교에 갑니다. 학교까지는 20분 정도 걸립니다. 가깝지도 않고 멀지도 않은 거리입니다.

수업은 요일마다 다르지만 보통 9시에 시작합니다. 수업 중에는 관심이 있어서 듣는 수업도 있지만 학점 때문에 어쩔 수 없이 듣는 수업도 있습니다.

수업 후에는 시내에 있는 아이스크림 가게에서 아르바이트를 합니다. 힘들 때도 있지만 함께 일하는 친구들과 사이가 좋아서 즐거울 때가 더 많습니다.

집에 돌아오면 밤 9시 정도. 친구랑 라인을 하면서 늦은 저녁을 먹습니다. 그런 다음 샤워를 하고 잡니다. 자기 전 스스로에게 말합니다.

'사토 하나! 오늘 하루도 수고했어. 내일도 힘내자!'

▌文法・表現リスト → 別冊 WORKBOOK

1 読む前　一緒に使う動詞を選んで、その番号を書きなさい。

1	세수를	( )	① 하다	1	顔を洗う	
2	아침을	( )	② 듣다	2	朝ご飯を食べる	
3	이를	( )	③ 먹다	3	歯を磨く	
4	화장을	( )	④ 좋다	4	化粧をする	
5	관심이	( )	⑤ 있다	5	関心がある	
6	사이가	( )	⑥ 들다	6	仲がいい	
7	힘이	( )	⑦ 닦다	7	しんどい	
8	수업을	( )		8	授業を聞く	

2 読む前　＿＿＿に入る適切な表現を［보기］から選んで書きなさい。

[보기]　시작하다　　수고하다　　힘내다　　멀다　　걸리다

1 수업은 매주 월요일 9시에 ＿＿＿＿＿＿＿＿. 10시 반에 끝나요.

2 시험 보느라 ＿＿＿＿＿＿＿＿. / ＿＿＿＿＿＿＿＿. 저 먼저 갈게요.

3 조금만 더 ＿＿＿＿＿＿＿＿! 하나 씩 할 수 있어요.

4 시간이 ＿＿＿＿＿＿＿ / 감기에 ＿＿＿＿＿＿＿.

3 読む前　反対の意味を表す単語を［보기］から選び、その番号を書きなさい。

[보기]　① 가깝다　　② 시작하다　　③ 빠르다　　④ 일어나다　　⑤ 다르다

1 ( ) 멀다　　　2 ( ) 늦다　　　3 ( ) 자다　　　4 ( ) 같다

5 ( ) 끝나다

4 内容確認　読んだ内容と一致するものには○を、一致しないものには×を書きなさい。

1 ( ) 이 사람은 학생입니다.

2 ( ) 이 사람은 좋아하는 수업만 듣고 있습니다.

3 ( ) 수업은 보통 9시부터 시작합니다.

4 ( ) 이 사람의 이름은 사토 하나입니다.

5 수업 첫날

◀) 003

여러분, 안녕하세요? 김민서라고 합니다. 만나서 반갑습니다.

오늘은 여러분에게 이 수업의 룰을 설명하겠습니다. 여러분도 잘 알고 있겠지만, 이 수업은 매주 월요일과 금요일 9시부터입니다. 9시까지는 학교에 와야 합니다. 지각이나 결석은 하지 마세요. 몸이 아프거나 급한 일이 생겨서 수업에 늦거나 못 올 때는 꼭 연락해 주세요.

그리고 수업 중에는 (ⓐ)로 이야기하세요. 단어나 문법을 모를 때는 일본어를 써도 됩니다. 사전을 봐도 됩니다. 그리고 친구한테 물어보거나 저한테 질문해도 됩니다. (ⓑ) 가능하면 한국어로 이야기하세요.

마지막으로, 수업 중에는 조금 큰 소리로 말해 주세요. 그리고 다른 학생들의 이야기나 발표도 잘 들으세요.

이상입니다. 한 학기 동안 재미있게, 그리고 즐겁게 공부를 했으면 좋겠습니다. 혹시 질문 있는 학생? 없어요?

그럼, 오늘 수업은 여기까지 하겠습니다. 수고하셨습니다.

文法・表現リスト → 別冊 WORKBOOK

☐ 김민서라고 합니다	→ 109	☐ 못 올 때는	→ 099
☐ 설명하겠습니다 /	→ 006		→ 117
여기까지 하겠습니다		☐ 연락해 주세요 / 말해 주세요	→ 049
☐ 알고 있겠지만	→ 007	☐ 모를 때는 / 못 올 때는	→ 099
☐ 와야 합니다	→ 056	☐ 써도 됩니다 / 봐도 됩니다 /	→ 044
☐ 지각이나 결석 /	→ 105	질문해도 됩니다	
이야기나 발표		☐ 수업 중에는	→ 114
☐ 하지 마세요	→ 115	☐ 한 학기 동안	→ 025
☐ 아프거나 / 수업에 늦거나 /	→ 002	☐ 재미있게 / 즐겁게	→ 004
물어보거나		☐ 했으면 좋겠습니다	→ 059
☐ 급한 일이 생겨서	→ 051		

① 読む前　皆さんの韓国語の授業で守らなければならないルールがありますか。

1 (　　) 지각이나 결석을 하면 안 돼요.　　2 (　　) 한국어로만 이야기해야 해요.

3 (　　) 스마트폰을 보면 안 돼요.　　4 (　　) 떠들면 안 돼요.

5 (　　) 사전을 보면 안 돼요.　　6 (　　) 빵이나 음료수를 먹으면 안 돼요.

② 読む前　＿＿＿に入る適切な表現を［보기］から選んで書きなさい。

［보기］　설명하다　　지각하다　　결석하다　　연락하다　　물어보다　　발표하다

1 선생님, 이 문법 다시 한번 ＿＿＿＿＿＿＿＿＿ 주세요.

2 지난주는 몸이 아파서 학교에 못 왔어요. 이틀이나 ＿＿＿＿＿＿＿＿＿.

3 늦게 일어났어요. 그래서 수업에 ＿＿＿＿＿＿＿＿＿.

4 리포트를 쓴 후 학생들 앞에서 ＿＿＿＿＿＿＿＿＿.

5 A : 하나 씨, 요즘도 영민 씨하고 ＿＿＿＿＿＿＿＿＿?　　　B : 네, 가끔 해요.

6 A : 민서 씨, 하나 ＿＿＿＿＿＿＿＿＿도 돼요?　　　B : 뭐예요? ＿＿＿＿＿＿＿＿＿세요.

③ 内容確認　本文を読んで次の質問に答えなさい。

1 これは何について話していますか。

　① 수업 계획　　② 수업 규칙　　③ 수업 방법　　④ 시험과 성적

2 ⓐとⓑに入る適切な表現を書きなさい。

　ⓐ ＿＿＿＿＿＿＿＿＿＿＿＿＿＿＿　　ⓑ ＿＿＿＿＿＿＿＿＿＿＿＿＿＿＿＿＿＿

④ 内容確認　読んだ内容と一致するものには○を、一致しないものには×を書きなさい。

1 (　　) 오늘은 첫 수업 시간입니다.

2 (　　) 이 수업은 1주에 두 번 있습니다.

3 (　　) 수업 중에는 한국어만 사용해야 합니다.

4 (　　) 수업 중에는 큰 소리로 말하면 안 됩니다.

5 (　　) 감기에 걸렸을 때나 급한 약속이 있을 때는 선생님께 연락하지 않아도 됩니다.

6 저희 가족 사진이에요.

◀)) 004

작년 가을, 저희 가족이 홋카이도에 여행 갔을 때 찍은 사진입니다.

뒤에 안경을 쓰고 계신 분이 아버지십니다. 무역 회사에 다니세요. 취미는 등산과 낚시. 가끔 저희들을 데리고 산이나 바다에 가실 때도 있습니다. 아버지 옆에 계신 분은 저희 엄마. 미인이시죠? 취미는 한국 드라마 보기. 엄마는 결혼 후 회사를 그만두셨습니다. 지금은 집 근처 마트에서 아르바이트를 하세요. 그리고 앞에 모자를 쓰고 계신 분이 저희 할머니세요. 올해 85세. 건강해 보이시죠? 집에 계실 때가 많지만 산책도 하시고 할머니들 모임에도 자주 나가십니다. 할아버지께서는 작년에 돌아가셨어요. 그리고 이 사람은 저희 언니. 나이는 저보다 두 살이 많고, 올해 대학 4학년이에요. 요즘 취업 준비로 조금 바빠요. 아나운서가 되고 싶어서 학원에도 다니고 있어요. 얘는 제 남동생. 고등학교 1학년이고 축구를 아주 좋아해요. 하지만 잘 못해요.

올해 봄에는 바빠서 여행을 못 갔어요. 가을에는 꼭 같이 여행을 가고 싶어요.

文法・表現リスト → 別冊 WORKBOOK

⬡**1** 読む前　家族／親戚の名称です。関係があるものを選んで、番号を書きなさい。

1　아빠(엄마)의 아버지, 어머니　　　　　(　　)　　　　　① 조카

2　아빠(엄마)의 형(오빠)나 남동생　　　(　　)　　　　　② 아내, 남편

3　'나' 와 결혼한 남자, 여자　　　　　　(　　)　　　　　③ 아들, 딸

4　'내' 가 낳은 남자, 여자　　　　　　　(　　)　　　　　④ (외)할아버지, (외)할머니

5　형(언니/누나/오빠), 동생의 아들, 딸　(　　)　　　　　⑤ (외)삼촌

⬡**2** 読む前　　　　　に入る適切な表現を［보기］から選んで書きなさい。

［보기］　그만두다　　계시다　　돌아가시다　　다니다　　데리고 가다

1　저는 학생이에요. 사쿠라대학교에 _____.

2　할아버지께서는 방에 _____. TV 보세요.

3　어제 할머니께서 병으로 _____. 그래서 학교에 못 왔어요.

4　학교 생활이 재미가 없어요. 그래서 학교를 _____ 려고 해요.

5　A : 내일 파티에 친구 _____ 도 돼요?　　　B : 네, 데리고 오세요.

⬡**3** 内容確認　本文を読んで家族の特徴をメモしなさい。

	職業	その他（趣味等）
아버지		
어머니		
할머니	―	85세, 산책, 할머니들 모임
언니		
남동생		

⬡**4** 内容確認　読んだ内容と一致するものには○を、一致しないものには×を書きなさい。

1　(　　) 이 사람의 가족은 모두 여섯 명입니다.

2　(　　) 이 사람의 아버지는 회사원입니다.

3　(　　) 이 사람의 어머니는 지금 회사에 다닙니다.

4　(　　) 이 사람의 언니 직업은 아나운서입니다.

5　(　　) 이 사람의 동생은 축구를 좋아하지만 잘하지는 못합니다.

7 시장과 인터넷 쇼핑

🔊 005

저는 시장에 가는 것을 좋아합니다. 그래서 자주 시장에 갑니다. 시장 구경은 언제나 재미있습니다. 옷 가게, 신발 가게, 모자 가게, 물건을 파는 사람, 물건을 사는 사람…. 시장에서는 시장의 아저씨, 아주머니들과 한국어 연습도 할 수 있습니다. "아저씨, 이거 얼마예요?" "너무 비싸요. 조금 깎아 주세요." 값을 깎을 수도 있고 여러 가지 맛있는 음식도 맛볼 수 있습니다.

하지만 요즘에는 숙제도 많고 아르바이트 때문에 바빠서 시장에 갈 시간이 별로 없습니다. 그래서 시장에 가는 대신 인터넷으로 쇼핑을 합니다. 인터넷 쇼핑은 아주 편리합니다. 인터넷으로 쇼핑을 하면 시간을 절약할 수 있습니다. 그리고 직접 가서 사는 것보다 더 싸게 살 수도 있습니다.

다이어트를 하려고 1주일 전부터 조깅을 시작했습니다. 지난 주말에는 인터넷으로 마음에 드는 운동화와 티셔츠도 하나 주문했습니다. 그리고 오늘 택배를 받았습니다. 티셔츠는 사이즈도 맞고 디자인도 마음에 들었습니다. 하지만 운동화는 사이즈가 좀 작아서 불편했습니다. 그래서 조금 더 큰 사이즈로 다시 주문했습니다. 빨리 새 운동화를 신고 조깅을 하고 싶습니다.

文法・表現リスト → 別冊 WORKBOOK

1 読む前　市場とインターネットショッピングの長所は何だと思いますか。下から選び なさい。

1 시장의 장점	2 인터넷 쇼핑의 장점

① 가격이 쌉니다　　　　　　　　④ 상품이 다양합니다

② 편리합니다　　　　　　　　　　⑤ 상품평(리뷰)을 볼 수 있습니다

③ 시간을 절약할 수 있습니다　　⑥ 만져 보거나 입어 볼 수 있습니다

2 読む前　一緒に使う動詞を選んで、その番号を書きなさい。

1 마음에	( )	① 맞다	1 気に入る
2 운동화를	( )	② 들다	2 運動靴を履く
3 값을	( )	③ 신다	3 まける
4 음식을	( )	④ 맛보다	4 料理を味わう
5 사이즈가	( )	⑤ 깎다	5 サイズが合う

3 内容確認　この人が市場に行く理由で<u>合わない</u>ものを選びなさい。

① 재미있어서　　　　　　　② 한국어 연습을 할 수 있어서

③ 싸게 살 수 있어서　　　　④ 시간을 절약할 수 있어서

4 内容確認　読んだ内容と一致するものには○を、一致しないものには×を書きなさい。

1 (　　) 이 사람은 요즘도 자주 시장 구경을 갑니다 .

2 (　　) 이 사람은 요즘 공부와 아르바이트 때문에 바쁩니다.

3 (　　) 이 사람은 최근 조깅을 시작했습니다.

4 (　　) 이 사람은 조깅을 하려고 운동화와 티셔츠를 샀습니다.

5 (　　) 이 사람은 주문한 운동화와 티셔츠가 모두 마음에 들었습니다.

8 내가 좋아하는 곳

🔊 006

제가 가장 좋아하는 (ⓐ)은 개나리 공원입니다. 개나리 공원은 제가 사는 학교 기숙사 근처에 있는 작은 공원입니다. 걸어서 5분 거리에 있어서 주말이나 시간이 있을 때 자주 갑니다.

이 사진에 있는 공원이 개나리 공원입니다. 첫 번째 사진은 공원 입구에서 찍은 (ⓑ)입니다. 공원에는 작은 숲과 연못이 하나 있습니다. 숲이 있어서 공기도 맑고 가끔 새 소리를 들을 수도 있습니다. 맑은 공기를 마시며 새 소리를 듣고 있으면 외국 생활의 외로움도 잊을 수 있습니다. 마음이 아주 편안해집니다.

두 번째 사진은 연못과 연못 옆에 있는 벤치를 찍은 (ⓑ)입니다. 공원에서 제가 제일 좋아하는 (ⓐ)입니다. 이 벤치에 앉아 있으면 걱정도 스트레스도 모두 사라집니다.

아침, 저녁으로 날씨가 쌀쌀해졌습니다. 개나리 공원에도 가을이 왔습니다. 노랗게, 빨갛게 단풍이 든 나무들도 보입니다. 가을이 가기 전에 이곳에서 책도 읽고 음악도 듣고 산책도 하려고 합니다.

▌文法・表現リスト → 別冊 WORKBOOK

1 読む前　皆さんが一番好きなところはどこですか。その理由は何ですか。

(　) 내 방	(　) 공원	(　) 산	(　) 호수	(　) 섬	(　) 베란다
(　) 도서관	(　) 카페	(　) 놀이공원	(　) 공원 벤치	(　) 기타	

2 読む前　語幹が「ㄹ」で終わる一部の動詞や形容詞は、「ㄴ, ㅂ, ㅅ」で始まる語尾などを伴うとその語幹の「ㄹ」が脱落します。次の表を完成しなさい。

	ㄹが脱落しない			ㄹが脱落する			
	−아/어요	−(으)면	−(으)러	−ㅂ/습니다	−는	−(으)ㄴ	−(으)세요
살다						—	
알다						—	
길다			—		—		

3 読む前　＿＿＿に入る適切な表現を［보기］から選んで書きなさい。

［보기］거리　공기　소리　외로움　걱정　단풍

1 집에서 회사까지 걸어서 10분 ＿＿＿＿＿ 예요. 가까워요.
2 음악 ＿＿＿＿＿ 가 너무 커요. 조금만 작게 해 주세요.
3 하나 씨, 요즘 ＿＿＿＿＿ 있어요? 얼굴색이 안 좋아요.
4 맑은 ＿＿＿＿＿ / ＿＿＿＿＿ 가 좋다/나쁘다

4 内容確認　テキストを読んで次の質問に答えなさい。

1 ⓐに共通に入る語を書きなさい。

_____

2 ⓑに共通に入る語を書きなさい。

_____

5 内容確認　読んだ内容と一致するものには○を、一致しないものには×を書きなさい。

1 (　) 기숙사에서 공원까지 걸어서 5분 정도 걸립니다.
2 (　) 이 사람은 한국 사람입니다.
3 (　) 지금 계절은 가을입니다.
4 (　) 이 사람은 벤치에 앉아 책을 읽는 것을 좋아합니다.

9 운이 나쁜 하루

🔊 007

　　지난주 목요일, 밤 늦게까지 게임을 하느라 아침에 늦잠을 잤습니다. 그날은 오후 1시부터 한국어 시험이 있었습니다. 그래서 빨리 집을 나와서 학교에서 친구랑 공부할 생각이었습니다. 하지만 일어나서 시계를 보니까 벌써 12시! 밥 먹을 시간도 화장할 시간도 없었습니다. 세수만 간단히 하고 집을 나와 버스를 탔습니다. 그런데! 이번에는 버스를 잘못 탔습니다. 5분쯤 타고 가다가 버스를 잘못 탄 것을 알았습니다. 깜짝 놀라 서둘러서 버스에서 내렸습니다.

　　하지만 내린 곳은 내가 한 번도 가 본 적이 없는 곳이었습니다! 그래서 길에서 만난 아주머니에게 "한국대학까지 어떻게 가야 해요?"라고 물었습니다. 하지만 아주머니의 사투리가 너무 심해서 알아들을 수가 없었습니다. 할 수 없이 택시를 탔습니다. "아저씨, 죄송하지만 한국대학교까지 가 주세요."

　　택시 요금이 15,000원이나 나왔습니다. 그리고 서둘러서 갔지만 시험 시간에 늦어서 결국 시험도 볼 수 없었습니다. 정말 운이 나쁜 하루였습니다.

文法・表現リスト　→ 別冊 WORKBOOK

1 読む前　よく一緒に使う動詞を選んで、その番号を書きなさい。

1 늦잠을	( )	① 가다	1 寝坊する
2 운이	( )	② 자다	2 運が悪い
3 시험을	( )	③ 보다	3 試験を受ける
4 사투리가	( )	④ 심하다	4 訛りがひどい
5 서둘러서	( )	⑤ 나쁘다	5 急いで行く

2 読む前　＿＿＿に入る適切な表現を［보기］から選んで書きなさい。

［보기］　너무　　깜짝　　결국　　정말　　할 수 없이　　한 번도

1 감기가 ＿＿＿＿＿＿ 심하다. / ＿＿＿＿＿＿ 걱정하지 마세요.

2 ＿＿＿＿＿＿ 놀라다 / 갑자기 손님이 찾아와서 ＿＿＿＿＿＿ 놀랐어요.

3 ＿＿＿＿＿＿ 결석하지 않았다. / 한국에는 ＿＿＿＿＿＿ 가 본 적이 없어요.

4 갑자기 비가 와서 ＿＿＿＿＿＿ 편의점에서 우산을 샀다.

5 사과가 ＿＿＿＿＿＿ 맛있다. / 경치가 ＿＿＿＿＿＿ 아름다워요.

6 매일 놀았다. ＿＿＿＿＿＿ 시험에 떨어졌다.

3 内容確認　本文を読み、＿＿に入る、適当な内容を書きなさい。

늦잠을 잤다 → [그래서] 밥도 못 먹고 화장도 못 했다 → 버스를 탔다

→ [그런데] 1 ＿＿＿＿＿＿＿＿＿＿＿＿　　→ [그래서] 내려서 택시를 탔다

→ [하지만] 2 ＿＿＿＿＿＿＿＿＿＿＿＿　　→ [결국] 3 ＿＿＿＿＿＿＿

---

4 内容確認　読んだ内容と一致するものには〇を、一致しないものには×を書きなさい。

1 ( ) 이 사람은 밤에 공부하느라 아침에 늦게 일어났습니다.

2 ( ) 이 사람은 지난주 목요일 12시에 한국어 시험이 있었습니다.

3 ( ) 이 사람은 집에서 학교까지 택시를 타고 갔습니다.

4 ( ) 이 사람은 시험을 봤습니다.

가장 친한 친구

008

내 가장 친한 친구는 영민이다.

영민이는 한국에서 유학할 때 만난 친구이다. 처음 혼자 인천 국제공항에 내렸을 때 나는 한국에 대해 아무것도 몰랐다. 한국어도 할 줄 몰랐다. 게다가 부끄럼을 많이 타는 성격이라서 친구에게 먼저 말도 걸지 못했다. 친구가 말을 걸어도 부끄러워서 대답도 잘 하지 못했다. 그래서 혼자 있는 시간이 많았다. 늘 집이 그리웠다. 고향 친구들도 보고 싶었다.

그때 영민이를 만났다. 영민이는 늘 내게 먼저 말을 걸어 주었다. 늘 같이 밥을 먹으러 가자고, 놀러 가자고 했다. 자기 친구들도 소개해 주었다. 그리고 자기 집에도 초대해 주었다. 부동산에서 방을 구할 때도, 이사할 때도 도와주었다. 영민이 덕분에 나는 빨리 한국 생활에 적응할 수 있었다. 그리고 무사히 유학 생활을 마칠 수 있었다.

지금 영민이는 딸, 남편과 함께 대전에 살고 있다. 전화나 이메일로 가끔 연락하고 있지만 우리는 8년 동안 한 번도 만난 적이 없다. 하지만 나와 영민이는 지금도, 그리고 앞으로도 영원한 친구이다. 영민이 덕분에 나는 한국과 한국 사람을 더욱 좋아하게 되었다. 그리고 내 인생도 바뀌었다.

文法・表現リスト → 別冊 WORKBOOK

유학할 때 / 방을 구할 때도 / 이사할 때도 → 099
공항에 내렸을 때 → 060
한국에 대해 → 063
아무것도 / 한 번도 → 035
할 줄 몰랐다 → 102
성격이라서 → 112
걸지 못했다 / 잘 하지 못했다 → 117
말을 걸어도 → 043
말을 걸어 주었다 / 소개해 주었다 / 초대해 주었다 → 049
영민이 덕분에 → 082
적응할 수 있었다 / 마칠 수 있었다 → 101
만난 적이 없다 → 083
좋아하게 되었다 → 005

1 読む前　親友がいますか。その友達の外見や性格はどうですか。

1 외모	2 성격	3 기타
(　　) 예쁘다	(　　) 착하다	(　　) 똑똑하다
(　　) 귀엽다	(　　) 친절하다	(　　) 한국어를 잘한다
(　　) 잘생겼다	(　　) 재미있다	(　　) 운동을 잘한다
(　　) 키가 크다/작다	(　　) 밝다	(　　) 취미가 같다
(　　) 머리가 길다/짧다		

2 読む前　＿＿＿＿に入る適切な表現を［보기］から選んで書きなさい。

[보기]　초대하다　　구하다　　이사하다　　적응하다　　영원하다

1 직장을 ＿＿＿＿＿＿＿＿ / 지금 집을 ＿＿＿＿＿＿＿＿고 있어요.
2 친구를 집에 ＿＿＿＿＿＿＿＿ / ＿＿＿＿＿＿＿＿ 주셔서 감사합니다.
3 ＿＿＿＿＿＿＿＿ 사랑 / 널 ＿＿＿＿＿＿＿＿ 잊지 않을 거야.
4 변화에 ＿＿＿＿＿＿＿＿ / 이제 한국 생활에 조금 ＿＿＿＿＿＿＿＿.
5 새 집으로 ＿＿＿＿＿＿＿＿ / 회사에서 가까운 곳으로 ＿＿＿＿＿＿＿＿.

3 内容確認　「ヨンミン」が「私」にしてくれたことを全て書きなさい。

1 ＿＿＿＿＿＿＿＿＿＿＿＿＿＿＿＿＿＿＿＿＿＿＿＿＿＿＿＿＿＿＿＿＿＿
2 ＿＿＿＿＿＿＿＿＿＿＿＿＿＿＿＿＿＿＿＿＿＿＿＿＿＿＿＿＿＿＿＿＿＿
3 ＿＿＿＿＿＿＿＿＿＿＿＿＿＿＿＿＿＿＿＿＿＿＿＿＿＿＿＿＿＿＿＿＿＿
4 ＿＿＿＿＿＿＿＿＿＿＿＿＿＿＿＿＿＿＿＿＿＿＿＿＿＿＿＿＿＿＿＿＿＿
5 ＿＿＿＿＿＿＿＿＿＿＿＿＿＿＿＿＿＿＿＿＿＿＿＿＿＿＿＿＿＿＿＿＿＿
6 ＿＿＿＿＿＿＿＿＿＿＿＿＿＿＿＿＿＿＿＿＿＿＿＿＿＿＿＿＿＿＿＿＿＿

4 内容確認　読んだ内容と一致するものには○を、一致しないものには×を書きなさい。

1 (　　) 이 사람은 부끄럼을 많이 타는 성격이다.
2 (　　) 이 사람은 한국에 오기 전에 한국어를 공부했다.
3 (　　) 이 사람은 지금도 영민이와 연락하고 있다.
4 (　　) 영민이는 결혼을 했다.

Q&A 유학생의 고민에 답합니다.

🔊 009

① 한국 친구가 없어요.　한국어를 잘하려면 한국 친구를 많이 사귀는 것이 좋다고 하는데…. 그래서 조금 걱정이에요. 주말에도 집에서 (ⓐ) 텔레비전만 볼 때가 많아요. 밥도 (ⓐ) 먹을 때가 많고요. 매일 심심해요. 한국 친구를 사귀려면 어떻게 해야 돼요?

② 한국어가 늘지 않아요.　처음 한국에 왔을 때는 한국어 실력이 빨리 늘었는데 요즘에는 그렇지 않은 것 같아요. 그래서 고민이에요. 한국에 있을 시간은 얼마 남지 않았는데 배워야 할 것은 아직 많고…. 한국어를 (ⓑ) 배울 수 있는 좋은 방법이 없을까요? 있으면 꼭 좀 가르쳐 주세요.

③ 어떡하죠?　저는 한국에서 유학 중인 대학교 4학년 학생입니다. 가능하면 졸업 후에 한국에서 일을 하고 싶습니다. 하지만 요즘 한국 경제가 좋지 않아서 대학을 졸업해도 (ⓒ)가 쉽지 않다고 합니다. 그래서 대학원을 갈까, 아니면 일본으로 돌아가서 취직 준비를 할까 고민 중입니다. 어떻게 하면 좋을까요?

▌文法・表現リスト　→ 別冊 WORKBOOK

1 読む前 韓国の大学が運営しているフェイスブックの掲示文の中で「不安、心配、ストレス」等と関連して、最も多く言及された単語を抽出して作った単語クラウドです。

1 共感した単語をチェックしなさい。

2 皆さんの悩みは何ですか。

( ) 연애   ( ) 건강   ( ) 경제적 문제

( ) 학교 생활   ( ) 외모   ( ) 취직

( ) 가족   ( ) 공부   ( ) 기타 _____

( ) 친구

2 読む前 _____ に入る適切な表現を［보기］から選んで書きなさい。

[보기] 친하다   심심하다   늘다   남다   취직하다

1 돈이 _____ / 시간이 _____ 혼자서 시내 구경을 했어요.

2 약속도 없고 _____ 때는 혼자 영화관에 가서 영화를 봅니다.

3 회사에 _____ / 졸업하면 _____ 서 돈을 벌고 싶어요.

3 内容確認 テキストを読んで次の質問に答えなさい。

1 ⓐ、ⓑ、ⓒに入る適切な表現を書きなさい。

ⓐ _____ ⓑ _____ ⓒ _____

2 この人達の悩みを要約しなさい。

① _____

② _____

③ _____

12 여러분의 한국어 학습 방법을 알려 주세요!

① 일본에서는 한국어로 (ⓐ) 기회가 거의 없잖아요. 그래서 저는 LINE으로 한국 친구랑 채팅을 하고 있어요. 채팅을 하면 책에서 배울 수 없는 한국어를 배울 수도 있고, 재미있어서 시간 가는 줄 모를 때도 많아요. 한국어에 대한 자신 감도 조금 생겼어요. 3학년이 되면 한국에 유학 갈까 생각 중이에요.

② 저는 드라마나 유튜브로 한국어를 공부하고 있어요. 재미있어서 몇 번이나 볼 때도 있습니다. 자연스럽게 단어나 표현을 외울 수 있어요. 나중에 드라마 번역이나 통역 관련 일을 하고 싶어요.

③ 저는 한국 노래를 좋아합니다. 자주 친구들과 노래방에 가서 한국 노래를 부릅니다. 노래방에서는 노래를 부를 때 화면에 (ⓑ)가 나오기 때문에 한국어 공부에 도움이 많이 됩니다. (ⓑ)의 의미를 모를 때는 친구에게 물어보거나 사전을 찾아봅니다. 교과서에 나오는 단어는 잘 못 외우는데 노래 (ⓑ)는 잘 외워집니다. 참 신기하죠?

📖 文法・表現リスト → 別冊 WORKBOOK

1 読む前 　皆さんはどんな方法で韓国語を勉強しますか。その方法は効果がありますか。

(　　) 배운 것을 사용해 봐요.

(　　) 시험을 자주 봐요.

(　　) 한국 친구랑 채팅을 해요.

(　　) 자주 한국에 여행을 가요.

(　　) 가수/배우의 팬클럽에 가입했어요.

(　　) 드라마나 유튜브를 자주 봐요.

(　　) _____.

2 読む前 　韓国語の単語に一致する日本語の翻訳を探して、番号を書きなさい。

1 방법	(　)	① 歌詞
2 단어	(　)	② 単語
3 표현	(　)	③ 画面
4 번역	(　)	④ 通訳
5 통역	(　)	⑤ 翻訳
6 화면	(　)	⑥ 表現
7 가사	(　)	⑦ 方法

3 内容確認 　テキストを読んで次の質問に答えなさい。

1 この人達の韓国語の学習方法を要約しなさい。

① _____

② _____

③ _____

2 ⓐに入る「이야기하다」を適切な形に直しなさい。

_____

3 ⓑに共通して入る単語を書きなさい。

_____

13 김민서 선생님께

◀)) 011

김민서 선생님께

　선생님, 그동안 잘 지내셨어요? 21학번 사토 하나입니다. 연락이 늦어 죄송합니다.

　선생님, 한국에 온 지 (ⓐ) 2개월이 되었습니다. 아직 한국 생활에 익숙하지 않은 것이 많지만 잘 지내고 있습니다. 학교 생활도 재미있고 한국 사람들, 반 친구들 모두 친하게 지내고 있습니다.

　어제는 한국에 와서 처음으로 사귄 영민이라는 친구 집에 놀러 갔어요. 마음씨도 착하고 얼굴도 되게 예쁜 친구예요. 제가 한국에 와서 집을 구할 때, 그리고 이사를 할 때 많이 도와준 친구입니다. 영민이 집은 학교에서 아주 가깝습니다. 그래서 자주 놀러 가요. 자주 놀러 가서 이제 영민이 가족들과도 많이 친해졌어요. 가끔 바비큐 파티도 하고 여행도 같이 가요. 저는 이렇게 유학 생활 잘하고 있으니 선생님, 너무 걱정하지 마세요.

　친구들도 보고 싶고 선생님도 많이 뵙고 싶습니다. 한 달 후면 방학이니까 그때는 꼭 찾아뵙고 인사드리겠습니다. 그럼 선생님, 또 연락드리겠습니다. 안녕히 계십시오.

2021년 6월 23일
하나 올림

- -

文法・表現リスト → 別冊 WORKBOOK

1 読む前 尊敬語*・謙譲語とそれに関係する単語です。関係のあるものを探して番号を書きなさい。

1 뵙다	( )	① 만나다	1 お目にかかる
2 계시다*	( )	② 인사하다	2 いらっしゃる
3 인사드리다	( )	③ 있다	3 挨拶申し上げる
4 연락드리다	( )	④ 연락하다	4 連絡申し上げます
5 말씀드리다	( )	⑤ 말하다	5 申し上げる

2 読む前 _____ に入る適切な表現を［보기］から選んで書きなさい。

[보기] 구하다   지내다   친하다   착하다   걱정하다   사귀다

1 집을 _____ / 요즘은 직장을 _____ 가 힘들다.
2 _____ 친구 / _____ 사이 / _____ 지내다
3 마음씨가 _____ / _____ 사람 / _____ 살다
4 A : 많이 아파요?   B : _____ 지 마세요. 많이 안 아파요.
5 A : 그동안 어떻게 _____ ?   B : 덕분에 잘 _____ .

3 内容確認 本文を読んで次の質問に答えなさい。

1 この文はどんな内容を取り扱っていますか。

  ① 일기   ② 편지   ③ 메모   ④ 문자 메시지

2 誰が誰に書いたものですか。

_____

3 ⓐに入る適切な副詞を書きなさい。

_____

4 内容確認 読んだ内容と一致するものには○を、一致しないものには✕を書きなさい。

1 ( ) 이 사람은 두 달 전에 한국에 왔습니다.
2 ( ) 이 사람은 지금 한국에서 유학을 하고 있습니다.
3 ( ) '영민'은 이 사람이 한국에 와서 가장 먼저 사귄 친구입니다.
4 ( ) 이 사람은 '영민'의 가족과도 친합니다.
5 ( ) 이 사람은 방학을 하면 고향으로 돌아갈 예정입니다.

14 만 개의 레시피

🔊 012

언제 먹어도 맛있는 김밥, 저랑 맛있게 만들어 봐요.

준비할 재료(3인분)

밥 3인분, 물 2리터, 김 6장, 시금치 300g, 당근 1개, 계란 6개, 햄 1캔, 단무지 6개, 참기름 2숟가락, 참깨 1숟가락, 후추 1/2숟가락, 소금 1/2숟가락

1 먼저, 냄비에 물을 끓입니다. 물이 끓으면 시금치를 넣습니다. 그리고 3~5분 정도 더 끓입니다. 소금도 조금 넣습니다.	2 그런 다음, 당근을 잘게 썰어 프라이팬에 넣고 참기름으로 볶습니다. 후춧가루와 소금을 넣어 맛을 냅니다.	3 햄과 단무지, 계란도 각각 5cm 두께로 잘 썰어 둡니다. 햄은 4등분으로 자릅니다.
4 준비해 놓은 밥에 참기름과 참깨를 넣고 잘 비빕니다.	5 재료 준비 끝! 이제 김에 참기름을 바르고 밥과 준비한 재료로 김밥을 만듭니다.	6 마지막으로, 완성된 김밥에 참기름을 살짝 바릅니다. 그리고 먹기 좋게 자릅니다.

▌ 文法・表現リスト → 別冊 WORKBOOK

☐ 먹어도	→ 043	☐ 썰어 둡니다	→ 045
☐ 만들어 봐요	→ 046	☐ 준비해 놓은	→ 042
☐ 물이 끓으면	→ 077	☐ 먹기 좋게	→ 016
☐ 잘게 / 맛있게	→ 004	☐ 참기름으로 / 준비한 재료로	→ 072
☐ 잘게 썰어 / 소금을 넣어	→ 052		

1 読む前　「料理」に関する単語です。質問に答えなさい。

1　絵と関連する単語を［보기］から選びなさい。

[보기]　볶다　튀기다　삶다　끓이다　굽다

① (　　　　)　② (　　　　)　③ (　　　　)　④ (　　　　)　⑤ (　　　　)

2　皆さんはどんな料理が好きですか。

(　　) 볶은 음식 —— 볶음밥　　　　(　　) 끓인 음식 —— 라면
(　　) 튀긴 음식 —— 튀김　　　　　(　　) 구운 음식 —— (생선) 구이
(　　) 삶은 음식 —— 삶은 계란, 고구마

3　次の動作と関係する料理にはどんなものがありますか。

① (비비다) 비벼서 먹다 _____　　② (말다) 말아서 먹다 _____

2 読む前　　_____に入る適切な表現を［보기］から選んで書きなさい。

[보기]　넣다　자르다　썰다　바르다　만들다

1　자판기에 돈을 _____ / 가방에 책을 _____
2　얼굴에 화장품을 _____ / 약을 _____
3　A : 어디 가?　　　　　B : 머리 _____ 미용실에 가.
4　A : 이 가방 어디서 샀어?　　B : 산 게 아니고 내가 직접 _____.

3 内容確認　　のり巻きはどうやって作りますか。順序通りに絵の番号を書きなさい。

　　　　　→　　　　　→　　　　　→　　　　　→

①　　　　　②　　　　　③　　　　　④　　　　　⑤

15 바캉스 시즌이 돌아왔습니다.

◀ 013

바캉스 시즌이 돌아왔습니다. 여러분! 이번 휴가는 어디로 가실 거예요? 국내? 해외? 산? 강? 바다? 아니면 유명한 관광지?

아직 결정하지 못하셨다고요? 그럼, 남해의 아름다운 섬 거제도는 어떠세요?

(ⓐ)을 하고 싶다고요?

그럼, 계룡산에 한 번 가 보세요. 산 위에 올라가면 남해의 아름다운 섬과 바다가 한눈에 보여요.

(ⓑ)과 함께 가실 거라고요?

그렇다면 배를 타고 연인의 섬, 낭만의 섬, 외도에 가 보세요. 드라마 촬영지로도 유명한 외도. 외도에서 드라마 주인공이 되어 보거나, 외도 가까이에 있는 해금강을 사랑하는 사람과 함께 걸어 보는 것은 어떠세요?

(ⓒ)도 드시고 싶다고요?

거제도 하면 멍게 비빔밥과 간장게장!

바다에서 금방 잡은 (ⓓ) 멍게로 만든 비빔밥, 보기만 해도 입 안에 침이 가득! 밥도둑 간장게장은 맵지 않아서 외국인들에게도 인기 만점이에요.

▍文法・表現リスト → 別冊 WORKBOOK

1 **読む前** 皆さんのバカンス計画はどうですか。

1 どこに行きたいですか。

① ( ) 국내 ( ) 해외

② ( ) 산 ( ) 바다 ( ) 강 ( ) 섬 ( ) 관광지

2 誰と一緒に行きたいですか。

( ) 연인 ( ) 친구 ( ) 가족 ( ) 동료 ( ) 혼자

3 どこで泊まりたいですか。

( ) 호텔 ( ) 민박 ( ) 게스트하우스 ( ) 친구 / 친척 집

4 そこで何をしたいですか。 _____

2 **読む前** _____ に入る適切な表現を［보기］から選んで書きなさい。

［보기］ 결정하다 유명하다 아름답다 보이다 싱싱하다

1 _____ 가수 / 우리 마을은 벚꽃이 아름답기로 _____.

2 경치가 _____ / 밖에 꽃들이 _____ 게 피어 있다.

3 야채가 _____ / 요리할 때는 _____ 재료를 쓰는 게 중요하다.

4 A : 아까부터 하나 씨가 안 _____ 네요. B : 네, 잠깐 밖에 나갔어요.

3 **内容確認** 本文を読んで次の質問に答えなさい。

1 ⓐ、ⓑ、ⓒに入る、適当な表現をそれぞれ書きなさい。

ⓐ _____ ⓑ _____ ⓒ _____

2 ⓓ に入る表現として適当なものを 1 つ選びなさい。

① 건강한 ② 신선한 ③ 싱싱한

4 **内容確認** 読んだ内容と一致するものには○を、一致しないものには×を書きなさい。

1 ( ) 거제도는 남해에 있는 섬이다.

2 ( ) 계룡산에서는 등산과 산책을 할 수 있다.

3 ( ) 거제도는 멍게 비빔밥과 간장게장이 유명하다.

4 ( ) 거제도에는 밥도둑이 많다.

16 100세 시대, 건강에 도움이 되는 생활 습관

🔊 014

    100세 시대. 어떻게 하면 오래, 그리고 건강하게 살 수 있을까요? 전문가들은 생활 습관을 바꾸는 것이 중요하다고 말합니다. 그렇다면 건강에 도움이 되는 생활 습관에는 어떤 것이 있을까요?

    먼저, 물을 많이 드십시오. 물은 하루에 여덟 잔 정도 드시는 게 좋습니다.

    둘째, 잠을 충분히 주무세요. 하루에 적어도 6~7시간은 자는 게 좋습니다. 피로나 스트레스를 푸는 데는 잠이 최고인 거 아시죠?

    셋째, 매일 운동하세요. 운동은 30분 정도. 운동은 한 번에 오래 하는 것보다 매일 하는 것이 중요합니다.

    넷째, 많이 웃으세요. 지나친 스트레스는 건강의 적인 거 아시죠?

    다섯째, 음식도 중요합니다. 패스트푸드나 자극적인 음식, 즉 음식을 너무 맵거나 짜게 드시지 마십시오. 그리고 고기보다는 야채, 과일, 생선을 많이 드시는 게 좋습니다.

    마지막으로, 집에 돌아오면 비누로 손을 깨끗이 씻으세요. 손을 자주 씻으면 감기 등을 예방할 수 있습니다.

▌文法・表現リスト → 別冊 WORKBOOK

☐ 적어도	→ 043	☐ 맵거나 짜게	→ 002
☐ 살 수 있을까요? / 예방할 수 있습니다	→ 101	☐ 바꾸는 것이 / 오래 하는 것 / 매일 하는 것 / 최고인 거	→ 080
☐ 살 수 있을까요? / 어떤 것이 있을까요?	→ 097	☐ 드시는 게 좋습니다 / 자는 게 좋습니다 / 하는 게 좋습니다	→ 023
☐ 어떻게 하면 / 자주 씻으면 / 집에 돌아오면	→ 077	☐ 생각하려고	→ 068
☐ 오래 하는 것보다 / 고기보다는	→ 039	☐ 드시지 마십시오	→ 115
		☐ 아시죠?	→ 119

1 読む前　健康のためにどんなことをしていますか。下から選びなさい。

(　　　) 물을 많이 마십니다.　　　　　　(　　　) 여러 가지 영양제를 먹습니다.

(　　　) 매일 운동합니다.　　　　　　　(　　　) 잠을 많이 잡니다.

(　　　) 몸에 좋은 음식을 먹습니다.　　 (　　　) 친구들을 만나 수다를 떱니다.

(　　　) 정기적으로 병원에 갑니다.　　 (　　　) 아무것도 안 합니다.

2 読む前　　　　　　に入る適切な表現を［보기］から選んで書きなさい。

［보기］　적당하다　　중요하다　　예방하다　　건강하다

1 　　　　　　　　　가격 / 나이에 　　　　　　　　취미 생활

2 　　　　　　　　　문제 / 　　　　　　　게 생각하다 / 살을 뺄 때는 운동이 　　　　　　　　.

3 감기를 　　　　　　　　 / 교통사고를 　　　　　　　　

4 　　　　　　　　　사람 / 운동을 해서 몸이 　　　　　　　　.

3 読む前　一緒に使う表現を選んで、その番号を書きなさい。

1 도움이　　　　　　(　　　)　　　① 쌓이다　　　　　1 役に立つ

2 몸에　　　　　　　(　　　)　　　② 풀다　　　　　　2 体にいい／悪い

3 피로가　　　　　　(　　　)　　　③ 좋다/나쁘다　　　3 疲労がたまる

4 스트레스를　　　　(　　　)　　　④ 되다　　　　　　4 ストレスを解消する

4 内容確認　健康によい生活習慣にはどんなものがありますか。「한다」体で答えなさい。

1 먼저, 물을 많이 마신다.

2 둘째, _____ .

3 셋째, _____ .

4 넷째, _____ .

5 다섯째, _____ .

6 마지막으로, _____ .

17 2021년 7월 4일 금요일 맑음

🔊 015

　　어젯밤은 이가 아파서 거의 잠을 자지 못했다. 아침이 되면 나을 거라고 생각했지만 아침이 되니까 이가 더 아팠다. 더 이상 참을 수 없어서 집 근처에 있는 치과에 갔다. 입 안을 살펴본 의사 선생님께서 "먼저 저기에 가서 엑스레이를 한번 찍어 봅시다."라고 말했다.

　　결국 병원에서 이를 두 개나 뽑았다. 처방전을 가지고 근처 약국에 가서 약도 샀다. 약사 선생님께서 "지금부터 30분 동안은 아무것도 드시지 마세요. 술이나 커피도 안 돼요. 이가 너무 아파서 참기 힘들 때는 식후에 이 약 드시고요. 오늘 하루는 가능하면 무리하지 마시고 집에서 푹 쉬세요."라고 했다. 약을 받은 후 집으로 돌아왔다.

　　치과는 아무리 자주 가도 익숙해지지 않는다. 어릴 때부터 나는 치과가 무섭고 싫었다. 치과에 가지 않으려면 이제부터 이에 조금 더 신경을 써야겠다.

▌文法・表現リスト → 別冊 WORKBOOK

☐ 이가 아파서 / 참을 수 없어서 /	→ 051	☐ 드시고요	→ 011
너무 아파서		☐ 두 개나	→ 104
☐ 참을 수 없어서	→ 101	☐ 자주 가도	→ 043
☐ 자지 못했다	→ 117	☐ 참기 힘들 때는	→ 016
☐ 아침이 되면 / 가능하면	→ 077	☐ 힘들 때는 / 어릴 때부터	→ 099
☐ 아침이 되니까	→ 120	☐ 약을 받은 후	→ 085
☐ 저기에 가서 / 약국에 가서	→ 052	☐ 가지 않으려면	→ 118
☐ 찍어 봅시다	→ 046		→ 070
☐ 드시지 마세요 /	→ 115	☐ 익숙해지지 않는다	→ 118
무리하지 마시고		☐ 신경을 써야겠다	→ 055

① 読む前　どこに行かなければなりませんか。[보기] から選びなさい。

[보기]　치과　　내과　　외과　　안과　　산부인과　　소아과

1 (　　　　　　) 다리를 다쳤어요.　　　2 (　　　　　　) 소화가 안 돼요.
3 (　　　　　　) 이가 아파요.　　　　　4 (　　　　　　) 임신했어요.
5 (　　　　　　) 눈이 나빠졌어요.　　　6 (　　　　　　) 아이가 감기에 걸렸어요.

② 読む前　　　　　に入る適切な表現を [보기] から選んで書きなさい。

[보기]　낫다　　참다　　뽑다　　무섭다　　무리하다　　푹

1 기침을 ＿＿＿＿＿＿ / 눈물을 ＿＿＿＿＿＿ / 화를 ＿＿＿＿＿＿
2 이를 ＿＿＿＿＿＿ / 흰머리를 ＿＿＿＿＿＿ / 대통령을 ＿＿＿＿＿＿
3 ＿＿＿＿＿＿ 이야기 / ＿＿＿＿＿＿ 사람 / 귀신이 ＿＿＿＿＿＿
4 ＿＿＿＿＿＿ 쉬다 / ＿＿＿＿＿＿ 자다 / 고기를 ＿＿＿＿＿＿ 삶다
5 A : 몸은 좀 어때? 괜찮아?　　　B : 응, 가벼운 감기였는데 금방 ＿＿＿＿＿＿.
6 A : 내일이 시험이라 바빠요.　　B : 그래? 너무 ＿＿＿＿＿＿ 지 말고 일찍 자.

③ 内容確認　テキストを読んで次の質問に答えなさい。

1 この文はどんな内容を取り扱っていますか。
　　① 편지　　　　② 일기　　　　③ 광고　　　　④ 초대장
2 この人はなぜ病院に行きましたか。

＿＿＿＿＿＿＿＿＿＿＿＿＿＿＿＿＿＿＿＿＿＿＿＿＿＿＿＿＿＿＿＿＿

3 この人はどんな薬を飲まなければなりませんか。
　　① 감기약　　　　② 소화제　　　　③ 변비약　　　　④ 진통제
4 この人が今日したほうがいいことを全て選びなさい。
　　① 아무것도 먹거나 마시지 않는다.
　　② 식후에 약을 먹는다.
　　③ 아무것도 하지 않고 푹 쉰다.

토요일 시간 괜찮아?

🔊 016

잊지 말고 꼭 와!

늦게라도 꼭 갈게.

나 남자 친구랑
같이 가도 돼?

💬 (하나) 모두들 어떻게 지내? 실은 다음 주 토요일이 내 생일이야. 그래서 우리집에서 함께 식사라도 했으면 하는데, 혹시 토요일 시간 괜찮아? 올 수 있는 사람은 수요일까지 나한테 연락해 줘. 그리고 혹시 미나 전화번호나 연락처 아는 사람? 아는 사람 ⓐ있음 좀 가르쳐 줘. ⓑ아님 내 대신에 연락해 줘. 파티는 저녁 6시부터야. 잊지 말고 꼭 와! 그럼 연락 기다릴게.

💬 (지민) 하나야! 오랜만이야. 다음 주 토요일이었어? 깜빡 잊고 있었다. ⓒ근데 그 날 영어 시험이 있어서 조금 늦을 거 같아. 늦게라도 꼭 갈게. 뭐 필요한 거 없어? 필요한 거 있으면 말해. 사 가지고 갈게.

💬 (민서) 하나야! 나 남자 친구랑 같이 가도 돼?

💬 (영민) 아, 그렇구나. 초대해 줘서 고마워. ⓒ근데 다음 주 토요일에 가족이랑 1박 2일로 여행 가기로 했어. 그래서 (ⓓ). 미안해. 다음에 시간 있을 때 따로 만나자. 친구들이랑 좋은 시간 보내. 그리고 생일 축하해.

文法・表現リスト　→ 別冊 WORKBOOK

1 読む前 _____ に入る適切な表現を［보기］から選んで書きなさい。

［보기］ 혹시   실은   깜빡   따로

1 _____ 만나면 / _____ 저 아세요?
2 _____ 부탁이 있어서 왔어요. / 무서워 보이지만 _____ 그렇지 않다.
3 _____ 만나다 / 옷을 옷장 두 개에 _____ 넣었다.

2 読む前 _____ に入る適切な表現を［보기］から選んで書きなさい。

［보기］ 연락하다   축하하다   잊다   늦다   보내다

1 A : 내가 _____ 선물 받았어?   B : 응, 정말 고마워.
2 A : 저 사람 이름이 뭐지?   B : 벌써 _____? 아까 가르쳐 줬잖아.
3 A : 결혼 _____!   B : 네, 와 줘서 고마워요.

3 内容確認 テキストを読んで次の質問に答えなさい。

1 誰が誰をどこに招待しましたか。

　　　　　　　　이/가　　　　　　　　을/를　　　　　　　에 초대했습니다.

2 パーティーに参加することができる人と参加できない人は誰ですか。

참석할 수 있는 사람: _____

참석할 수 없는 사람: _____

3 ⓐ、ⓑ、ⓒは話し言葉でよく使われる縮約形です。元々の形を書きなさい。

ⓐ _____   ⓑ _____   ⓒ _____

4 ⓓには「苦しい状況について用心して婉曲的に言う時に使う」表現が入ります。ⓓに入る表現を書きなさい。

_____

4 内容確認 読んだ内容と一致するものには○を、一致しないものには×を書きなさい。

1 (　　) 파티는 토요일 저녁에 있다.
2 (　　) 지민은 필요한 물건을 사 가지고 갈 것이다.
3 (　　) 민서는 남자 친구가 있다.
4 (　　) 영민은 여행 때문에 파티에 갈 수 없다.

19 ✕✕씨의 일생

○ 1984년 → 한국 부산에서 3남 2녀 중 막내로 태어남. 부자는 아니었지만 행복하게 자랐다.

○ 1991년 → 초등학교에 입학. 초등학교 3학년 때 첫사랑을 했다. 상대는 담임 선생님. 얼굴도 예쁘고 아주 친절한 선생님이었다.

○ 1993년 → 아버지의 회사 일로 대구로 이사. 친구들과 헤어지는 것이 너무 (ⓐ).

○ 2003년 → 스무 살, 서울에 있는 대학에 입학. 새 친구들을 많이 사귀었다.

○ 2004년 → 스물 한 살, 군대에 갔다.

○ 2007년 → 미국으로 유학. 예쁘고 착한 여자 친구를 만나 사랑에 빠졌다.

○ 2009년 → 한국에 돌아온 후 졸업. 대학원에 진학했다.

○ 2011년 → 대학원 졸업 후 미국에서 만난 여자 친구와 결혼. (ⓑ).

○ 2013년 → 첫 아이가 태어남. 귀엽고 건강한 딸이다. 나와 아내를 반반씩 닮았다. 아이 이름은 아내가 지었다. '하나'. 예쁘고 부르기 쉬운 이름이다.

○ 2014년 → 하나의 첫 번째 생일. 돌잡이 때 연필을 잡았다.

○ 2019년 → 하나가 초등학교에 입학. 교복을 입은 모습이 (ⓒ).

○ 2031년 → 하나가 서울에 있는 대학에 합격. 가족이 모두 모여 축하를 했다.

○ 2032년 → 하나에게 남자 친구가 생김. 기쁘기도 하고 (ⓓ)기도 했다.

○ 20✕✕년 → 눈을 감았다. 후회 없는 인생이었다.

---

1 読む前　次の表現を利用して、自分自身の生涯年表を書きなさい。

태어나다 – 입학하다 / 졸업하다 – 고민하다 – 사랑하다 – 헤어지다 – 취직하다 – 결혼하다 –
아이를 낳다 – (아이가 입학하다 – 결혼하다 등) – 죽다 등

```
+100 ┤
     │
행복했다 /│
좋았다   │
     │
   0 ┼──────────────────────────────────────────── 나이
     │
불행했다 /│
나빴다   │
     │
-100 ┤
```

2 読む前　＿＿＿＿に入る適切な表現を［보기］から選んで書きなさい。

［보기］　자라다　　빠지다　　닮다　　부르다　　짓다　　생기다

1　머리카락이 ＿＿＿＿＿＿＿＿＿＿ / 아이들이 모두 건강하게 ＿＿＿＿＿＿＿＿＿＿.
2　남자 친구가 ＿＿＿＿＿＿＿＿＿ / 집 앞에 편의점이 새로 ＿＿＿＿＿＿＿＿＿.
3　건물을 ＿＿＿＿＿＿＿ / 이름을 ＿＿＿＿＿＿＿
4　물에 ＿＿＿＿＿＿＿＿ / 사랑에 ＿＿＿＿＿＿＿
5　A : 태어난 아기는 누굴 ＿＿＿＿＿＿＿? 　　　B : 남편을 많이 ＿＿＿＿＿＿＿.

3 内容確認　本文を読んで、ⓐ～ⓓに入る、適切な単語を［보기］から選びなさい。

［보기］　행복하다　　귀엽다　　쓸쓸하다　　슬프다　　심심하다

ⓐ ＿＿＿＿＿＿＿　　　ⓑ ＿＿＿＿＿＿＿　　　ⓒ ＿＿＿＿＿＿＿　　　ⓓ ＿＿＿＿＿＿＿

4 内容確認　読んだ内容と一致するものには○を、一致しないものには×を書きなさい。

1　(　　) 이 사람은 형이 세 명, 누나가 두 명 있다.
2　(　　) 이 사람은 첫사랑과 결혼을 했다.
3　(　　) 이 사람은 딸 하나, 아들 하나가 있다.
4　(　　) '하나' 라는 이름은 아내가 지었다.
5　(　　) 20✕✕년, 이 사람은 잠을 자고 있다.

20 장거리 연애

🔊 017

　　나는 부산에 있는 작은 무역 회사에 다니고 있다. 지난주 부장님이 "하나 씨는 일도 잘하고 일본어도 잘하니까 후쿠오카 지사에서 일해 보는 건 어때요?"라고 했다. 기뻤지만 대답을 하지 못했다. 3년 사귄 남자 친구 때문이다.

　　나에게는 슬픈 기억이 있다. 고등학교 때 남자 친구가 있었다. 같이 학원에도 다니고 영화를 보러 다니기도 했다. 고등학교 졸업 후 그 친구는 서울에 있는 대학에 입학했다. 헤어지는 날, 걱정하지 말라고, 자주 연락하겠다고 했다. 나중에 같이 바다에도 가자고, 맛있는 것도 먹으러 가자고 했다.

　　3개월 후, 남자 친구한테서 헤어지자는 연락이 왔다. 새 여자 친구가 생겼다고 했다. 충격이었다. 장거리 연애는 두 번 다시 하지 않겠다고 생각했다.

　　내가 일본에 가면 또 장거리 연애가 된다. 걱정이다. 일본에서 일할 수 있는 좋은 기회이지만 남자 친구와 절대 헤어지고 싶지 않다. 고민을 했다. 그리고 남자 친구에게 이야기를 했다. 남자 친구는 '하하' 웃으면서, "걱정 마. 후쿠오카까지는 한 시간이면 갈 수 있잖아. 매일 스마트폰으로 얼굴 보면서 이야기도 할 수 있고. 가끔 놀러도 갈게." 기뻤다.

　　결정했다. 후쿠오카에 가기로.

📖 文法・表現リスト → 別冊 WORKBOOK

☐ 일해 보는 건 어때요	→ 023	☐ 연락하겠다 / 하지 않겠다	→ 006
☐ 대답을 하지 못했다	→ 117	☐ 웃으면서 / 얼굴 보면서	→ 079
☐ 남자 친구 때문이다	→ 036	☐ 걱정 마	→ 115
☐ 다니기도 했다	→ 017	☐ 갈 수 있잖아	→ 113
☐ 걱정하지 말라고	→ 115	☐ 놀러도 갈게	→ 094
☐ 일할 수 있는 / 갈 수 있잖아 / 이야기도 할 수 있고	→ 101	☐ 후쿠오카에 가기로	→ 018

44

1 読む前　好きな単語、嫌いな単語がありますか。

만나다	사귀다	사랑하다	싸우다	헤어지다	결혼하다
질투하다	걱정하다	외롭다	행복하다	사랑하다	

1 좋아하는 단어	2 싫어하는 단어

2 読む前　_____ に入る適切な表現を［보기］から選んで書きなさい。

[보기]　졸업하다　　입학하다　　고민하다　　결정하다　　대답하다

1 형은 고등학교를 _____ 후 은행에 취직했다.

2 두 사람은 내년에 결혼하기로 _____.

3 나는 일곱 살에 초등학교에 _____.

4 이름을 부르면 큰 소리로 _____ 주세요.

5 요즘 남자 친구 문제로 _____ 고 있어요.

3 内容確認　高校の時のボーイフレンドがハナさんに言ったことを探して、書きなさい。

1 "걱정하지 마."

2 "_____."

3 "_____."

4 "_____."

5 "_____."

6 "_____."

4 内容確認　読んだ内容と一致するものには○を、一致しないものには×を書きなさい。

1 (　　) 이 사람은 직장인이다.

2 (　　) 이 사람은 현재 사귀는 남자 친구가 있다.

3 (　　) 이 사람은 후쿠오카 지사에서 일할 것이다.

4 (　　) 이 사람의 현재 남자 친구는 고등학교 때 친구이다.

나의 첫 경주 여행

🔊 018

고구려
서울
신라
대전
백제
광주

대구
부산

5-6세기 한반도 지도

지난 주말, 열차를 타고 경주 불국사에 다녀왔습니다. 경주는 삼국시대 신라의 수도였습니다. 그리고 불국사는 1995년 석굴암과 함께 유네스코 세계 문화유산에 등록된 유명한 절입니다.

경주까지는 부산에서 출발하는 기차를 타고 갔습니다. 기차 안에는 여행을 가는 사람들이 많았습니다. 노래를 부르는 사람, 친구랑 떠들며 이야기하는 사람, 게임을 하는 사람, 음악을 듣고 있는 사람 등등. 나는 조용히 앉아서 창 밖을 구경했습니다. 창 밖으로 보이는 풍경이 조용하고 아름다웠습니다.

부산을 출발한 지 약 2시간, 열차가 불국사 역에 도착했습니다. 불국사 역에서 불국사까지는 멀지 않아서 걸어서도 갈 수 있었습니다. 말로만 듣고 책에서만 본 불국사, 가까이서 (ⓐ) 보니 신라 천 년의 역사를 느낄 수 있었습니다. 경주 시내도 구경하고 사진도 많이 찍었습니다. 경주는 말 그대로 도시 전체가 하나의 역사 박물관이었습니다. 돌아오는 길에는 부모님과 친구에게 ⓑ(주다) 선물을 샀습니다. 경주의 명물인 황남빵도 샀습니다.

참 좋은 여행이었습니다. 기회가 있으면 한국에 있는 동안 한 번 더 경주에 가 보고 싶다고 생각했습니다.

📖 文法・表現リスト → 別冊 WORKBOOK

1 読む前　どんな旅行をしたいですか。

1 종류 : (　　　) 국내 여행 / (　　　) 해외여행, (　　　) 자유 여행 / (　　　) 패키지 여행
2 교통 : (　　　) 배　　(　　　) 버스　　(　　　) 기차　　　　(　　　) 비행기　(　　　) 렌터카
3 숙소 : (　　　) 민박　　(　　　) 호텔　　(　　　) 게스트하우스　(　　　) 콘도　(　　　) 펜션
4 기간 : (　　　) 당일　(　　　) 1박2일　(　　　) 2박3일　　　(　　　) 3박4일

2 読む前　_____ に入る適切な表現を［보기］から選んで書きなさい。

[보기]　출발하다　　도착하다　　유명하다　　다녀오다　　떠들다　　느끼다

1 오늘은 집에서 늦게 _____. / 기차는 30분 후에 _____ 예정이다.
2 _____ 배우 / 대구는 사과로 _____.
3 외로움을 _____ / 귀찮다고 _____
4 버스가 목적지에 _____ / 9시쯤에는 집에 _____ 거예요.
5 고향에 _____ / 지난 주말에 한국에 _____.
6 시끄럽게 _____ / 공부하니까 _____ 지 마세요.

3 内容確認　本文を読んで次の質問に答えなさい。

1 ⓐに入る単語で適当なものを１つ選びなさい。

　① 직접　　　　② 혼자　　　　③ 아직

2 ⓑ「주다」を文に合わせて、活用させなさい。

_____

4 内容確認　読んだ内容と一致するものには○を、一致しないものには×を書きなさい。

1 (　　　) 불국사는 절입니다.
2 (　　　) 경주는 옛날 신라의 수도였습니다.
3 (　　　) 부산에서 불국사역까지는 열차로 두 시간 정도 걸립니다.
4 (　　　) 경주에는 역사 박물관이 많습니다.
5 (　　　) 경주는 황남빵이 유명합니다.

어떻게 한국어를 공부하게 되었어요?

🔊 019

'한국 아이돌의 팬이라서', '한국 드라마를 좋아해서' 한국어를 배우기 시작하는 사람이 많잖아요. 사실 저도 그랬어요. 하지만 처음부터 한국이나 한국 문화를 좋아한 건 아니었어요. (ⓐ) 고등학교 2학년 때까지는 일본 애니메이션이나 일본 아이돌에 더 관심이 있었어요.

그런데 고등학교 3학년이 되니까 시험 준비 때문에 스트레스가 많았어요. 그때 한국 가수 팬인 친구가 한국 예능 프로그램을 추천해 주었어요. 스트레스를 푸는 데는 최고라고 하면서요. '나 혼자 산다'와 '아는 형님'이라는 프로그램이었는데, 친구 말대로 꽤 재미있었어요. (ⓑ) 스트레스도 많이 풀렸고요. 그때부터 한국 아이돌의 노래도 듣고 드라마도 보게 되었어요. 하지만 한국 예능 프로그램이나 드라마는 ⓔ자막이 있어야 볼 수 있잖아요. (ⓒ) 다른 사람들이 자막을 달 때까지 기다려야 할 때가 많았어요. 근데 저는 성격이 급한 편이라서 자막을 기다리는 것이 너무 귀찮고 힘들었어요. 그래서 '에이, 그럼 내가 직접 자막을 달자!'고 생각했어요. (ⓓ) 한국어를 배우게 되었고, 한국어학과에도 들어오게 되었어요.

여러분들은 어떻게 한국어를 배우게 됐어요?

▌ 文法・表現リスト → 別冊 WORKBOOK

1 読む前　皆さんはどうして韓国語を学ぶことになりましたか。

(　) 그냥　　　　　　　　　　　　　　(　) 한국에 여행을 가기 위해

(　) 재미있어서　　　　　　　　　　(　) 가족이나 친구와 이야기하기 위해

(　) 한국 문화를 알고 싶어서　　　 (　) 학점 때문에

(　) 취직하는 데 도움이 되기 때문에　(　) 한국 아이돌을 좋아해서

(　) 한국에 유학하려고　　　　　　(　) ＿＿＿＿＿＿＿＿＿＿＿＿＿＿

2 読む前　ストレスに関係する表現です。一緒に使う単語を選んでその番号を書きなさい。

1 스트레스가	(　)	① 많다	1 ストレスが多い
	(　)	② 풀다	2 ストレスが解消する
	(　)	③ 풀리다	3 ストレスを解消させる
2 스트레스를	(　)	④ 쌓이다	4 ストレスがたまる

3 内容確認　本文を読んで次の質問に答えなさい。

[보기]　오히려　　꽤　　그래서　　할 수 없이　　덕분에

1 ⓐ〜ⓒに入る適切な表現を［보기］から選びなさい。

ⓐ ＿＿＿＿＿＿＿＿＿＿　　　ⓑ ＿＿＿＿＿＿＿＿＿＿＿　　ⓒ ＿＿＿＿＿＿＿＿＿＿＿

2 ⓓに入る適切な接続詞を書きなさい。

＿＿＿＿＿＿＿＿＿＿＿＿＿＿＿＿＿＿＿＿＿＿＿＿＿＿＿＿＿＿＿＿＿＿＿＿＿＿

3 ⓔ「자막이 있어야 볼 수 있잖아요」と類似の意味を持つ文章を選びなさい。

① 자막이 있어도 볼 수 있어요.　　　② 자막이 없으면 볼 수 없어요.

4 内容確認　読んだ内容と一致するものには○を、一致しないものには✕を書きなさい。

1 (　) 이 사람은 처음부터 한국 문화에 관심이 있었다.

2 (　) 이 사람은 좋아하는 한국 아이돌이 있다.

3 (　) 이 사람은 친구 덕분에 한국어와 한국 문화에 관심을 가지게 되었다.

4 (　) 이 사람은 지금도 자막이 없으면 한국 드라마를 보지 못한다.

5 (　) 이 사람은 시험 준비 때문에 한국어를 배우기 시작했다.

23 내가 가장 아끼는 물건

🔊 020

내가 가장 아끼는 물건은 앨범입니다. 18 살 생일 때 엄마께서 선물해 주신 것입니다. 스누피 그림이 ⓐ(그려지다) 있는 평범한 앨범입니다. 앨범에는 내가 태어났을 때부터 18살이 된 날까지의 사진이 ⓑ(들다) 있습니다. 그리고 사진 한 장한 장에는 엄마의 코멘트가 정성스럽게 ⓒ(달리다) 있습니다. '하나가 처음 걸었을 때', '하나가 처음 엄마!라고 한 날' 등.

어렸을 때 형제가 없었던 나는 늘 외로웠습니다. 초등학교도 먼 곳까지 통학을 해야 했기 때문에 집 근처에 사는 친구도 없었습니다. 그때마다 엄마는 늘 나와 함께 있어 주셨습니다. ⓔ가끔은 친구, 가끔은 언니, 그리고 늘 내 엄마가 되어 주셨습니다. 앨범을 보고 있으니까 잊고 있었던 그때의 일들이 다시 생각납니다.

앨범은 내 책상 위 책꽂이에 ⓓ(꽂히다) 있습니다. 외로울 때마다, 가족이 그리울 때마다 앨범 속 사진들을 봅니다. 가끔은 너무 외롭고 힘들어 포기하고 싶을 때도 있지만 엄마가 쓰신 메모를 보며 다시 힘을 냅니다.

"하나야, 엄만 널 믿어. 포기하지 마! 넌 할 수 있어."

이곳에서 내 꿈을 이룰 때까지 최선을 다하겠다고 다시 한 번 결심합니다.

文法・表現リスト → 別冊 WORKBOOK

1 読む前　関係する動詞を選んで、その番号を書きなさい。

1 꿈을	（　　）	① 내다	1 夢を叶える
2 최선을	（　　）	② 다하다	2 最善を尽くす
3 힘을	（　　）	③ 이루다	3 力を出す
4 생각이	（　　）	④ 나다	4 思い出される

2 読む前　＿＿＿に入る適切な表現を［보기］から選んで書きなさい。

［보기］　믿다　아끼다　잊다　외롭다　그립다　평범하다　포기하다

1 말을 ＿＿＿＿＿ / 나는 동생의 말이 사실이라고 ＿＿＿＿＿.
2 조금만 더 힘내세요! ＿＿＿＿＿면 안 돼요. / 돈이 없어 대학을 ＿＿＿＿＿.
3 돈을 ＿＿＿＿＿ / 시간을 ＿＿＿＿＿ / 전기를 ＿＿＿＿＿ 쓰다
4 전화번호를 ＿＿＿＿＿ / 약속을 깜빡 ＿＿＿＿＿.
5 외모가 ＿＿＿＿＿ / 하나는 ＿＿＿＿＿ 가정에서 태어났다.
6 첫사랑이 ＿＿＿＿＿. / 고향에 있는 가족이 ＿＿＿＿＿.

3 内容確認　テキストを読んで次の質問に答えなさい。

1 ⓐ～ⓓを文に合わせて、活用させなさい。

ⓐ ＿＿＿＿＿　　ⓑ ＿＿＿＿＿　　ⓒ ＿＿＿＿＿　　ⓓ ＿＿＿＿＿

2 ⓔが意味するところを説明しなさい。

＿＿＿＿＿＿＿＿＿＿＿＿＿＿＿＿＿＿＿＿＿＿＿＿＿＿＿＿＿＿＿＿

4 内容確認　読んだ内容と一致するものには〇を、一致しないものには×を書きなさい。

1 （　　） 앨범은 이 사람의 엄마가 선물한 것이다.
2 （　　） 이 사람은 지금 여행 중이다.
3 （　　） 이 사람은 친구가 한 명도 없다.
4 （　　） 사진과 엄마의 메모는 이 사람에게 큰 힘이 되고 있다.

24 10년 후 나의 모습

🔊 021

10년 후 나는 어디에서 무엇을 하고 있을까?

10년 후 나는 우리나라를 방문하는 외국인들을 도울 수 있는 일을 하고 싶다. 두 가지 이유 때문이다.

하나는 우리나라를 사랑하기 때문이다. 대학생이 된 후 처음 외국 여행을 갔을 때 그 나라의 좋은 점뿐만 아니라 (ⓐ)의 좋은 점도 알게 되었다. 그래서 우리나라의 좋은 점들을 더 많은 외국인들에게 알리고 싶다는 생각을 하게 되었다.

다른 하나는 한국 유학을 할 때 많은 사람들로부터 (ⓑ)을 받았기 때문이다. 학교 생활에 잘 적응할 수 있게 도와준 친구들, 함께 공부한 다른 나라에서 온 외국인 친구들, 하숙집 주인 아주머니, 길에서, 시장에서 만난 아저씨, 아주머니 등등. 그분들 덕분에 한국 유학 생활을 무사히 마칠 수 있었다. 그래서 나중에 나도 다른 사람에게 (ⓑ)이 되는 사람이 되어야겠다고 생각하게 되었다.

10년 후의 꿈을 이루기 위해서 나는 지금 외국어와 우리 문화를 더 잘 알고 이해하기 위해 열심히 노력하고 있다.

📖 文法・表現リスト → 別冊 WORKBOOK

1 読む前　＿＿＿＿に入る適切な表現を［보기］から選んで書きなさい。

［보기］　방문하다　　적응하다　　노력하다　　이해하다　　무사하다

1 관광객이 일본을 ＿＿＿＿＿＿＿＿＿ / 저희 집을 ＿＿＿＿＿＿＿＿＿ 주셔서 감사합니다.
2 열심히 ＿＿＿＿＿＿＿＿＿ / 성공하려고 ＿＿＿＿＿＿＿＿＿
3 새로운 분위기에 ＿＿＿＿＿＿＿＿＿ / 한국에 온 지 1년, 한국 생활에 ＿＿＿＿＿＿＿＿＿.
4 ＿＿＿＿＿＿＿＿＿게 행사를 마치다 / 죽지 않고 ＿＿＿＿＿＿＿＿＿ 집에 돌아오다
5 문화를 ＿＿＿＿＿＿＿＿＿ / 수업 내용을 완전히 ＿＿＿＿＿＿＿＿＿

2 読む前　表の1のようにそれぞれの動詞の名詞形とその意味を書きなさい。

		意味	名詞形	意味
1	돕다	手伝う	도움	手伝い
2	믿다	信じる		信じること
3	웃다	笑う		笑い
4	울다	泣く		泣き
5	슬프다	悲しい		悲しみ
6	외롭다	寂しい		寂しさ
7	아프다	痛い		痛さ

3 内容確認　本文を読んで次の質問に答えなさい。

1 ⓐに入る適切な語を書きなさい。

＿＿＿＿＿＿＿＿＿＿＿＿＿＿＿＿＿＿＿＿＿＿＿＿＿＿＿＿＿＿＿＿＿＿＿＿＿＿

2 ⓑに共通に入る適切な語を書きなさい。

＿＿＿＿＿＿＿＿＿＿＿＿＿＿＿＿＿＿＿＿＿＿＿＿＿＿＿＿＿＿＿＿＿＿＿＿＿＿

4 内容確認　読んだ内容と一致するものには○を、一致しないものには×を書きなさい。

1 （　　） 이 사람은 나중에 외국인을 돕는 일을 하고 싶어 한다.
2 （　　） 이 사람은 외국에서 여러 사람의 도움을 받았다.
3 （　　） 이 사람은 지금 외국어를 열심히 공부하고 있다.
4 （　　） 이 사람은 한국에서 만난 여러 사람들 덕분에 유학을 무사히 마칠 수 있었다고 생각한다.

25 우리 꼭 다시 만나자!

🔊 022

민속촌
돌하르방

    한국에 온 지 벌써 1년이 되었습니다. 1년이 정말 ⓐ눈 깜짝할 사이에 지난 것 같습니다. 한국에 있는 동안 참 많은 일들이 있었습니다. 좋은 일도 있었고 나쁜 일도 있었습니다. 즐거운 일도 있었고 슬픈 일도 있었습니다. 그 중에서 가장 기억에 남는 것은 친구들과 함께 한 제주도 여행입니다. 여행하는 동안 서로 생각이 달라서 싸운 적도 많았습니다. 화가 나서 하루 종일 말 한 마디 안 한 적도 있었습니다. 하지만 그 여행 덕분에 친구들과 정이 많이 들었습니다. 친구들에 대해서도 더 잘 알게 되었습니다.

    다음 주 저는 고향으로 돌아갑니다. 친구들과 함께 할 수 있는 시간도 이제 1주(ⓑ) 남지 않았습니다. 고향에 돌아가게 돼서 기쁘지만 친구들과 헤어지는 것이 너무 아쉽습니다. 함께할 수 있는 시간은 얼마 남지 않았지만 언젠가 꼭 다시 만날 수 있을 것이라고 믿습니다.

    친구들아, 그동안 고마웠어. 우리 꼭 다시 만나자! 다시 만날 때까지 건강해야 돼!

▌文法・表現リスト → 別冊 WORKBOOK

54

1 読む前　関係する動詞を選んで、その番号を書きなさい。

1　화가　　　　　　（　　）　　　① 들다　　　1 怒る
2　정이　　　　　　（　　）　　　② 남다　　　2 情がわく
3　1년이　　　　　（　　）　　　③ 지나다　　3 1 年が過ぎる
4　기억에　　　　　（　　）　　　④ 나다　　　4 記憶に残る

2 読む前　どんな時にその感情になりますか。①〜⑤の中から選びなさい。

1　즐겁다　　　　（　　）　　　① 1점이 적어 시험에 떨어졌습니다.
2　슬프다　　　　（　　）　　　② 좋아하는 놀이공원에 갑니다.
3　기쁘다　　　　（　　）　　　③ 남자 친구와 싸웠습니다.
4　아쉽다　　　　（　　）　　　④ 오랜만에 친구를 만났습니다.
5　고맙다　　　　（　　）　　　⑤ 친구가 일을 도와주었습니다.

3 内容確認　テキストを読んで次の質問に答えなさい。

1　ⓐ「눈 깜짝할 사이에」と取り替えることができる表現を書きなさい。
　　① 빠르게　　　　② 조용하게　　　　③ 강하게　　　　④ 천천히

2　ⓑに入る、適切な助詞を選びなさい。
　　① 나　　　② 도　　　③ 만　　　④ 밖에

4 内容確認　読んだ内容と一致するものには〇を、一致しないものには×を書きなさい。

1　（　　）이 사람은 1년 전에 한국에 왔습니다.
2　（　　）이 사람은 1년이 아주 빨리 지났다고 생각합니다.
3　（　　）이 사람은 1주 후에 고향으로 돌아갑니다.
4　（　　）이 사람은 나중에 친구들과 만나기로 약속을 했습니다.
5　（　　）이 사람은 여행 덕분에 친구들에 대해 더 많이 알게 되었다고 생각합니다.

26 성형 수술 전과 후

🔊 023

나는 어릴 때부터 노래 부르는 것을 좋아했다. 노래 대회에 나가서 상도 많이 탔다. 어른이 되면 꼭 가수가 될 거라고 생각했다.

고등학교 1학년이 되었을 때 용기를 내어 기획사를 찾아갔다. 하지만 사람들은 내 노래보다 내 외모에 더 관심이 있었다. 내 외모로는 가수로 데뷔하기 어렵다고 하였다.

(ⓐ)이 아주 컸다. 집에 돌아와서 방의 불도 켜지 않고 몇 시간을 엉엉 울었다. 울고 나니까 힘이 났다. 그래, 내 꿈을 포기하지 않을 거야! 결심했다. 다이어트를 하기로. (ⓑ)을 하기로.

살을 빼기 위해 음식량을 줄였다. 운동도 하루 4시간씩 했다. 힘들고 피곤했다. 너무 힘들어 눈물을 흘린 날도 많았다. 수술 전날은 무섭고 불안해서 잠도 자지 못했다. 하지만 참고 또 참았다.

거울 속 내 모습, 너무 예쁘고 사랑스럽다. 작은 얼굴 속 눈, 코, 입, 그리고 날씬한 몸매. 대성공이다. 친구들도 달라진 내 모습에 놀라워했다. 그리고 부러워했다. 행복했다. 자신감이 생겼다.

나는 내일 다시 기획사를 찾아갈 것이다.

▌文法・表現リスト → 別冊 WORKBOOK

1 読む前　関係する動詞を選び、その番号を書きなさい。

1 상을	（　　）	① 생기다	1 賞をもらう
2 용기를	（　　）	② 흘리다	2 勇気を出す
3 불을	（　　）	③ 켜다	3 灯りをつける
4 힘이	（　　）	④ 나다	4 力が出る
5 살을	（　　）	⑤ 빼다	5 やせる
6 눈물을	（　　）	⑥ 내다	6 涙を流す
7 자신감이	（　　）	⑦ 타다	7 自信がうまれる

2 読む前　形容詞に「−아 / 어하다」を組み合わせると日本語の「〜がる」に当たる、第３者の感情を表す表現になります。次の表を完成しなさい。

1 무섭다	怖い	무서워하다	怖がる
2 불안하다	不安だ		不安がる
3 사랑스럽다	可愛いらしい		可愛く思う
4 놀랍다	驚く		驚かす
5 부럽다	うらやましい		うらやましがる
6 행복하다	幸せだ		幸福に思う

3 内容確認　テキストを読んで次の質問に答えなさい。

1 ⓐに入る適切な表現を選びなさい。

　① 희망　　　　② 실망　　　　③ 관심　　　　④ 실패

2 ⓑに入る適切な表現を書きなさい。

_____

4 内容確認　読んだ内容と一致するものには○を、一致しないものには✕を書きなさい。

1 （　　）이 사람은 노래를 아주 잘 부른다.

2 （　　）가수가 되기 위해서는 외모가 중요하다.

3 （　　）이 사람은 가수가 되기 위해 성형 수술을 했다.

4 （　　）이 사람은 성형 수술 후 자신감이 생겼다.

아르바이트해 봤어요?

🔊 024

1) 생활비를 마련하기 위해 ─ 50.4%
2) 문화 생활을 즐기기 위해 ─ 15.2%
3) 사고 싶은 물건을 사기 위해 ─ 13.1%
4) 다양한 경험을 쌓고 싶어서 ─ 11.3%
5) 학비를 마련하기 위해 ─ 6.2%
6) 유학 비용을 벌기 위해 ─ 2.7%
7) 기타 ─ 1.1%

　　〈대학내일 20대 연구소〉에서 남녀 대학생 300명을 대상으로 아르바이트 경험에 대해 설문 조사를 하였다. 조사 결과, 대학생의 66.3%가 아르바이트를 한 경험이 '있다'고 답하였다.

　　한편, 학생들이 아르바이트를 하는 이유로는 '생활비 마련'이 50.4%로 가장 많았다. 그 다음으로 '문화 생활을 즐기기 위해'가 15.2%, '사고 싶은 물건을 사기 위해서'가 13.1%, '다양한 경험을 쌓고 싶어서'가 11.3%이었다. 그 외, '학비를 마련하기 위해(6.2%)', '유학 비용을 벌기 위해(2.7%)'라고 답한 학생들도 많았다.

　　이 조사 결과를 통해, 대학생들의 절반 이상이 대학 생활에 필요한 돈을 벌기 위해서 아르바이트를 하고 있다는 것을 알 수 있었다. 한편 자신의 미래를 준비하기 위해서 노력하는 학생들도 적지 않다는 것을 알 수 있었다.

文法・表現リスト → 別冊 WORKBOOK

1 読む前　次の質問に答えなさい。

1　아르바이트를 한 적이 있습니까? (하고 있습니까?)

예 (　　　) / 아니오 (　　　)

2　한 적이 있다 (하고 있다)면 왜입니까?

(　　　) 생활비를 벌려고　　　　　　　　(　　　) 학비를 벌려고

(　　　) 옷이나 신발을 사려고　　　　　　(　　　) 영화를 보거나 콘서트에 가려고

(　　　) 경험을 쌓으려고　　　　　　　　(　　　) _____

2 読む前　_____ に入る適切な表現を［보기］から選んで書きなさい。

［보기］　에서　　을/를 대상으로　　에 대해(서)　　을/를 통해(서)　　을/를 위해(서)

1　다음 주 학교 _____ 소풍을 가요.

2　학교에서 1학년 _____ _____ 설문 조사를 하였습니다.

3　친구 _____ _____ 선물을 샀어요.

4　그 이야기는 뉴스 _____ _____ 들었어요.

5　A : 두 사람, 뭐 하고 있었어요?

　　B : 하나 씨 _____ _____ 이야기하고 있었어요.

3 内容確認　1 の例を参考にして、下の概要を完成しなさい。

1　調査の機関：대학내일 20대 연구소에서 _____

2　調査の対象： _____

3　調査のテーマ： _____

4　本論の始め： _____

5　結論の始め： _____

6　結果のまとめ： _____

4 内容確認　読んだ内容と一致するものには〇を、一致しないものには×を書きなさい。

1　(　　　) 절반 이상의 학생들이 아르바이트를 한 경험이 있다고 답하였다.

2　(　　　) 생활비를 벌기 위해 아르바이트를 한다고 답한 학생이 가장 많았다.

3　(　　　) 자신의 미래를 위해 아르바이트를 한다고 답한 학생은 거의 없었다.

59

28 친한 친구가 있습니까?

🔊 025

　　(주)필통에서는 지난 11월18일부터 20일까지 20대 남녀 대학생 200명(남성 100명, 여성 100명)을 대상으로 '친한 친구가 있습니까?'라는 주제로 설문 조사를 하였다.

　　조사 결과, '친한 친구가 있다'고 답한 사람은 남학생이 42%, 여학생이 58%이었다. 한편, '친한 친구가 없다'고 답한 사람은 남학생이 31%, 여학생이 24%이었다. '나는 친구라고 생각하지만 상대는 어떻게 생각하는지 모르겠다'고 대답한 남학생은 12%, 여학생은 15%로 큰 차이가 없었다. 그리고 '친한 친구가 없다'고 답한 사람 중에서 남학생은 27%가, 여학생은 8%가 '전에는 있었다'고 답하였다.

　　이 조사 결과를 통해, '친한 친구'나 '친한 친구라고 생각하는 사람'이 '있다'고 응답한 비율은 남학생보다 여학생이 많다는 것을 알 수 있었다. 이는 여학생들의 경우 일단 친구가 되면 그 관계를 오래 유지하는 경향이 있기 때문이라고 생각된다. 조사를 하기 전에는 대학생들은 대부분 친구가 있을 것이라고 생각했다. 그러나 실제로는 친구가 없는 학생이나 친구인지 아닌지 모르겠다고 생각하는 학생이 많다는 것을 알 수 있었다.

📖 文法・表現リスト → 別冊 WORKBOOK

1 読む前　次の質問に答えなさい。

1 친한 친구가 있습니까?

　있다 (　　) / 없다 (　　) / 잘 모르겠다 (　　)

2 ('있다')　　　　　　사귄 지 얼마나 됐습니까?　　　_____.

　('없다')　　　　　　전에는 친구가 있었습니까?　　　_____.

　('잘 모르겠다')　　　그 이유는 무엇입니까?　　　　_____.

2 読む前　_____に入る適切な表現を [보기] から選んで書きなさい。

[보기]　주제　　조사　　대상　　차이　　비율　　경향　　관계　　결과

1 대화 _____ / 나는 환경 문제를 _____ 로 리포트를 썼다.

2 저는 화가 나면 밥을 많이 먹는 _____ 이 있어요.

3 한국과 일본 _____ / 하나는 친구들과 _____ 가 좋다.

4 나이 _____ / 문화 _____ / 두 사람은 성격 _____ 로 헤어졌다.

5 연구 _____ / 시험 _____ 가 좋다.

3 読む前　本文を読んだ後、下の概要を完成しなさい。

1 調査の機関：_____

2 調査の対象：_____

3 調査のテーマ：_____

4 本論の始め：_____

5 結論の始め：_____

6 結果のまとめ：_____

4 内容確認　読んだ内容と一致するものには○を、一致しないものには×を書きなさい。

1 (　　) 이 설문 조사는 대학생만을 대상으로 하였다.

2 (　　) 여학생이 남학생보다 친한 친구가 있다고 더 많이 답하였다.

3 (　　) 지금은 없지만 예전에는 친한 친구가 있었던 학생도 있다.

4 (　　) 이 사람은 학생들은 대부분 친구가 있을 거라고 생각했다.

29 한국인이 좋아하는 취미

🔊 026

한국갤럽에서는 지난 4월, 남녀 1,700명을 대상으로 '가장 좋아하는 취미'에 대해 조사한 결과를 발표했다.

조사 결과에 따르면, 응답자의 14%가 '등산'을 가장 좋아한다고 대답했다. 그 다음은 '음악 감상'(6%), '운동/헬스'(5%), '게임'(5%), '독서'(5%), '걷기/산책'(4%), '영화 관람'(4%), '여행'(3%), '낚시'(3%), '축구'(3%)의 순으로 나타났다.

한편, '운동/헬스', '게임', '낚시', '축구'는 여성보다 남성이, '독서', '걷기/산책', '영화 관람'은 남성보다 여성이 더 좋아했다. 그 외 좋아하는 취미로는 'TV시청', '골프', '수영', '노래', '바둑', '요리', '뜨개질', '농구', '야구', '그림', '요가' 등이 있었다. 이 중 '골프'와 '바둑'은 중장년 남성 취미 5위 안에 들었고, 'TV 시청', '요리', '뜨개질'은 중장년 여성이 즐기는 취미 5위 안에 들었다.

2020년과 비교하면 '등산'은 당시에도 1위였으나 이번에 선호도가 더 상승했다 (9% → 14%). 과거에 비해 '등산', '걷기/산책', '축구' 등 주로 밖에서 하는 취미에 대한 선호는 증가한 반면, '음악 감상', '독서' 등 정적인 취미에 대한 관심은 상대적으로 감소했다.

▌文法・表現リスト → 別冊 WORKBOOK

1 読む前　皆さんがしている、あるいは関心のある趣味を選びなさい。

(　　) 춤　　　　　　(　　) 독서　　　　　(　　) 게임　　　　　(　　) 쇼핑　　　(　　) 여행
(　　) 요리　　　　　(　　) 운동　　　　　(　　) 낚시　　　　　(　　) 산책
(　　) 영화 감상　　(　　) 음악 감상　　(　　) TV시청　　(　　) 기타

2 読む前　　　　　に入る適切な表現を［보기］から選んで書きなさい。

［보기］　상승하다　　증가하다　　감소하다　　비교하다　　조사하다

1　기온이 ------------------ / 물가가 ------------------ = 오르다
2　살인 사건을 ------------------ / 원인을 ------------------
3　결과를 ------------------ / 가격을 ------------------ / 친구와 나를 ------------------
4　직장인의 수가 ------------------ / 인구가 ------------------ = 늘다 = 늘어나다
5　체중이 ------------------ / 양이 ------------------ = 줄다 = 줄어들다

3 内容確認　本文を読み、下の概要を完成しなさい。

1　調査の機関：_____
2　調査の対象：_____
3　調査のテーマ：_____
4　本論の始め：_____
5　結論の始めとまとめ：_____

4 内容確認　読んだ内容と一致するものには○を、一致しないものには×を書きなさい。

1　(　　) 설문 조사의 주제는 '한국 사람이 가장 좋아하는 취미'이다.
2　(　　) 응답자 중에는 '등산'을 좋아하는 사람이 가장 많았다.
3　(　　) 남성에 비해 여성이 정적인 취미에 관심이 많다.
4　(　　) 과거의 조사에서도 '등산'을 좋아한다고 답한 사람이 가장 많았다.
5　(　　) 과거에 비해 정적인 취미에 관심이 있다고 답한 사람이 늘었다.

30 국제결혼, 어떻게 생각하세요?

◀》 027

　　제 남편은 한국 사람이에요. 지금 일본에 있는 한국 여행사에서 일하고 있습니다. 남편이랑은 한국에서 처음 만났어요. 대학교 3학년 때 한국에 유학을 갔는데, 거기에서 만났어요. ⓐ그때는 남편이랑 결혼할 거라고는 상상도 못했어요. 일본에 남자 친구가 있었거든요. 물론 국제결혼에 대해서도 생각해 본 적이 없었고요. 그래서 남편이 저에게 결혼하자고 했을 때는 솔직히 말해서 고민을 많이 했습니다. 언어도 다르고 문화도 다르고…, 무엇보다 부모님이 허락해 주실까가 걱정이었어요. 그렇지만 오래 생각해 본 후 결국 남편과 결혼하게 되었습니다.

　　음, 결혼을 할 때는 자신의 생각이 무엇보다 중요하다고 생각해요. 그리고… 한국 사람끼리, ⓑ일본 사람끼리 결혼한다고 해서 반드시 행복할 거라는 보장도 없잖아요. 언어나 문화가 달라도 두 사람이 서로 아끼고 사랑한다면 어떤 문제도 극복할 수 있다고 생각합니다.

　　결혼한 지 12년, 저희 부부는 올해 10살짜리 딸, 7살된 아들과 함께 행복하게 살고 있습니다.

▌文法・表現リスト　→ 別冊 WORKBOOK

1 読む前　次の質問に答えなさい。

1　주변에 국제결혼을 한 사람이 있습니까?

_____

2　여러분은 국제결혼에 대해서 어떻게 생각합니까? 찬성입니까, 반대입니까?

_____

3　그 이유는 무엇입니까?

_____

4　국제결혼의 어려운 점은 무엇이라고 생각합니까?
　　① 부모님의 반대　　　② 언어나 문화의 차이　　　③ 가치관의 차이　　　④ 기타

2 読む前　⋯⋯⋯に入る適切な表現を［보기］から選んで書きなさい。

［보기］　상상하다　　솔직하다　　고민하다　　허락하다　　중요하다　　극복하다

1　결혼을 _____ / 요즘 취업 문제로 _____고 있다.
2　밝은 미래를 _____ / 시험에서 1등을 할 것이라고는 _____지 못했다.
3　어려움을 _____ / 가난을 _____
4　아버지는 딸의 결혼을 _____지 않고 계속 반대했다.
5　_____ 성격 / 거짓말하지 말고 _____ 말해 주세요.

3 内容確認　テキストを読んで次の質問に答えなさい。

1　ⓐが示しているものを本文から探して書きなさい。

_____

2　ⓑと同じ意味を表す文を選びなさい。
　　① 일본 사람끼리 결혼하면 반드시 행복할 것이라고 보장할 수 있다.
　　② 일본 사람끼리 결혼해도 행복하지 않을 수 있다.

4 内容確認　読んだ内容と一致するものには○を、一致しないものには×を書きなさい。

1　(　　) 이 사람은 한국 여행사에서 일하고 있다.
2　(　　) 이 사람은 한국에서 남편을 만났다.
3　(　　) 이 사람은 한국 사람끼리, 일본 사람끼리 결혼하는 것이 더 좋다고 생각한다.
4　(　　) 이 사람은 결혼 생활에서는 언어나 문화보다 아끼고 사랑하는 마음이 더 중요하다고 생
　　　　　 각한다.

31 스마트폰 필요하다? 필요없다?

🔊 028

필요하다?
필요없다?

　　요즘 스마트폰을 사용하는 사람들이 늘고 있습니다. 스마트폰은 필요하다, 필요 없다, 여러 의견들이 있지만 나는 스마트폰이 꼭 필요하다고 생각합니다. 물론 스마트폰으로 인해 여러 가지 문제가 생기기도 합니다. 예를 들어, 스마트폰을 보면서 걷다가 넘어지거나 부딪혀서 다치는 사람도 있습니다. 또 스마트폰을 사용하고 나서부터 독서 시간이 줄거나 눈이 나빠진 사람이 늘기도 합니다. 그러나 스마트폰은 ⓐ잘만 사용하면 우리 생활에 매우 편리한 도구입니다.

　　스마트폰이 있으면 필요할 때 언제 어디서나 사용할 수 있습니다. 예를 들어, 약속 시간에 늦었을 때 지하철이나 버스 안에서 연락할 수 있습니다. 스마트폰으로 급한 이메일도 확인할 수 있고 답장도 보낼 수 있습니다. 또 태풍이나 지진 때문에 전화가 안 될 때도 스마트폰만 있으면 메일이나 LINE으로 연락을 주고받을 수 있습니다. 그리고 인터넷으로 여러 가지 정보도 얻을 수 있습니다.

　　그렇기 때문에 나는 우리 생활에서 스마트폰은 ⓑ없어서는 안 된다고 생각합니다.

▌文法・表現リスト　→ 別冊 WORKBOOK

1 読む前　次の質問に答えなさい。

1　스마트폰이 꼭 필요하다고 생각합니까?

_____

2　스마트폰의 장점과 단점은 무엇이라고 생각합니까?

_____

2 読む前　　　　　に入る適切な表現を［보기］から選んで書きなさい。

［보기］　걷다　　생기다　　줄다　　넘어지다　　부딪히다　　다치다　　얻다

1　거리를 _____ / 요즘 살을 빼려고 _____ 다녀요.
2　몸무게가 _____ / 한국어 실력이 _____ = 감소하다
3　남자 친구가 _____ / 문제가 _____
4　넘어져서 다리를 _____ / 교통 사고로 사람들이 _____.
5　인기를 _____ / 친구에게 표를 공짜로 _____.
6　태풍 때문에 나무가 _____. / 지진 때문에 가구가 _____.

3 内容確認　本文を読んで、下の概要を完成しなさい。

1　問題提起（背景説明）：<u>스마트폰이 필요하다, 필요없다는 의견들이 있다.</u>
　　①反対意見：_____
　　　　　　　：_____
　　②自分の意見：_____
2　展開（根拠・理由）
　　①_____
　　②_____
3　結論
　　①全体を整理：_____

4 内容確認　テキストを読んで次の質問に答えなさい。

1　ⓐ「잘만 사용하면」を日本語に直しなさい。

_____

2　ⓑと変えて使うことができる表現を選びなさい。

　　① 꼭 있어야 한다　　　　　② 없어도 된다

32 인스턴트식품

　　요즘 마트에 가 보면 인스턴트식품이 많다. 인스턴트식품은 짧은 시간에 손쉽게 요리가 가능해서 편리하다. 그래서 바쁜 학생들이나 직장인, 혼자 사는 사람은 물론 주부들에게도 인기가 있다. 한편 인스턴트식품에는 탄수화물이나 지방, 설탕, 소금 등이 많이 들어 있어 건강에 좋지 않기 때문에 먹지 말아야 한다고 말하는 사람들도 많다. 이러한 단점도 있지만 나는 인스턴트식품이 우리 생활을 편리하게 해 주기 때문에 꼭 필요하다고 생각한다.

　　나는 매일 공부나 아르바이트로 바빠서 요리할 시간이 별로 없다. 하지만 인스턴트식품이라면 아무리 바빠도 짧은 시간에 준비해서 바로 먹을 수 있기 때문에 시간이 절약된다. 또 인스턴트식품을 이용하면 재료를 낭비하지 않아도 된다. 나도 가끔 요리를 할 때가 있지만 혼자 살기 때문에 음식이 남아서 버리는 경우가 많다. 나는 음식을 버리는 것보다는 처음부터 인스턴트식품을 이용하는 편이 더 낫다고 생각한다.

　　이처럼 인스턴트식품은 장점이 많다. 다만 인스턴트식품만 먹으면 건강에 좋지 않기 때문에 너무 많이 먹지 않도록 주의해야 한다. 또한 인스턴트식품을 먹을 때는 간단한 샐러드나 야채 주스 등을 같이 먹어 영양의 균형에도 신경을 써야 할 것이다.

▌文法・表現リスト → 別冊 WORKBOOK

1 読む前　次の質問に答えなさい。

1　인스턴트식품을 자주 먹습니까?

_____

2　인스턴트식품의 장점과 단점은 무엇이라고 생각합니까?

_____

2 読む前　　_____에 入る適切な表現を［보기］から選んで書きなさい。

［보기］　가능하다　　낭비하다　　주의하다　　절약하다　　편리하다

1　시간을 _____ / 돈을 _____ / 에너지를 _____
2　돈을 _____ / 물을 _____ / 시간을 _____
3　건강에 _____ / 감기가 더 심해지지 않게 _____
4　교통이 _____ / 집이 학교랑 가까워서 _____ .

3 内容確認　本文を読み、次の概要を完成しなさい。

1　問題提起（背景説明）：인스턴트식품은 손쉽게 요리가 가능해서 인기가 많다.
　　①反対意見：_____
　　②自分の意見：_____
2　展開（根拠・理由）
　　① _____
　　② _____
3　結論
　　①全体を整理：_____
　　②締めの文（努力目標など）
　　　－ _____
　　　－ _____

4 内容確認　読んだ内容と一致するものには○を、一致しないものには×を書きなさい。

1　（　　）인스턴트식품은 건강에 좋지 않다.
2　（　　）이 사람은 인스턴트식품을 자주 이용하는 편이다.
3　（　　）이 사람은 인스턴트식품은 단점보다 장점이 더 많다고 생각한다.
4　（　　）이 사람은 인스턴트식품이 꼭 필요하다고 생각한다.

33 한국의 사계절

한국은 봄, 여름, 가을, 겨울 사계절이 있습니다.

봄은 따뜻합니다. 하지만 날씨 변화가 심하고 가끔 황사가 부는 날도 있습니다. 봄이 되면 산과 들에 개나리, 진달래, 벚꽃 등 예쁜 봄꽃들이 핍니다. 그래서 축제가 많이 열립니다. '진해 군항제'와 '여의도 벚꽃 축제'가 유명합니다.

긴 장마가 끝나고 나면 무덥고 습한 한국의 여름이 시작됩니다. 여름은 놀기 좋은 계절입니다. 하루가 길고 방학이나 휴가도 있습니다. 또 여름은 바캉스의 계절입니다. 산과 바다가 인기가 많습니다. 산이나 바다에서 스트레스도 풀고 즐거운 추억도 쌓을 수 있습니다.

여름이 끝나고 나면 쌀쌀한 가을이 옵니다. 독서의 계절입니다. 높고 파란 하늘 아래에서 맑은 공기를 마시며 책을 읽을 수 있습니다. 가을에는 단풍, 불꽃 축제 등 볼거리도 많습니다.

가을이 끝나면 추운 겨울이 옵니다. 겨울은 음식의 계절입니다. 추운 겨울, 김이 모락모락 나는 붕어빵, 어묵, 떡볶이, 군고구마 등. 겨울은 레포츠의 계절이기도 합니다. 춥고 눈이 많이 와서 스키, 스케이트, 눈썰매 등도 즐길 수 있습니다.

나는 봄, 여름, 가을, 겨울이 있는 한국을 정말 사랑합니다.

▌文法・表現リスト → 別冊 WORKBOOK

1 読む前　どの季節ですか。なぜそう思いますか。

1　내일 날씨를 말씀드리겠습니다. 내일도 우리나라는 전국이 덥고 습하겠습니다. 특히 서울 지방은 바람도 강하게 불고 비가 많이 내리는 곳도 있겠습니다. 부산 지방도 구름이 많이 끼고 강한 바람이 불겠습니다. 소나기가 오는 곳도 있겠습니다. 제주도는 오전에 비가 오다가 오후에는 맑아지겠습니다.

2　오늘 중부 지방은 구름이 많이 끼겠고, 남부 지방은 대체로 맑겠습니다. 아침 최저 기온은 영하 2도에서 3도, 낮 최고 기온은 11도에서 14도로, 어제보다 조금 춥겠습니다. 습도는 10%～20%로 건조한 날씨가 계속되겠습니다. 날씨였습니다.

2 読む前　意味する内容を選び、その番号を書きなさい。

1	황사	(　　)	①	노란색 모래나 모래 바람
2	장마	(　　)	②	옛날 일이나 옛날 일을 생각해요.
3	단풍	(　　)	③	무엇을 기념하거나 축하하기 위해 해요.
4	축제	(　　)	④	초여름에 습하고 비가 계속 와요.
5	휴가	(　　)	⑤	가을에 잎이 노란색이나 빨간색으로 변해요.
6	추억	(　　)	⑥	직장인 등이 며칠 정도 일하지 않고 쉬어요.

3 内容確認　本文を読んだ後、それぞれの季節の特徴を探し、書きなさい。

봄	
여름	
가을	
겨울	

34 한국의 결혼에 대해 발표하겠습니다.

　여러분, 안녕하세요? 경제학과 21학번 김하나입니다. 저는 오늘 한국의 결혼에 대해서 발표하겠습니다.

　여러분은 결혼을 하실 계획입니까? 만약 하신다면 몇 살쯤 하시려고 합니까? 결혼식은 어디서 하고 싶으십니까?

　요즘 한국에서는 남자는 서른 세 살, 여자는 서른 한 살쯤에 결혼을 많이 합니다. 옛날에 비해서 결혼하는 나이가 점점 늘어지고 있습니다. 결혼이 늘어지는 이유는 여러 가지 있겠지만, 옛날과 달리 직장 생활을 하는 여성이 늘었기 때문이라고 생각합니다.

　그럼, 결혼 상대는 어디서 만날까요? 예전에는 부모님이나 친척 소개로 만나 결혼하는 사람이 많았습니다. 하지만 요즘은 학교나 직장에서 만나 결혼하는 사람들이 많습니다.

　(ⓐ), 결혼식에 대해 말씀드리겠습니다. 옛날에는 집에서 결혼식을 했습니다. 하지만 지금은 대부분 결혼식장이나 호텔, 야외에서 결혼을 합니다. 그리고 결혼식이 끝난 후에는 직장 동료, 친구들 등과 피로연을 하기도 합니다.

　이상, 한국의 결혼에 대해서 말씀드렸습니다. 여러분 나라에서는 어떻습니까?

📙 文法・表現リスト　→ 別冊 WORKBOOK

1 読む前　次の質問に答えなさい。

1　결혼할 계획입니까?

_____

2　만약 한다면 몇 살쯤 하려고 합니까?

_____

3　연애 결혼을 하고 싶습니까, 중매 결혼을 하고 싶습니까?

_____

4　결혼식은 어디에서/어떻게 하고 싶습니까?

_____

2 読む前　意味する内容を選び、その番号を書きなさい。

1　결혼　　　　（　　）　　　① 직장 등에서 함께 일하는 사람
2　직장　　　　（　　）　　　② 남자와 여자가 부부가 되는 것
3　동료　　　　（　　）　　　③ 결혼을 축하하는 파티
4　친척　　　　（　　）　　　④ 돈을 받고 일을 하는 곳
5　피로연　　　（　　）　　　⑤ 부모나 남편, 아내의 가족

3 内容確認　テキストを読んで次の質問に答えなさい。

1　表を完成しなさい。

	옛날	지금
1 결혼하는 나이		
2 결혼 상대를 만나는 방법		
3 결혼식 장소		

2　요즘 결혼이 늦어지는 이유는 _____기 때문이다.

3　ⓐに入る適切な表現を１つ選びなさい。

　　① 이상　　　　　② 다음으로　　　　　③ 마지막으로

4 内容確認　読んだ内容と一致するものには○を、一致しないものには✕を書きなさい。

1（　　）요즘 한국에서는 결혼을 하지 않는 사람이 많아졌다.

2（　　）옛날에는 연애 결혼보다 중매 결혼을 하는 사람이 많았다.

3（　　）옛날과 비교하여 결혼이 많이 달라졌다.

35 한국의 설날을 소개합니다.

한국의 대표적인 명절에는 추석, 설날, 청명, 단오가 있습니다. 오늘은 이 명절 중에서 설날에 대해 발표하겠습니다.

설날은 한국에서 가장 중요한 명절 중 하나입니다. 설날은 음력 1월 1일입니다. 설날에는 학교와 회사가 모두 쉽니다. 그래서 오랜만에 가족들이 모두 모여 함께 시간을 보냅니다.

설날 아침이 되면 아이와 어른 모두 깨끗한 옷으로 갈아입습니다. 그리고 차례를 지내고 어른들께 세배를 드립니다.

"할머니, 할아버지, 건강하시고 오래 오래 사세요. 새해 복 많이 받으세요."

"그래, 너희들도 올 한 해 건강해라. 공부 열심히 하고. 그리고 하나는 올해 꼭 좋은 사람 만나고…."

아이들은 세뱃돈을 받기도 합니다. 세배 후에는 가족들이 모두 모여 떡국도 먹고 윷놀이나 제기차기, 연날리기 등의 전통 놀이도 즐깁니다.

간단하지만 오늘 발표는 이것으로 마치겠습니다. 여러분도 기회가 있으면 꼭 한국의 설날을 한 번 경험해 보셨으면 합니다. 질문 있으신 분, 질문해 주세요.

文法・表現リスト → 別冊 WORKBOOK

1 読む前　「설날」と「추석」の比較です。関係があるものを下から選びなさい。

설날	추석

- ☐ 음력 1월 1일　☐ 음력 8월 15일　☐ 떡국　☐ 송편　☐ 세배
- ☐ 달　☐ 새 옷　☐ 나이　☐ 연날리기　☐ 점

2 読む前　下の 1 ～ 3 のキーワードと関係ある単語を探して、番号を書きなさい。

1	추석, 설날 등	( )	① 명절
2	제사, 조상, 좋아한 음식	( )	② 차례
3	설날, 절, 세뱃돈, 새 옷	( )	③ 세배

3 内容確認　本文をできるだけ速く読み、旧正月にすることを探し、書きなさい。

날짜	음력 1월 1일
행사	・차례를 지냅니다. ・
음식	・
놀이	・

4 内容確認　読んだ内容と一致するものには○を、一致しないものには×を書きなさい。

1 (　　) 설날은 한국의 대표적인 명절 중 하나입니다.

2 (　　) 설날에는 학교나 회사에 가지 않아도 됩니다.

3 (　　) 아이들은 어른들께 세배를 하고 세뱃돈을 받습니다.

4 (　　) 설날에는 모두 한복을 입습니다.

36 한국 사람들이 가장 좋아하는 숫자는?

◀) 033

나라마다 좋아하는 숫자, 싫어하는 숫자가 다릅니다. 그럼, 한국 사람들이 좋아하는 숫자는 무엇일까요?

한국 사람들이 좋아하는 숫자는 3과 7, 8이라고 합니다. 이 숫자들 중에서 특히 3을 좋아한다고 하는데요. 그럼, 왜 한국 사람들은 3을 좋아할까요? 힌트는 숫자 3은 1과 2를 더한 수이기 때문입니다. 네, 정답은 3. 3은 양(짝수: 여기서는 2)과 음(홀수: 여기서는 1)을 합해서 만든 숫자입니다. 한국 사람들은 옛날부터 3을 완전한 수라고 생각해서 좋아했습니다. 그래서 한국 사람들은 게임을 하거나 가위바위보를 할 때에도 보통 (ⓐ) 번을 합니다.

그렇다면 한국 사람들이 (ⓑ) 숫자는 뭘까요? 네, 그렇습니다. 4입니다. 숫자 4의 발음이 '죽다'를 뜻하는 한자 '死(사)'와 같기 때문입니다. 그래서 한국에서는 엘리베이터에 4층 대신 F를 사용합니다. 병원에서도 '4'를 쓰지 않는다고 합니다. 그리고 인천 국제공항에도 4번이나 44번 탑승구가 없다고 합니다.

여러분 나라에서는 어떤 숫자가 좋은 숫자이고, 어떤 숫자가 나쁜 숫자입니까? 왜 그렇습니까?

文法・表現リスト → 別冊 WORKBOOK

1 読む前　次のような言葉を聞いたことがありますか。どういう意味ですか。日本にも
このような迷信がありますか。

1 "빨간색으로 이름을 쓰면 안 돼요."
2 "시험을 보는 날에는 미역국을 먹으면 안 돼요."
3 "돼지꿈을 꾸면 복권을 사세요."
4 "사랑하는 사람에게 신발을 선물하면 안 돼요."

2 読む前　＿＿＿に入る適切な表現を［보기］から選んで書きなさい。

［보기］　더하다　　죽다　　쓰다　　다르다　　뜻하다

1 1에 2를 ＿＿＿＿＿＿면 3이다. / 3은 1에 2를 ＿＿＿＿＿＿ 수이다.
2 꽃이 ＿＿＿＿＿＿ / 병으로 ＿＿＿＿＿＿
3 메일을 ＿＿＿＿＿＿ / 컴퓨터를 ＿＿＿＿＿＿ / 모자를 ＿＿＿＿＿＿

3 読む前　下の 1 ～ 4 のキーワードと関係ある単語を探し、番号を書きなさい。

1 문제나 질문에 대해 맞는 답　　　　　（　　　）　　　① 수 / 숫자
2 하나, 둘, 셋, 넷…, 일, 이, 삼…　　（　　　）　　　② 한자
3 말의 소리　　　　　　　　　　　　（　　　）　　　③ 발음
4 중국에서 만들어져 지금도 쓰고 있는 문자　（　　　）　　　④ 정답

4 内容確認　テキストを読んで次の質問に答えなさい。

ⓐ、ⓑに入る適当な単語を書きなさい。

ⓐ ＿＿＿＿＿＿＿＿＿＿＿＿＿＿　　　ⓑ ＿＿＿＿＿＿＿＿＿＿＿＿＿＿

5 内容確認　読んだ内容と一致するものには○を、一致しないものには×を書きなさい。

1 （　　　）나라마다 숫자에 대한 이미지가 다르다.
2 （　　　）한국 사람들은 옛날에는 숫자 3을 별로 좋아하지 않았다.
3 （　　　）3은 완전한 수이기 때문에 한국뿐만 아니라 다른 나라 사람들도 좋아한다.
4 （　　　）한국 사람들은 숫자 4가 '죽음'과 관계가 있다는 이유로 좋아하지 않는다.

??을 처음 본 사람들

◀) 034

재화: 손옥현

시골에 사는 한 농부가 태어나서 처음으로 서울 구경을 가게 되었어요.

아내도 가고 싶었지만 아기 때문에 갈 수 없었어요.

"부인, 미안해요. 혼자 가서."

"괜찮아요, 여보. 조심해서 다녀오세요.

그런데 여보, 올 때 선물 하나만 사다 주세요."

"그래요, 뭘 사다 줄까요?"

"음…, 서울에 가면 빗 하나만 사다 주세요."

"빗이요? 빗이 어떻게 생긴 물건이에요?"

농부가 아내에게 물었어요.

마침 하늘에는 달이 떠 있었어요.

"저 달처럼 생긴 거예요."

"저 달처럼? 아~. 알겠어요.

잊어버리지 않고 꼭 사 올게요."

부인과 약속을 하고 농부는 서울로 출발했어요.

서울까지는 걸어서 가야 했어요.

그래서 시간이 많이 걸렸어요.

3일이나 걸렸어요.

서울에서 농부는 친척도 만나고 친구도 만났어요.

여기저기 구경도 했어요.

이제 집으로 돌아갈 시간이 됐어요.
농부는 집으로 돌아갈 준비를 했어요.
그때 아내가 한 말이 생각났어요.

'여보, ?? 하나만 사다 주세요.'

농부는 아내가 사 달라고 한 물건(??)의 이름이 생각나지 않았어요.
시장으로 가면서 계속 생각했지만 생각이 나지 않았어요.
'아~. 부인이 뭐라고 했지?'

이름을 떠올리려고 농부는 하늘을 봤어요.
마침 하늘에는 둥근 달이 떠 있었어요.

'그래, 맞다! 생각났다. 저 달처럼 생긴 거!
그래, 이름은 생각이 안 나지만 저 달처럼 생긴 거라고 했어!
가게에 가서 물어봐야겠다.'

남편은 가게로 가서 주인에게 말했어요.
"저 달처럼 생긴 거 하나 주세요."

하지만... 어떡하죠?
그동안 시간이 많이 지나서 반달이 둥근 보름달로 변해 있었어요.

"달처럼 생긴 거요?
아~, 저 달처럼 둥글게 생긴 거요."
가게 주인은 웃으면서 '그것'을 줬어요.
"자, 여기 있습니다. 저~기 달처럼 생긴 거."

농부는 '그것'을 산 후 집으로 출발했어요.
집으로 돌아가는 길도 멀었어요.
며칠이 걸려 집에 도착했어요.

집에 돌아온 농부는 부인에게 선물을 줬어요.
부인은 웃으면서 농부가 사 온 것을 받았어요.
하지만 '그것'을 보고 깜짝 놀랐어요.
"엄마야!! 아니, 이게 뭐예요!?"

그 안에는 젊은 여자가 있었어요.
부인이 입은 옷과 똑같은 옷을 입은 여자였어요.
부인이 눈을 크게 뜨니까 그 여자도 눈을 크게 떴어요.
부인이 눈을 작게 뜨니까 그 여자도 눈을 작게 떴어요.

"아니, 이 여자 누구예요?
당신, 서울 가서 다른 여자를 만났군요!
아이고! 아이고!"
부인은 화가 나서 울기 시작했어요.

옆방에서 이 소리를 들은 시어머니가 밖으로 나왔어요.
"왜 이렇게 시끄러워?
무슨 일이냐?
근데 넌 왜 울고 있어?"

부인은 '그것'을 시어머니께 보여 주었어요.
"어머니, 이것 좀 보세요…
이 사람이 서울에서 젊은 여자를 데리고 왔어요.
옷도 저랑 똑같은 걸 입었어요."

며느리의 말을 듣고 시어머니는 '그것'을 봤어요.

거기에는 젊은 여자가 아니라 늙은 할머니가 있었어요.

"아니, 젊은 여자가 아니라 늙은 할머니잖아!

너는 이런 늙은 할머니를 보고 무슨 젊은 여자를 데리고 왔다고

그래?"

"무슨 말씀이세요? 늙은 할머니라니요? 저랑 나이가 비슷해 보이는데…

보세요. 젊은 여자잖아요."

시어머니와 며느리는 서로 '그것'을 보며 "늙은 할머니다, 젊은 여자다." 목소리를 높였어요.

농부가 서울에서 사 온 '그것'은 무엇이었을까요?

그건 바로 '거울'이었습니다.

거울을 처음 본 사람들의 이야기였습니다.

【参考文献及び参考ウェブサイト】

강현화 외(2016). 한국어교육 문법(자료편), 한글파크

서울대언어교육원(2013). 서울대 한국어 2B, 3A. 문진미디어

이희자/김종희(2006). 한국어 학습 학습자용 어미·조사 사전, 한국문화사

이윤서(2016). 거울을 처음 본 사람들, 한국헤르만헤세

국립국어원 기초한국어사전

　　https://krdict.korean.go.kr/mainAction（2021 年 2 月 15 日閲覧）

국립국어원 한국어교수학습샘터

　　https://kcenter.korean.go.kr/（2021 年 2 月 15 日閲覧）

연세 말뭉치 용례 검색 시스템

　　https://ilis.yonsei.ac.kr/corpus/#/（2021 年 2 月 15 日閲覧）

경향신문: 초등학생 스마트폰 설문조사

　　http://news.khan.co.kr/kh_news/khan_art_view.html?art_id=201207222134365

　　（2021 年 2 月 15 日閲覧）

대학내일20대연구소: 대학생들의 아르바이트 경험

　　https://www.20slab.org/（2021 年 2 月 15 日閲覧）

문화체육관광부: 2019-2020 한국관광 100선을 소개합니다

　　https://www.mcst.go.kr/kor/main.jsp（2021 年 2 月 15 日閲覧）

(주)필통: 친한 친구가 있습니까?

　　http://www.ifeeltong.org/（2021 年 2 月 15 日閲覧）

한국갤럽조사연구소: 한국인이 좋아하는 40가지(취미)

　　https://www.gallup.co.kr/（2021 年 2 月 15 日閲覧）

한국일보: 대학생 고민 1순위는 취업?… '주변관계'를 더 걱정했다

　　http://m.hankookilbo.com/News/Read/201710210496987122（2021 年 2 月 15 日閲覧）

한국학중앙연구원 디지털 인문학 web host: 지도로 보는 한국 역사(5〜6세기)

　　http://dh.aks.ac.kr/（2021 年 2 月 15 日閲覧）

西口光一（2012）『NIJ テーマで学ぶ基礎日本語』くろしお出版

小山悟（2010）『J.BRIDGE to Intermediate Japanese』凡人社

樋口雄一（2009）『小論文これだけ』東洋経済新報社

付　録

日本語訳と解答
単　語　集

日 本 語 訳 と 解 答

「読む前」の「空欄補充型練習問題」のうち、動詞・形容詞の解答は、
①句読点がない場合は、その「基本形」を、
②句読点がある場合は、「해요体」や「한다体」といった活用形を用いて作成しました。

① 佐藤ハナと言います。

　こんにちは、皆さん。はじめまして。佐藤ハナと言います。佐藤が姓で、ハナは名前です。日本から来ました。専攻は日本文学です。出身は東京です。東京で生まれました。今は札幌に住んでいます。
　韓国には、今年３月に来ました。韓国は初めてです。韓国アイドルとドラマがとても好きです。だから必ず一度来てみたかったんです。アイドルの中ではBTSが一番好きです。機会があれば皆さんと一緒にコンサートにも一度行ってみたいです。
　韓国には１年ほどいるつもりです。韓国で韓国語もたくさん学んで、友達もたくさん付き合いたいです。あちこち旅行もたくさん行ってみたいです。
　では、皆さん。これからよろしくお願いいたします。
　何か質問がありますか。はい？　私の年齢ですか。私の年齢は……ううん、それは秘密です。
　ありがとうございました。

② 　1 처음　　2 고향　　3 기회　　4 비밀　　5 혹시　　6 태어났어요

③ 　1 (O)　　2 (X)　　3 (X)　　4 (X)　　5 (O)　　6 (O)　　7 (O)　　8 (O)
　　9 (X)

④ 　1 (O)　　2 (O)　　3 (X)　　4 (O)　　5 (O)

② 韓国語基礎辞書

郵便局
手紙や小包などを送るⓐ（ところ）。貯蓄をしたり、お金をおろすこともできる。
郵便局ⓑ（で）手紙を送りました。
郵便局に行って友達ⓒ（に）小包を送るつもりです。

銀行
人々のお金を管理したり、必要な人に貸すⓐ（ところ）
銀行にお金をおろしに行きます。
旅行前に日本のお金を韓国のお金ⓓ（に）両替しました。
銀行ⓑ（で）お金を借りて家を買いました。

薬局
薬剤師が薬を製剤したり、売るⓐ（ところ）
幼いときに体が弱くて、病院や薬局によく通いました。
頭が痛くて薬局ⓑ（で）頭痛薬を買って飲みました。

美容室

髪を切ったり、髪染め、パーマ、化粧をする ⓐ （ところ）

友達の結婚式なので、美容院 ⓑ （で）髪を切りました。

久しぶりに美容院に行ってパーマをあてました。

❶ 　1　은행　　2　미용실　　3　우체국　　4　병원

❷ 　1　보내다 / 보낸　　2　다녀요 / 다닙니다　　3　찾았어요 / 찾았습니다　　4　빌리다 / 빌려

　　　5　내다 / 낼게요(내겠습니다)　　6　자르

❸ 　1　ⓐ 곳　　2　ⓑ 에서　　3　ⓒ 에게(한테)　　4　ⓓ 으로

---

❸ 「私が夢みる家」にコメントを付けるイベント

↳ 私は ⓐ （誰も）いない島で１人で暮らしたいです。

↳ 私は反対です。田舎生まれなので ^^ 私は、混雑した都市が好きです。街にある広〜いアパートで暮らしたいです。

↳ 私は庭があり、静かな家 ‼

↳↳ 私も庭のある家で暮らしたいです ^^。

↳ 夏は涼しく、冬は暖かい家で暮らしたいです。今住んでいる家は、夏は暑く、冬は（ⓑ寒いです）。しくしく

↳ 静かで空気が澄んだところです。

↳ 今ワンルームに住んでいます。それで部屋も多く、リビングルームも広い家で暮らしたいです。

↳ 海が見えるところ ‼

↳ 私は単に寮〜

↳ 駅が遠くて、とても大変です。だから、交通が便利なところ。

↳ 愛する人と一緒なら（クスクス）どこでも大丈夫です。

↳ 私はですね〜近所に公園もありコンビニもあり、銀行も近くて、病院も近い家がよいです〜

↳ 今住んでいる家よりも広い家です〜 ^^

❷ 　1-⑤　　2-①　　3-④　　4-③　　5-②

❸ 　1　ⓐ 아무도　　2　ⓑ 추워요

---

❹ 今日一日もお疲れ！

　私は毎朝 7 時に起きます。起きた後、まずトイレに行きます。そして顔を洗います。普段は顔だけ洗いますが、暑い夏はシャワーを浴びる時もあります。その後ニュースを見ながら朝食を食べます。朝食後、歯を磨き、鏡を見ながら化粧をします。8 時ごろ家を出て、自転車で学校に行きます。学校までは 20 分ほどかかります。近くもなく遠くもない距離です。

　授業は曜日ごとに異なりますが、通常 9 時に始まります。授業の中には関心があって聞く授業もありますが、単位のために仕方なく聞く授業もあります。

　授業の後は街にあるアイスクリーム屋でアルバイトをします。きつい時もありますが一緒に働く友達と仲が良くて、楽しい時がより多いです。

　家に帰ってくると夜 9 時くらい。友達と LINE をしながら、遅い夕食を食べます。その後シャワーを浴びて寝ます。寝る前、自分自身に言います。

「佐藤ハナ！ 今日も一日お疲れ。明日もがんばろう！」

① 1-①　　2-③　　3-⑦　　4-①　　5-⑤　　6-④　　7-⑥　　8-②

② 1 시작해요　　2 수고했어요 / 수고하세요　　3 힘내세요　　4 걸리다 / 걸렸어요

③ 1-①　　2-③　　3-④　　4-⑤　　5-②

④ 1 (O)　　2 (X)　　3 (O)　　4 (O)

---

⑤　授業初日

皆さん、こんにちは。金・ミンソと言います。お会いできて光栄です。

今日は皆さんに、この授業のルールを説明します。皆さんもよく知っているでしょうが、この授業は毎週月曜日と金曜日の9時からです。9時までには学校に来なければなりません。遅刻や欠席はしないでください。体調が悪かったり急用が生じて授業に遅れたり来られない時は必ず連絡してください。

そして授業中は@（韓国語）で話してください。単語や文法がわからない時は、日本語を使ってもいいです。辞書を見てもいいです。そして友達に聞いたり、私に質問してもいいです。ⓑ（でも）可能ならば韓国語で話してください。

最後に、授業中は少し大きな声で話してください。そして他の学生の話や発表もよく聞いてください。

以上です。1学期の間、面白く、そして楽しく勉強をしてくれたらうれしいです。何か質問のある学生。いませんか。

では今日の授業はここまでにします。お疲れ様でした。

② 1 가르쳐　　2 결석했어요　　3 지각했어요　　4 발표해요(발표했어요)　　5 연락해요
　　6 물어봐도 / 물어보

③ 1-②　　2 @ 한국어　　ⓑ 하지만

④ 1 (O)　　2 (O)　　3 (X)　　4 (X)　　5 (X)

---

⑥　私の家族の写真です。

昨年の秋、私の家族が北海道に旅行に行った時、撮った写真です。

後ろで眼鏡をかけていらっしゃる方が父です。貿易会社に通ってらっしゃいます。趣味は登山と釣り。時々私達を連れて山や海に行かれる時もあります。父の隣にいらっしゃる方は、私の母。美人でしょう。趣味は韓国ドラマを観ること。母は結婚後、会社を辞められました。今は家の近くの大型スーパーでアルバイトをされています。そして前に帽子をかぶってらっしゃる方が祖母です。今年85歳。健康そうでしょう。家にいらっしゃる時が多いですが、散歩もされ、おばあちゃんたちの集まりにもよく行かれます。祖父は昨年亡くなりました。そしてこの人は私のお姉さん。年齢は私より2歳上で、今年大学4年生です。最近就職活動で少し忙しいです。アナウンサーになりたくて専門学校にも通っています。この子は私の弟。高校1年生でサッカーがとても好きです。でも、下手です。

今年の春は忙しくて旅行に行けませんでした。秋は必ず一緒に旅行に行きたいです。

① 1-④　　2-⑤　　3-②　　4-③　　5-①

② 1 다녀요　　2 계세요　　3 돌아가셨어요　　4 그만두　　5 데리고 가

④ 1 (O)　　2 (O)　　3 (X)　　4 (X)　　5 (O)

市場とインターネットショッピング

　私は市場に行くのが好きです。それで、よく市場に行きます。市場の見物はいつも面白いです。服屋、靴屋、帽子屋、品物を売る人、品物を買う人。市場では市場のおじさん、おばさんたちと韓国語の練習もできます。「おじさん、これいくらですか。」「高すぎます。ちょっとまけてください。」まけてもらえるし、様々なおいしい料理も味わうことができます。

　でも、最近は宿題も多く、アルバイトのために忙しくて、市場に行く時間があまりありません。だから、市場に行く代わりにインターネットで買い物をします。インターネットショッピングは非常に便利です。インターネットで買い物をすると、時間を節約することができます。そして直接行って買うよりももっと安く購入することもできます。

　ダイエットをしようと1週間前からジョギングを始めました。先週末はインターネットで気に入ったシューズとTシャツも1枚注文しました。そして今日宅配便を受け取りました。Tシャツはサイズも合っており、デザインも気に入りました。でも、シューズはサイズが少し小さくて窮屈でした。それで少し大きいサイズでまた注文し直しました。早く新しいシューズを履いてジョギングをしたいです。

②　1-②　　2-③　　3-⑤　　4-④　　5-①

③　④

④　1（✕）　2（○）　3（○）　4（○）　5（✕）

⑧　**私の好きなところ**

　私が一番好きなⓐ（ところ）はレンギョウ公園です。レンギョウ公園は私が住む学校の寮の近くにある、小さな公園です。徒歩5分の距離にあって、週末や時間がある時、よく行きます。

　この写真にある公園がレンギョウ公園です。最初の写真は公園の入り口で撮ったⓑ（もの）です。公園には小さな森と池が1つあります。森があって、空気も澄んでいて時々鳥のさえずりを聞くこともできます。澄んだ空気を吸いながら、鳥のさえずりを聞いていると、外国の生活の寂しさも忘れることができます。心がとても楽になります。

　2枚目の写真は、池と池の横にあるベンチを撮ったⓑ（もの）です。公園で私が一番好きなⓐ（ところ）です。このベンチに座っていると心配もストレスもすべてなくなります。

　朝、夕と天気が肌寒くなりました。レンギョウ公園にも秋が訪れました。黄色や赤く紅葉した木々も見えます。秋が過ぎる前に、ここで本も読んで音楽も聴いて散歩もしようと思います。

②

	ㄹが脱落しない			ㄹが脱落する			
	-아/어요	-(으)면	-(으)러	-ㅂ/습니다	-는	-(으)ㄴ	-(으)세요
살다	살아요	살면	살러	삽니다	사는	—	사세요
알다	알아요	알면	알러	압니다	아는	—	아세요
길다	길어요	길면	—	깁니다	—	긴	—

③　1 거리　　2 소리　　3 걱정　　4 공기 / 공기

④　1 ⓐ곳　　2 ⓑ것

⑤　1（○）　2（✕）　3（○）　4（○）

⑨ 運が悪い日

　　先週木曜日、夜遅くまでゲームをしていて、朝寝坊しました。その日は午後１時から韓国語の試験がありました。それで早く家を出て、学校で友達と勉強するつもりでした。しかし、起きて時計を見ると、もう12時！ ご飯を食べる時間も化粧する時間もありませんでした。顔だけ簡単に洗って家を出てバスに乗りました。ところが！ 今度はバスに乗り間違えました。５分ほど乗っていてバスに乗り間違えたことに気づきました。びっくりして急いでバスから降りました。

　　でも、降りたところは、私が一度も行ったことがない場所でした！ それで道で会ったおばさんに「韓国大学までどのように行かなければなりませんか。」と尋ねました。でも、おばさんの方言がひどすぎて聞き取れませんでした。仕方なくタクシーに乗りました。「おじさん、申し訳ありませんが、韓国大学まで行ってください。」

　　タクシー料金が15,000ウォンにもなりました。そして急いで行きましたが、試験時間に遅れて、結局試験も受けることができませんでした。本当に運が悪い日でした。

❶ 　1-②　　2-⑤　　3-③　　4-④　　5-①

❷ 　1 너무 / 너무　　2 깜짝 / 깜짝　　3 한 번도 / 한 번도　　4 할 수 없이　　5 정말 / 정말
　　6 결국

❸ 　1 버스를 잘못 탔다　　2 시험 시간에 늦었다　　3 시험을 못 봤다

❹ 　1 (✕)　　2 (✕)　　3 (✕)　　4 (✕)

⑩ 大親友

　　私の大親友はヨンミンだ。

　　ヨンミンは韓国に留学したときに出会った友達だ。初めて１人で仁川国際空港に降りた時、私は韓国について何も知らなかった。韓国語もできなかった。その上、恥ずかしがりな性格なので友達に先に声もかけられなかった。友達が話しかけても恥ずかしくて、きちんと答えることもできなかった。だから１人でいる時間が多かった。いつも家が恋しかった。実家の友人も会いたかった。

　　その時ヨンミンに出会った。ヨンミンはいつも私に先に声をかけてくれた。いつも一緒にご飯を食べに行こうと、遊びに行こうと言った。自分の友人も紹介してくれた。そして、自分の家にも招待してくれた。不動産で部屋を探す時も、引っ越しする時も助けてくれた。ヨンミンのおかげで私は速く韓国生活に適応することができた。そして無事に留学生活を終えることができた。

　　今ヨンミンは娘、夫と一緒に大田に住んでいる。電話やメールでたまに連絡しているが、私たちは８年間１度も会ったことがない。でも、私とヨンミンは今も、そしてこれからも永遠の友達だ。ヨンミンのおかげで、私は韓国と韓国人がもっと好きになった。そして、私の人生も変わった。

❷ 　1 구하다 / 구하　　2 초대하다 / 초대해　　3 영원한 / 영원히　　4 적응하다 / 적응했다
　　5 이사하다 / 이사했다

❸ 　1 먼저 말을 걸어 주었다　　2 같이 밥을 먹으러 가자고 했다　　3 놀러 가자고 했다
　　4 친구들을 소개해 주었다　　5 집에 초대해 주었다　　6 집을 구할 때, 이사할 때 도와주었다

❹ 　1 (○)　　2 (✕)　　3 (○)　　4 (○)

88

Q&A 留学生の悩みに答えます。

①韓国人の友達がいません。 韓国語が上手になろうと思えば、韓国人の友達をたくさん作るのがいいそうですが……それで少し心配です。週末も家で③（1人で）テレビを見るだけの時が多いです。ご飯も③（1人で）食べることが多いですしね。毎日退屈しています。韓国人の友達を作ろうと思えば、どうしなければいけませんか。

②韓国語が伸びないです。 初めて韓国に来た時は韓国語の実力が速く伸びましたが、最近では、そうでないようです。だから心配です。韓国にいる時間はあまり残っていないのに学ばなければならないことはまだ多く……。韓国語を⑥（速く）学ぶことができる、よい方法がないでしょうか。あればぜひ教えてください。

③どうしましょう？ 私は韓国で留学中の大学4年生の学生です。可能ならば、卒業後に韓国で仕事をしたいです。でも、最近、韓国の景気が良くなくて、大学を卒業しても©（就職するの）が容易ではないそうです。だから大学院を行くか、そうでなければ日本に戻って就職活動をするか悩んでいるところです。どうすればよいでしょうか。

2 1 남다 / 남아서　　2 심심할　　3 취직하다 / 취직해

3 1 ⓐ 혼자(서)　　ⓑ 빨리　　ⓒ 취직하기
　　2 ① 친한 한국 친구가 없어요.　　② 한국어가 늘지 않아요.
　　③ 대학원을 갈까 일본으로 돌아가서 취직 준비를 할까

 あなたの韓国語学習方法を教えてください！

①日本では韓国語で③（話す）機会がほとんどないじゃないですか。だから私は LINE で韓国人の友達とチャットをしています。チャットをすると本で学ぶことができない韓国語を学ぶことができ、面白くて時間が経つのを忘れる時も多いです。韓国語に対する自信も少しできました。3年生になれば韓国に留学に行こうかと考えているところです。

②私はドラマや YouTube で韓国語を勉強しています。面白くて、何度も見る時もあります。自然に単語や表現を覚えることができます。後でドラマ翻訳や通訳関係の仕事をしたいです。

③私は韓国の歌が好きです。よく友達とカラオケに行って韓国の歌を歌います。カラオケでは歌を歌う時、画面に⑥（歌詞）が出てくるので、韓国語の勉強にとても役立ちます。⑥（歌詞）の意味がわからない時は、友達に聞いてみたり、辞書を引きます。教科書に出てくる単語はあまりよく覚えることができませんが、歌の⑥（歌詞）はよく覚えられます。本当に不思議でしょう。

2 1 - ⑦　　2 - ②　　3 - ⑥　　4 - ⑤　　5 - ④　　6 - ③　　7 - ①

3 1 ① 한국 친구랑 채팅을 해요.　　② 드라마와 유튜브로 한국어를 공부해요.
　　③ 노래방에 가서 한국 노래를 불러요.
　　2 ⓐ 이야기할　　3 ⓑ 가사

⑬ 金ミンソ先生へ

金ミンソ先生へ

　先生、これまでの間お元気でしたか。21年度入学の佐藤ハナです。連絡が遅れて申し訳ありません。

　先生、韓国に来て ⓐ（もう）2ヶ月になりました。まだ韓国の生活に慣れていないことが多いですが、つつがなく過ごしています。学校生活も楽しくて韓国人、それにクラスメートみんなと親しく過ごしています。

　昨日は韓国に来て初めて付き合ったヨンミンという友達の家に遊びに行きました。気立てもよく顔もとても可愛い友達です。私が韓国に来て、家を探している時、そして引越しをする時とても助けてくれた友達です。ヨンミンの家は学校からとても近いです。それでよく遊びに行きます。よく遊びに行って今はヨンミンの家族ともとても親しくなりました。時々バーベキューパーティーもして旅行も一緒に行きます。私はこんな風に留学生活をつつがなく送っているので、先生、あまりに心配しないでください。

　友達にも会いたいし、先生にもとてもお目にかかりたいです。1ヶ月たてば休みに入りますので、その時は必ずお伺いしご挨拶申し上げます。それでは先生、またご連絡いたします。さようなら。

2021年6月23日
ハナ拝

❶ 　1 - ①　　2 - ③　　3 - ②　　4 - ④　　5 - ⑤

❷ 　1　구하다 / 구하기　　2　친한 / 친한 / 친하게　　3　착하다 / 착한 / 착하게　　4　걱정하

　　　5　지냈어요 / 지냈어요

❸ 　1 - ②　　2　하나 씨가 선생님께　　3　ⓐ 벌써

❹ 　1 (〇)　　2 (〇)　　3 (〇)　　4 (〇)　　5 (〇)

⑭ 1万個のレシピ

いつ食べてもおいしいのり巻き、私とおいしく作ってみましょう。

準備する材料（3人分）

ご飯3人前、水2リットル、のり6枚、ほうれん草300g、にんじん1本、卵6個、ハム1缶、たくあん6個、ごま油スプーン2杯、ゴマスプーン1杯、コショウスプーン1/2杯、塩スプーン1/2杯

1　まず、鍋に水を沸かします。水が沸騰したらほうれん草を入れます。そして3〜5分程度、さっと茹でます。塩も少し入れます。	2　その次に、にんじんを細かく切ってフライパンに入れてごま油で炒めます。胡椒と塩を入れて味をつけます。	3　ハムとたくあん、卵もそれぞれ5cmの厚さにきちんと切っておきます。ハムは4等分に切ります。
4　準備しておいたご飯にごま油とごまを入れてよく混ぜ込みます。	5　材料の準備が全て終わったら、その次にのりにごま油を塗ってご飯と準備した材料でのり巻きを作ります。	6　最後に、完成したのり巻きにごま油をさっと塗ります。そして食べやすくカットします。

1 1 ① 볶다　② 끓이다　③ 삶다　④ 튀기다　⑤ 굽다
　　3 ① 비빔밥　② 국밥

2 1 넣다 / 넣다　2 바르다 / 바르다　3 자르러　4 만들었어

3 ② → ③ → ① → ④ → ⑤

---

⑮ **バカンスシーズンが戻ってきました。**

　バカンスシーズンが戻ってきました。皆さん！　今度の休暇はどこに行くつもりですか。国内？　海外？　山？　川？　海？　それとも有名な観光地？

　まだ決定されてないって？　では、南海の美しい島、巨済島はいかがですか。

ⓐ（登山）をしたいですって？
　では、鶏龍山に一度行ってみてください。山の上に登ると南海の美しい島と海が一目で見えます。

ⓑ（恋人）と一緒に行くつもりですって？
　それでは、船に乗って恋人の島、ロマンの島、外島に行ってみてください。ドラマのロケ地としても有名な外島。外島でドラマの主人公になってみたり、外島の近くにある海金剛を、愛する人と一緒に歩いてみるのはいかがですか。

ⓒ（おいしい食べ物）も召し上がりたいって？
　巨済島と言えば、ホヤのビビンバとカンジャンケジャン！
　海で取ったばかりのⓓ（新鮮な）ホヤで作ったビビンバ、見るだけでも口の中につばがいっぱい！　ご飯ベストマッチのカンジャンケジャンは辛くなくて、外国人にも人気満点です。

2 1 유명한 / 유명해요　2 아름답다 / 아름답　3 싱싱하다 / 싱싱한　4 보이

3 1 ⓐ 등산　ⓑ 연인　ⓒ 맛있는 음식(요리)　2 – ③

4 1 （○）　2 （✕）　3 （○）　4 （✕）

---

⑯ **100 歳時代、健康に役立つ生活習慣**

　100 歳時代。どのようにすれば長く、そして健康に生きることができるでしょうか。専門家は生活習慣を変えることが重要であると言います。そうであるならば、健康に役立つ生活習慣にはどのようなものがあるでしょうか。

　まず、水をたくさん飲んでください。水は一日に 8 杯程度お召し上がるのがお勧めです。

　第 2 に、十分にお休みください。一日に少なくとも 6 ～ 7 時間は寝るのがお勧めです。疲れやストレスを解消するには睡眠が最高なのはご存知でしょう。

　第 3 に、毎日運動してください。運動は 30 分程度。運動は一度に長くするよりも、毎日することが重要です。

　第 4 に、たくさん笑ってください。過度のストレスは健康の敵なのはご存知でしょう。

　第 5 に、食べ物も重要です。ファーストフードや刺激的な食べ物、すなわち食べ物をとても辛くあるいは塩分多めに召し上らないでください。そして肉よりは野菜、果物、魚をたくさん召し上がるのがお勧めです。

　最後に、家に帰ってきたら石鹸で手をきれいに洗ってください。手をよく洗えば風邪などを予防することができます。

2 1 적당한 / 적당한　2 중요한 / 중요하 / 중요하다　3 예방하다 / 예방하다

　　 4 건강한 / 건강해졌다

3 1 – ④　　2 – ③　　3 – ①　　4 – ②

4 2 잠을 충분히 잔다　　3 매일 운동한다　　4 많이 웃는다

　　 5 자극적인 음식을 안 먹는다 / 야채, 과일, 생선을 많이 먹는다　　6 집에 돌아오면 손을 깨끗이 씻는다

---

⑰ 2021 年 7 月 4 日金曜日晴れ

　昨夜は歯が痛くてほとんど寝られなかった。朝になれば治るだろうと考えたが、朝になれば歯がもっと痛かった。これ以上我慢できなくて、家の近所の歯医者に行った。口の中を眺めた医師が「まずそこに行ってレントゲンを一度撮ってみましょう。」と言った。

　結局病院で、歯を２本も抜いた。処方箋を持って近くの薬局に行って薬も買った。薬剤師の先生が「今から 30 分の間は何も召し上がらないでください。お酒やコーヒーもダメです。歯がとても痛くて我慢できない時は食後にこの薬を飲んでください。今日一日は、できれば、無理しないで家でゆっくり休んでください。」と言った。薬を受け取った後、家に帰ってきた。

　歯医者はいくら行っても慣れない。子供の頃から私は歯医者が怖く嫌だった。歯医者に行かないようにと思うなら、今から歯にもう少し気を配らなければならないだろう。

1 1 외과　　2 내과　　3 치과　　4 산부인과　　5 안과　　6 소아과

2 1 참다 / 참다 / 참다　　2 뽑다 / 뽑다 / 뽑다　　3 무서운 / 무서운 / 무섭다

　　 4 푹 / 푹 / 푹　　5 나았어　　6 무리하

3 1 – ②　　2 이가 아파서　　3 – ④　　4 – ①, ②, ③

---

⑱ 土曜日、時間大丈夫？

（ハナ）みんな元気？ 実は来週の土曜日が私の誕生日なの。それで我が家で一緒に食事でもしたらと思うんだけど、もしかして土曜日、時間大丈夫？ 来られる人は、水曜日まで私に連絡してちょうだい。そしてもしかしてミナの電話番号や連絡先を知っている人？ 知っている人ⓐいれば、教えて。ⓑいなければ、私の代わりに連絡してちょうだい。パーティーは夕方６時から。忘れずに必ず来て！ じゃ連絡待ってるよ。

（ジミン）ハナ！ 久しぶり。来週の土曜日だったの？ うっかり忘れていた。ⓒところでその日、英語のテストがあって少し遅れそう。遅くても必ず行くよ。何か必要なものない？ 必要なものがあれば、言って。買って行くよ。

（ミンソ）ハナ！ 私、ボーイフレンドと一緒に行ってもいい？

（ヨンミン）あ、そうなんだ。招待してくれてありがとう。ⓒところで来週の土曜日、家族と１泊２日で旅行に行くことにしたの。だからⓓ（行けなさそう）。ごめん。次回時間がある時、今回とは別件に会おうよ。友人らと楽しい時間を過ごして。そして誕生日おめでとう。

1 1 혹시 / 혹시　　2 실은 / 실은　　3 따로 / 따로

2 1 보낸　　2 잊었어　　3 축하해요

3 1 하나 / 친구들 / 생일 파티　　2 참석할 수 있는 사람: 지민, 민서; 참석할 수 없는 사람: 영민

　　 3 ⓐ 있으면　　ⓑ 아니면　　ⓒ 그런데　　4 ⓓ 못 갈 거 같아

④ 1 （○）　　2 （○）　　3 （○）　　4 （○）

---

⑲ ❙❙❙❙ **××さんの人生** ❙❙

○ 1984 年 → 韓国の釜山で 3 男 2 女の末っ子として生まれる。裕福ではなかったが幸せに育った。
○ 1991 年 → 小学校に入学。小学校 3 年生の時、初恋をした。相手は担任の先生。顔もきれいで、とても親切な先生だった。
○ 1993 年 → 父の会社の仕事で大邱に引越し。友達と別れるのがとても ⓐ（悲しかった）。
○ 2003 年 → 20 歳、ソウルにある大学に入学。新しい友達をたくさん作った。
○ 2004 年 → 21 歳、軍隊に行った。
○ 2007 年 → 米国に留学。きれいで賢いガールフレンドに会い、恋に落ちた。
○ 2009 年 → 韓国に帰ってきた後、卒業。大学院に進学した。
○ 2011 年 → 大学院卒業後、米国で出会った彼女と結婚。ⓑ（幸せだった）。
○ 2013 年 → 最初の子が生まれる。キュートで健康な娘である。私と妻どちらにも似ている。子供の名前は妻がつけた。「ハナ」。可愛いくて呼びやすい名前である。
○ 2014 年 → ハナの最初の誕生日。ドルジャビの時、鉛筆を握った。
○ 2019 年 → ハナが小学校に入学。制服を着た姿が ⓒ（可愛かった）。
○ 2031 年 → ハナがソウルにある大学に合格。家族が皆集まってお祝いをした。
○ 2032 年 → ハナに彼氏ができる。嬉しくもあり ⓓ（寂しく）もあった。
○ 20××年 → 臨終。後悔のない人生だった。

② 1 자라다 / 자랐다　　2 생기다 / 생겼다　　3 짓다 / 짓다　　4 빠지다 / 빠지다
　　5 닮았어요 / 닮았어요

③ ⓐ 슬프다(슬펐다)　　ⓑ 행복하다(행복했다)　　ⓒ 귀엽다(귀여웠다)　　ⓓ 쓸쓸하다(쓸쓸하)

④ 1 （×）　　2 （×）　　3 （×）　　4 （○）　　5 （×）

---

⑳ ❙❙❙❙ **遠距離恋愛** ❙❙❙

　私は釜山にある小さい貿易会社に通っている。先週部長が「ハナさんは仕事もよくして、日本語も上手だから福岡支社で働いてみるのはどうですか。」と言った。嬉しかったが、返事ができなかった。3 年付き合っている彼氏のためである。

　私には悲しい記憶がある。高校の時彼氏がいた。一緒に塾にも通い、映画を見に行ったりもした。高校卒業後、その彼氏はソウルにある大学に入学した。別れる日、心配しないようにと、頻繁に連絡すると言った。後で一緒に海にも行こうと、美味しいものも食べに行こうと言った。

　3 ヵ月後、彼氏から別れようという連絡がきた。新しい彼女ができたと言った。ショックだった。遠距離恋愛は二度としないと思った。

　私が日本に行けば、また遠距離恋愛になる。心配だ。日本で働くことができる良い機会だが、彼氏と絶対別れたくない。悩んだ。そして彼氏に話をした。彼氏は、「はは」と笑いながら、「心配するな。福岡までは 1 時間で行くことができるじゃないか。毎日スマートフォンで顔を見ながら話すこともできるしね。たまに遊びにも行くよ。」嬉しかった。

　決めた。福岡に行くことに。

② 1 졸업한　　2 결정했다　　3 입학했다　　4 대답해　　5 고민하

③ 2 자주 연락할게　　3 나중에 같이 바다에 가자　　4 맛있는 것도 먹으러 가자

　　5 헤어지자　　6 새 여자 친구가 생겼어

④ 1 (○)　　2 (○)　　3 (○)　　4 (×)

㉑　私の初めての慶州旅行

　先週末、列車に乗って慶州の仏国寺に行ってきました。慶州は三国時代、新羅の首都でした。そして仏国寺は1995年石窟庵と共にユネスコ世界文化遺産に登録された、有名な寺です。

　慶州までは釜山発の列車に乗って行きました。列車の中には旅行に行く人が多かったです。歌を歌う人、友達とワイワイと騒ぎながら話す人、ゲームをする人、音楽を聴いている人等々。私は静かに座って窓の外を見ていました。窓の外に見える風景が静かで美しかったです。

　釜山を出発してから約2時間、列車が仏国寺駅に到着しました。仏国寺駅から仏国寺までは遠くなく歩いても行くことができました。言葉だけで聞いて本でだけ見た仏国寺、近くからⓐ（直接）見ると、新羅千年の歴史を感じることができました。慶州市内も見物して写真もたくさん撮りました。慶州は文字通り都市全体が1つの歴史博物館でした。帰る途中には、両親と友人にⓑ（あげる）プレゼントを買いました。慶州の名物である皇南パンも買いました。

　本当に良い旅行でした。機会があれば韓国にいる間、もう一度慶州に行ってみたいと思いました。

② 1 출발했다(도착했다) / 출발할(도착할)　　2 유명한 / 유명하다　　3 느끼다 / 느끼다

　　4 도착하다 / 도착할　　5 다녀오다 / 다녀왔다　　6 떠들다 / 떠들

③ 1-①　　2 줄

④ 1 (○)　　2 (○)　　3 (○)　　4 (×)　　5 (○)

㉒　どうして韓国語を勉強するようになりましたか。

　「韓国のアイドルのファンなので」、「韓国ドラマが好きなので」韓国語を習い始めている人が多いじゃないですか。実は私もそうでした。でも、最初から韓国や韓国文化が好きなのではなかったんです。ⓐ（むしろ）高校2年生までは、日本のアニメや日本のアイドルにより興味がありました。

　ところが、高校3年生になって試験の準備のためにストレスが多かったんです。その時、韓国の歌手のファンである友達が韓国の芸能番組を薦めてくれました。ストレスを解消するには最高だと言いながらです。「私一人で住んでいる」と「知り合いのお兄さん」という番組だったんだけど、友人の言葉通り、かなり面白かったです。ⓑ（おかげで）ストレスもかなり解消しましたしね。その時から韓国のアイドルの歌も聴き、ドラマも観るようになりました。でも、韓国の芸能番組やドラマはⓔ字幕があってやっと見ることができるじゃないですか。ⓒ（仕方なく）他の人が字幕を付けるまで待たなければならないことが多かったです。ところで、私は性格がせっかちなほうなので、字幕を待っているのが煩くて仕方ありませんでした。だから「えい、じゃ、私が直接字幕をつけよう！」と思いました。ⓓ（それで）、韓国語を学ぶことになり、韓国語学科にも入ることになりました。

　皆さんはどうして韓国語を学ぶことになりましたか。

② 1-①, ③, ④　　2-②

③ 1 ⓐ 오히려　　ⓑ 덕분에　　ⓒ 할 수 없이　　2 그래서　　3-②

④ 1 (×)　　2 (○)　　3 (○)　　4 (×)　　5 (×)

私が最も大切にしているもの

　私が最も大切にしているものはアルバムです。18歳の誕生日の時に母がプレゼントしてくださったものです。スヌーピーの絵が ⓐ（描かれて）いる平凡なアルバムです。アルバムには私が生まれた時から18歳になった日までの写真が ⓑ（入って）います。そして写真一枚一枚には、母親のコメントが丁寧に ⓒ（つづられて）います。「ハナが最初に歩いた時」、「ハナが最初にママ！　と言った日」など。

　子供の頃、兄弟がいなかった私はいつも寂しかったです。小学校も遠くまで通学をしなければならなかったので、家の近くに住んでいる友達もいませんでした。その時その時母はいつも私と一緒にいてくださりました。ⓔ時には友達、時にはお姉さん、そしていつも私の母になってくださりました。アルバムを見ていると、忘れていたその時のことがまた思い出されます。

　アルバムは私の机の上の本棚に ⓓ（ささって）います。寂しい時いつも、家族が懐かしい時いつも、アルバムの中の写真を見ます。時にはとても寂しくて、きつく、投げ出したい時もありますが、母親が書かれたメモを読んで、また力を出します。

　「ハナ、ママはお前を信じてる。あきらめないで！　お前はできる。」

　ここで私の夢を達成するまで最善を尽くすともう一度決めます。

◆❶　1-③　　2-②　　3-①　　4-④
◆❷　1　믿다 / 믿는다　　2　포기하 / 포기했다　　3　아끼다 / 아끼다 / 아껴　　4　잊다 / 잊었다
　　　5　평범하다 / 평범한　　6　그립다 / 그립다
◆❸　1　ⓐ 그려져　　ⓑ 들어　　ⓒ 달려　　ⓓ 꽂혀　　2　친구같은, 언니같은 엄마였다
◆❹　1（〇）　　2（✕）　　3（✕）　　4（〇）

 10年後の私の姿

　10年後、私はどこで何をしているでしょう。

　10年後、私は日本を訪問する外国人を助けることができる仕事をしたい。2つの理由からだ。

　1つは、日本を愛しているからだ。大学生になった後、初めて海外旅行に行った時、その国の長所だけでなく、ⓐ（日本）の長所もわかった。それで日本の長所をより多くの外国人に知らせたいと思うようになった。

　もう1つは、韓国留学をする時、多くの人々から ⓑ（助け）られたからだ。学校生活によく適応できるように助けてくれた友達、一緒に勉強した他国から来た外国人の友達、下宿の主人のおばさん、道で、市場で会ったおじさん、おばさん等々。その方たちのおかげで、韓国留学生活を無事に終えることができた。だから、後で私も他の人の ⓑ（助け）になる人にならなければと思うようになった。

　10年後の夢を叶えるために、私は今、外国語と日本文化をよりよく知り、理解するために一生懸命に努力している。

◆❶　1　방문하다 / 방문해　　2　노력하다 / 노력하다　　3　적응하다 / 적응했어요
　　　4　무사하 / 무사하게(무사히)　　5　이해하다 / 이해하다
◆❷　2　믿음　　3　웃음　　4　울음　　5　슬픔　　6　외로움　　7　아픔
◆❸　1　우리나라(일본)　　2　도움
◆❹　1（〇）　　2（〇）　　3（〇）　　4（〇）

㉕ 私たち、必ずまた会おうね。

　韓国に来てもう１年になりました。１年が本当に@瞬く間に過ぎたようです。韓国にいる間、本当に多くのことがありました。良いこともあったし、悪いこともありました。楽しいこともあったし、悲しいこともありました。その中で最も記憶に残っていることは友達と一緒にした済州島旅行です。旅行の間、互いの考えが異なり、ケンカしたことも多かったです。腹が立って一日中一言も話さないこともありました。でも、その旅のおかげで、友達との関係が深まりました。友人についてもよくわかりました。

　来週私は実家に帰ります。友達と一緒に過ごすことができる時間ももう１週間ⓑ（しか）残っていません。実家に帰ることになって嬉しいですが、友達と別れるのがとても残念です。一緒に過ごすことができる時間はそれほど残っていませんが、いつか必ずまた会えるだろうと信じています。

　友達よ、これまでありがとう。私たち必ずまた会おうね！　また会う日まで健康でいてね！

❶ 1－④　　2－①　　3－③　　4－②

❷ 1－②,④　　2－①,③　　3－②,④　　4－①　　5－⑤

❸ 1－①　　2－④

❹ 1（○）　　2（○）　　3（○）　　4（✕）　　5（○）

㉖ 整形手術前と後

　私は幼い頃から歌うことが好きだった。歌の大会に出て賞もたくさんもらった。大人になったら、必ず歌手になろうと思った。

　高校１年生になった時、勇気を出してプロモーション会社を訪ねた。しかし、そこの人たちは私の歌よりも、私の外見により関心があった。私の外見では歌手としてデビューするのは難しいと言った。

　@（失望）がとても大きかった。家に戻ってきて部屋の灯りもつけずに何時間もわあわあ泣いた。泣き終えると力が出た。そうだ、私の夢をあきらめない！　決めた。ダイエットをすることに。ⓑ（整形手術）をすることに。

　痩せるため食べる量を減らした。運動も一日４時間ずつした。きつく大変だった。とてもきつくて涙を流した日も多かった。手術の前日は怖くて不安で眠れなかった。しかし、我慢に我慢を重ねた。

　鏡の中の私の姿、とてもきれいで愛らしい。小顔の中の目、鼻、口、そして細身の体型。大成功だ。友達も変わった私の姿に驚いた。そしてうらやましがった。幸せだった。自信がうまれた。

　私は明日またプロモーション会社を訪問するつもりだ。

❶ 1－⑦　　2－⑥　　3－③　　4－④　　5－⑤　　6－②　　7－①

❷ 2 불안해 하다　　3 사랑스러워 하다　　4 놀라워하다　　5 부러워하다　　6 행복해 하다

❸ 1－②　　2 성형 수술

❹ 1（○）　　2（○）　　3（○）　　4（○）

㉗ アルバイトしてみましたか。

　「大学明日20代研究所」で男女大学生300人を対象にアルバイト経験についてアンケート調査をした。調査の結果、大学生の66.3％がアルバイトをした経験が「ある」と答えた。

一方、学生らがアルバイトをする理由には、「生活費の足し」が50.4%で最も多かった。その次に「文化生活を楽しむため」が15.2%、「買いたいものを買うため」が13.1%、「さまざまな経験を積みたいから」が11.3%だった。そのほか、「学費を準備するため（6.2%）」、「留学費用を稼ぐため（2.7%）」と答えた学生も多かった。

　この調査結果から、大学生の半分以上が大学生活に必要なお金を稼ぐためにアルバイトをしていることがわかった。一方、自分の将来の準備のために努力する学生も少なくないことがわかった。

❷ 1 에서　　2 을 대상으로　　3 를 위해(서)　　4 를 통해(서)　　5 에 대해(서)

❸

1 調査の機関：	대학내일 20대 연구소에서
2 調査の対象：	남녀 대학생 300명을 대상으로
3 調査のテーマ：	아르바이트 경험에 대해서
4 本論の始め：	조사 결과
5 結論の始め：	이 조사 결과를 통해
6 結果のまとめ：	대학생의 절반 이상이 대학 생활에 필요한 돈을 벌기 위해서 아르바이트를 하고 있다는 것을 알 수 있었다. 한편 자신의 미래를 준비하기 위해서 노력하는 학생들도 적지 않다는 것을 알 수 있었다.

❹ 1 （〇）　　2 （〇）　　3 （✕）

28　親友がいますか。

　㈱ペンケースでは、先の11月18日から20日まで20代の男女大学生200人（男性100人、女性100人）を対象に「親友がいますか。」というテーマでアンケート調査を行った。

　調査の結果、「親友がいる」と答えた人は男子学生が42%、女子学生が58%であった。一方、「親友がいない」と答えた人は男子学生が31%、女子学生が24%であった。「私は友達だと思うが、相手はどのように考えているかわからない」と答えた男子学生は12%、女子学生は15%で大きな違いはなかった。そして、「親友がいない」と答えた人の中で男子学生は27%が、女子学生は8%が「以前はいた」と答えた。

　この調査の結果から、「親友」や「親友だと思っている人」が「いる」と答えた割合は男子学生よりも女子学生が多いことがわかった。これは女子学生の場合、一度友達になれば、その関係をずっと維持する傾向があるからだと考えられる。調査をする前は、大学生はほとんどの友達がいるだろうと思っていた。しかし、実際には友達がいない学生や友達かどうか分からないと思っている学生が多いことがわかった。

❷ 1 주제 / 주제　　2 경향　　3 관계 / 관계　　4 차이 / 차이 / 차이　　5 결과 / 결과

❸

1 調査の機関：	(주)필통에서
2 調査の対象：	20대 남녀 대학생 200명을 대상으로
3 調査のテーマ：	친한 친구가 있습니까?라는 주제로
4 本論の始め：	조사 결과
5 結論の始め：	이 조사 결과를 통해
6 結果のまとめ：	친한 친구나 친한 친구라고 생각하는 사람이 있다고 응답한 비율은 남학생보다 여학생이 많다는 것을 알 수 있었다. (以下省略)

❹ 1 （〇）　　2 （〇）　　3 （〇）　　4 （〇）

韓国人が好きな趣味

　韓国ギャラップでは、先の4月、男女1700人を対象に「最も好きな趣味」について調査した結果を発表した。

　調査結果によると、回答者の14%が「登山」が一番好きだと答えた。その次は「音楽鑑賞」（6%）、「運動／フィットネス」（5%）、「ゲーム」（5%）、「読書」（5%）、「ウォーキング／散歩」（4%）、「映画観覧」（4%）、「旅行」（3%）、「釣り」（3%）、「サッカー」（3%）の順となった。

　一方、「運動／フィットネス」、「ゲーム」、「釣り」、「サッカー」は、女性よりも男性が、「読書」、「ウォーキング／散歩」、「映画観覧」は、男性よりも女性の割合が多かった。その他の好きな趣味としては「TV視聴」、「ゴルフ」、「水泳」、「歌」、「囲碁」、「料理」、「編み物」、「バスケットボール」、「野球」、「絵を描くこと」、「ヨガ」などがあった。このうち「ゴルフ」と「囲碁」は、中高年の男性の趣味5位以内に入っており、「TV視聴」、「料理」、「編み物」は中高年の女性が楽しむ趣味の5位以内に入った。

　2020年と比較すると「登山」は、当時も1位だったが、今回それを好む割合が上昇した（9%→14%）。過去に比べて「登山」、「ウォーキング／散歩」、「サッカー」など、主に屋外でする趣味に対する関心が増えたのに対して、反面「音楽鑑賞」、「読書」などの静的な趣味に対する関心は相対的に減少した。

② 【2】 1　상승하다 / 상승하다　　2　조사하다 / 조사하다　　3　비교하다 / 비교하다 / 비교하다
　　　4　증가하다 / 증가하다　　5　감소하다 / 감소하다

③ 【3】

1	조사의 기관 : 한국갤럽에서
2	조사의 대상 : 남녀 1,700명을 대상으로
3	조사의 테마 : 가장 좋아하는 취미에 대해서
4	본론의 시작 : 조사 결과에 따르면
5	결론의 시작과 마무리 : 2020년과 비교하면~　（以下省略）

④ 【4】　1（○）　　2（○）　　3（○）　　4（○）　　5（×）

 国際結婚、どう思われますか。

　私の夫は韓国人です。今、日本にある韓国の旅行代理店で働いています。夫とは韓国で初めて会いました。大学3年生の時、韓国に留学を行ったんですが、そこで会いました。ⓐその時は夫と結婚するだろうとは想像もできませんでした。日本に彼氏がいたんですよ。もちろん、国際結婚についても考えたことがなかったですし。だから夫が私に結婚しようと言った時は率直に言うととても悩みました。言語も違うし文化も違うし……、何よりも両親が許してくださるかが心配でした。でもじっくりと考えてみた後、最終的に夫と結婚することになりました。

　まあ、結婚をする時は、自分の考えが何よりも重要だと考えています。そして……韓国人同士、ⓑ日本人同士結婚すると言っても、必ずしも幸せになるだろうという保証もないじゃないですか。言語や文化が違っても、2人がお互いを思いやり、愛するのであれば、どんな問題も克服することができると思います。

　結婚して12年、私たち夫婦は、今年10歳の娘、7歳の息子と一緒に幸せに暮らしています。

② 【2】　1　고민하다 / 고민하　　2　상상하다 / 상상하　　3　극복하다 / 극복하다　　4　허락하
　　　5　솔직한 / 솔직하게(솔직히)

③ 【3】　1　남편을 처음 만났을 때　　2-ⓑ

１ （×）　　２ （○）　　３ （×）　　４ （○）

 スマートフォンが必要？　必要ない？

　最近、スマートフォンを使う人が増えています。スマートフォンは必要だ、必要ない、様々な意見があ
りますが、私はスマートフォンがとても必要だと思います。もちろん、スマートフォンによって様々な問
題が生じることもあります。例えば、スマートフォンを見ながら歩いていて、転んだり、ぶつかってケガ
する人もいます。また、スマートフォンを使いはじめてから読書の時間が減ったり、目が悪くなった人が
増えたりもします。しかし、スマートフォンは@うまいこと使えば、私たちの生活に非常に便利なツール
です。
　スマートフォンがあれば、必要な時にいつどこでも使うことができます。例えば、約束の時間に遅れる
時、地下鉄やバスの中で連絡することができます。スマートフォンで緊急メールも確認することができ、
返事も送信することもできます。また、台風や地震で電話が通じない時もスマートフォンさえあれば、メー
ルや LINE で連絡を取り合うことができます。そしてインターネットで様々な情報も得ることができます。
　だから私は私たちの生活でスマートフォンは、ⓑなくてはいけないと思います。

② １ 걷다 / 걸어　　２ 줄다 / 줄다　　３ 생기다 / 생기다　　４ 다치다 / 다쳤다　　５ 얻다 / 얻었다
　　６ 넘어졌다 / 넘어졌다

③
1	문제제기 (배경설명) : 스마트폰이 필요하다 필요없다는 의견들이 있다.
	①반대의견 : 스마트폰을 보면서 걷다가 넘어지거나 부딪혀서 다치는 사람이 있다.
	: 독서 시간이 줄거나 눈이 나빠진 사람이 늘었다.
	②자신의 의견 : 스마트폰은 잘만 사용하면 우리 생활에 매우 편리한 도구이다.
2	전개 (근거・이유)
	① 언제 어디서나 사용할 수 있다.
	② 여러 가지 정보도 얻을 수 있다.
3	결론
	①전체를 정리 : 우리 생활에서 스마트폰은 없어서는 안 된다.

④ １ うまいこと使えば　　２−①

インスタント食品

　最近、大型スーパーに行ってみると、インスタント食品が多い。インスタント食品は、短い時間で簡単
に調理が可能で便利である。だから忙しい学生や会社員、１人暮らしの人はもちろん、主婦にも人気があ
る。一方、インスタント食品には、炭水化物や脂肪、砂糖、塩などが多く含まれており、健康によくない
ので食べてはいけないと言う人も多い。これらの欠点もあるが、私はインスタント食品が私たちの生活を
便利にしてくれるので、とても必要だと考えている。
　私は毎日勉強やアルバイトで忙しく料理する時間があまりない。しかし、インスタント食品であれば、
どんなに忙しくても、短い時間で準備してすぐに食べることができるので、時間の節約になる。また、イ
ンスタント食品を利用すると、材料を無駄にしなくてもよい。私も時々料理をする時があるが、１人で住
んでいるので食べ物が残って捨てることが多い。私は食べ物を捨てるよりは、最初からインスタント食品
を利用する方がよりよいと思う。
　このように、インスタント食品は利点が多い。ただし、インスタント食品だけ食べると健康によくない

ので食べ過ぎないように注意しなければならない。また、インスタント食品を食べる時は、簡単なサラダや野菜ジュースなどを一緒に摂収し、栄養のバランスにも気をつかわなければならないだろう。

② 1 낭비하다(절약하다)　　2 절약하다(낭비하다)　　3 주의하다 / 주의하다　　4 편리하다 / 편리하다

③

1 問題提起（背景説明）：인스턴트식품은 손쉽게 요리가 가능해서 인기가 많다.
　①反対意見：건강에 좋지 않기 때문에 먹지 말아야 한다.
　②自分の意見：인스턴트식품이 우리 생활을 편리하게 해 주기 때문에 꼭 필요하다고 생각한다.

2 展開（根拠・理由）
　① 시간이 절약된다.
　② 재료를 낭비하지 않아도 된다.

3 結論
　①全体を整理：이처럼 인스턴트식품은 장점이 많다.
　②締めの文（努力目標など）
　　－너무 많이 먹지 않도록 주의해야 한다.
　　－영양의 균형에도 신경을 써야 한다.

④ 1 (○)　　2 (○)　　3 (○)　　4 (○)

㉝ 韓国の四季

　韓国は、春、夏、秋、冬の四季があります。
　春は暖かいです。しかし、天候の変化が激しく、時には黄砂が吹く日もあります。春になると山と野にレンギョウ、ツツジ、桜など、きれいな春の花が咲きます。それで祭りがたくさん開催されます。「鎮海の軍港祭」と「汝矣島の桜祭り」が有名です。
　長い梅雨が終わると蒸し暑く湿気の多い韓国の夏が始まります。夏は遊ぶのによい季節です。一日が長く、長期の休みや休暇もあります。また、夏はバカンスの季節です。山と海がとても人気です。山や海でストレスも解消し楽しい思い出も作ることができます。
　夏が終わると肌寒い秋が来ます。読書の季節です。高く青い空の下で澄んだ空気を吸いながら本を読むことができます。秋には紅葉、花火大会など、見どころも多いです。
　秋が終わると寒い冬が来ます。冬は食べ物の季節です。寒い冬、湯気がゆらゆらと出るたい焼き、おでん、トッポッキ、焼き芋など。冬はレジャースポーツの季節でもあります。寒くて雪がたくさん降り、スキー、スケート、そりなども楽しむことができます。
　私は春、夏、秋、冬がある韓国を本当に愛しています。

① 1 여름　　2 겨울

1 明日の天気をお知らせいたします。明日も韓国は全国的に暑くてじめじめするでしょう。特にソウル地方は風も強く吹いて雨がたくさん降る所もあるでしょう。釜山地方も雲がたくさん立ち込め、強い風が吹くでしょう。夕立が降る所もあるでしょう。済州島は午前には雨が降って午後には晴れるでしょう。
2 今日の中部地方は雲が立ち込め、南部地方はほぼ晴れるでしょう。朝の最低気温は氷点下2度から3度、昼の最高気温は11度から14度で、昨日よりちょっと寒いでしょう。湿度は10％～20％で、乾燥した天気が続くでしょう。天気でした。

② 1-①　　2-④　　3-⑤　　4-③　　5-⑥　　6-②

③ （省略）

韓国の結婚について発表します。

　皆さん、こんにちは。経済学科 21 年度入学の金・ハナです。私は今日韓国の結婚について発表します。皆さんは結婚されるつもりですか。もしされるのであれば、何歳ごろしようと思いますか。結婚式はどこでしたいですか。

　最近韓国では男は 33 歳、女性は 31 歳頃に結婚を多くします。昔に比べて結婚する年齢がますます遅くなっています。結婚が遅れる理由はいくつかあるでしょうが、昔と違って仕事をする女性が増えたからだと考えます。

　では、結婚相手はどこで会うでしょうか。かつては両親や親戚の紹介で出会い、結婚する人が多かったです。しかし、最近は、学校や職場で出会い、結婚する人が多いです。

　ⓐ（最後に）、結婚式について申し上げます。以前は家で結婚式をしていました。しかし、今はほとんど結婚式場やホテル、屋外で結婚をしています。そして結婚式が終わった後は、職場の同僚、友達などと披露宴をしたりもします。

　以上、韓国の結婚について申し上げました。あなたの国では、いかがでしょうか。

② 1-②　　2-④　　3-①　　4-⑤　　5-③

③ 1

	옛날	지금
1 결혼하는 나이	지금보다 빨랐다	늦어지고 있다
2 결혼 상대를 만나는 방법	부모님이나 친척 소개	학교나 직장에서
3 결혼식 장소	집	결혼식장, 호텔, 야외

2 직장 생활을 하는 여성이 늘었　　3-③

④ 1 (X)　　2 (O)　　3 (O)

 韓国のお正月を紹介します。

　韓国の代表的な祝日にはお盆、正月、清明、端午があります。今日はこの祝日の中で正月について発表します。

　お正月は韓国で最も重要な祝日の一つです。お正月は旧暦 1 月 1 日です。お正月には、学校や会社がすべてお休みです。それで、久しぶりに家族が皆集まって一緒に時間を過ごします。

　元旦の朝になると、子供と大人どちらもきれいな服に着替えます。そして先祖をたてまつり、目上の人たちに新年のあいさつをします。

　「おばあちゃん、おじいちゃん、元気で長生きしてください。明けましておめでとう」

　「はい、お前らも今年一年健康で。勉強、一生懸命して。そしてハナは、今年必ず良い人に会い……」

　子供たちはお年玉をもらったりもします。新年のあいさつの後には家族が皆集まってお雑煮も食べてユンノリやチェギチャギ、凧揚げなどの伝統的な遊びも楽しみます。

　簡単ですが、今日の発表は、これで終わります。皆さんも機会があればぜひ韓国のお正月を一度経験してみてくださればと思います。質問のある方、質問してください。

①
설날	추석
음력 1월 1일, 떡국, 세배, 새 옷, 나이, 연날리기, 점	음력 8월 15일, 송편, 달, 새 옷

② 1-①　　2-②　　3-③

③	날짜	음력 1월 1일
	행사	· 차례를 지냅니다. · 어른들께 세배를 드립니다.
	음식	· 떡국
	놀이	· 윷놀이, 제기차기, 연날리기

④ 1(○)　　2 (○)　　3 (○)　　4 (×)

㊱ 韓国人が最も好きな数字は？

　国ごとに好きな数字、嫌いな数字が異なります。では、韓国人が好きな数字は何でしょうか。

　韓国人が好きな数字は 3 と 7、8 だと言います。この数字の中で、特に 3 が好きだと言うんですが。では、なぜ韓国人は 3 が好きでしょうか。ヒントは、数字の 3 は、1 と 2 を足した数であるからです。はい、正解は 3。3 は、陽（偶数：ここでは 2）と陰（奇数：ここでは 1）を合わせて作った数字です。韓国人は昔から 3 を完全な数と考えて好きでした。だから韓国人は、ゲームをしたり、じゃんけんをする時にも、通常ⓐ（3）回します。

　そうだとすれば、韓国人がⓑ（嫌い）数字は何でしょうか。はい、そうです。4 です。数 4 の発音が「死ぬ」を意味する漢字「死」と同じだからです。だから韓国ではエレベーターに 4 階の代わりに F を使用します。病院でも「4」を使わないと言います。そして仁川国際空港にも 4 番や 44 番搭乗口がないと言います。

　皆さんの国ではどんな数がよい数字で、どんな数が悪い数字ですか。なぜそうですか。

① 1 「赤で名前を書いたら、いけません。」
　　（理由）韓国人は赤で名前を書くと、「死ぬことになる」と信じています。
　2 「試験を受ける日はわかめスープを食べたら、いけません。」
　　（理由）わかめスープの「ぬるぬるした滑る」イメージが「（試験で）滑る（試験で落ちる）」を連想させるからです。
　3 「豚の夢をみたら、宝くじを買ってください。」
　　（理由）豚には「多産」と「豊穣」のイメージがあります。
　4 「愛する人に履物をプレゼントしたら、いけません。」
　　（理由）履物をプレゼントすると、愛する人がその履物を履いて、逃げると考えます。

② 1 더하 / 더한　　2 죽다 / 죽다　　3 쓰다 / 쓰다 / 쓰다

③ 1-④　　2-①　　3-③　　4-②

④ ⓐ 세(3), ⓑ 싫어하는

⑤ 1 (○)　　2 (×)　　3 (×)　　4 (○)

㊲ ??を初めて見た人々

田舎に住んでいるある農夫が生まれて初めてソウル見物に行くことになりました。
妻も行きたかったが、赤ちゃんのために行くことができませんでした。
「おいお前、すまない。一人で行くことになって。」

「大丈夫です、あなた。気をつけて行ってらっしゃい。」
ところであなた、帰って来る時プレゼント１つだけ買ってきてください。」
「そうだな、じゃ何買ってこようか。」

「うーん…じゃ、ソウルに行って櫛１つだけ買ってきてください。」
「櫛か？　櫛はどんな形をしたものだい？」
農夫が妻に尋ねました。

ちょうど空に月が浮かんでいました。
「あの月のような形のものです。」
「あの月のよう？　ああ〜、わかった。
忘れずに必ず買ってくるよ。」

妻と約束をして農夫はソウルに出発しました。
ソウルまでは歩いて行かなければなりませんでした。
それで時間がとてもかかりました。
３日もかかりました。
ソウルで農夫は親戚にも会い、友達にも会いました。
あちこち見物もしました。

もう家に帰る時間になりました。
農夫は家に帰る準備をしました。
その時、妻が言った言葉が思い出されました。

「あなた、??　１つだけ買ってきてください。」

農夫は妻が買ってくれと言ったもの（??）の名前が思い出せませんでした。
市場に向かいながら、ずっと考えていましたが、思い出せませんでした。
「う〜ん。妻が何って言ったっけ？」

名前を思い浮かべようと農夫は空を見ました。
［ちょうど］空には丸い月が浮かんでいました。

「ああ、そうだ！　思い出した。あの月のような形のもの！
そう、名前は思い出せないが、あの月のような形をしたものだと言った！
店に行って聞いてみなくちゃ。」

夫は店に行って主人に言いました。
「あの月のような形のもの一つください。」

しかし…どうしましょう。
これまでたくさんの時間が過ぎて半月が丸い満月に変わっていました。

「月のような形のものですか。
あ〜、あの月のような丸いものですね。」
店の主人は笑いながら「それ」をくれました。
「さあ、どうぞ。あの〜月のような形のもの。」

農夫は「それ」を買った後、家に向けて出発しました。
家に帰る道も遠かったです。
数日かかって家に到着しました。

家に帰ってきた農夫は妻にプレゼントをあげました。
夫人は笑いながら、農夫が買ってきたものを受け取りました。
しかし、「それ」を見てびっくりしました。
「あなた‼ いや、これは何ですか⁉」

その中には、若い女性がいました。
夫人が着ている服と同じ服を着た女性でした。
夫人が目を大きく開けると、その女性も目を大きく開けました。
夫人が目を小さくすると、その女性も目を小さくしました。

「いや、この女は誰ですか。
あなた、ソウルに行って、他の女性に会ったんですね！
ああ！ ああ！」
夫人は怒って泣き始めました。

隣の部屋でこの音を聞いた義理の母が外に出てきました。
「なぜこんなにうるさいの？
何事か。
ところでお前はなんで泣いているんだ？」

夫人は「それ」を姑にみせてあげました。
「お母さん、これ見てください…
この人がソウルで若い女を連れて来ました。
服も私と同じものを着ています。」

嫁の話を聞いて義理の母は「それ」を見ました。
そこには、若い女性ではなく、年老いたおばあちゃんがいました。
「いや、若い女性ではなく、年老いたおばあちゃんじゃないか！
お前は、このような年老いたおばあちゃんを見て、どこの若い女性を連れてきたなんて言うのか。」

「何をおっしゃっているんですか。年老いたおばあちゃんなんて？ 私と年が同じく見えるのに…
ごらんなさい。若い女じゃないですか。」

義理の母と嫁はお互い「それ」を見て「年老いたおばあちゃんだ、若い女だ。」声を荒げました。

農夫がソウルで買ってきた「それ」は何だったでしょうか。

それはまさに「鏡」でした。

鏡を初めて見た人たちの笑い話でした。

単 語 集

1　사토 하나라고 합니다.

처음	始め	혹시	もしかして・ひょっとして
성	名字、姓	앞으로	これから
전공	専攻	태어나다	生まれる
문학	文学	부탁드리다	頼む
고향	故郷、実家	감사하다	感謝する
정도	程度	기회가 있으면	機会があれば
질문	質問	잘 부탁드리겠습니다	よろしくお願いいたします
비밀	秘密	처음 뵙겠습니다	初めまして
꼭	必ず・ぜひ		
남편	夫	아내	妻
국적	国籍	직업	職業
직장	職場	주소	住所
연락처	連絡先	관심이 많다	関心が多い
문화	文化		

2　한국어기초사전

편지	手紙	만들다	作る
소포	小包	팔다	売る
예금	預金	어리다	若い
(돈을) 찾다	（お金を）おろす	약하다	弱い
보내다	送る	두통약	頭痛薬
돈	お金	(머리를) 자르다	（髪の毛を）切る
빌려 주다	貸してあげる	염색	（髪の毛を）染めること
환전하다	両替する	파마	パーマ
(돈을) 빌리다	（お金を）借りる	오랜만에	久しぶりに
여권	パスポート	열(이) 나다	熱が出る
머리를 하다	髪の毛を切る	받다	もらう

(화를) 내다	怒る	(돈을) 내다	（お金を）払う
잃어버리다	落とす、失くす		

 「내가 꿈 꾸는 집」 댓글 달기 이벤트

댓글	コメント	두근두근	ドキドキ
섬	島	그냥	なんとなく・ただ
반대	反対	함께	一緒に
시골	田舎	어디든지	どこでも
출신	出身	멀다	遠い
도시	都市	가깝다	近い
마당	庭	조용하다	静かだ
텃밭	菜園	조용히	静かに
밭	畑	복잡하다	複雑だ
공기	空気	시원하다	涼しい
거실	居間	을/를 달다	〜をつける
기숙사	寮	이/가 보이다	〜が見える
역	駅	꿈 꾸다	夢見る
정류장	停留場	아무도 없다	誰もいない
편의점	コンビニ	공기가 맑다	空気がきれいだ
아이	子供		
단독 주택	一軒家	한옥	（韓国の）伝統家屋
교통	交通	가격	値段
거리	距離	환경	環境
집세	家賃	시끄럽다	うるさい
번화하다	にぎやかだ	편리하다	便利だ
좁다	狭い	불편하다	不便だ

오늘 하루도 수고했어!

매일	毎日	늦다	遅い・遅れる
여름	夏	일어나다	起きる
식사	食事	세수하다	顔を洗う
거울	鏡	시작하다	始まる
먼저	まず	수고하다	苦労する
수업	授業	(시간이) 걸리다	（時間が）かかる
요일	曜日	힘내다	頑張る
학점	単位	그런 다음	それから
스스로	自ら	어쩔 수 없이	仕方なく
조금씩	少しずつ	이를 닦다	歯を磨く
가깝다	近い	화장을 하다	化粧をする

멀다	遠い	집을 나오다	家を出る
다르다	違う・異なる	관심이 있다	関心がある
힘들다	しんどい・大変だ	수업을 듣다	受講する
즐겁다	楽しい	사이가 좋다	仲がいい
매주	毎週	빠르다	早い・速い
끝나다	終わる		

수업	授業	알다	知る・分かる
룰	ルール・規則	모르다	知らない・分からない
매주	毎週	쓰다	使う・書く・かぶる・苦い
지각	遅刻	물어보다	聞いてみる
결석	欠席	설명하다	説明する
단어	単語	연락하다	連絡する
문법	文法	질문하다	質問する
사전	辞書	가능하면	できれば
이야기	話	마지막으로	最後に
발표	発表	큰 소리로	大きい声で
이상	以上	몸이 아프다	具合悪い・体が痛い
급하다	急だ	수업에 늦다	授業に遅れる
늦다	遅い・遅れる	급한 일이 생기다	急用ができる
다르다	違う・異なる	한국어로 이야기하다	韓国語で話す
즐겁다	楽しい	사전을 보다	辞書を調べる
혹시	もしかして・ひょっとして	수고하셨습니다	お疲れ様でした
떠들다	騒ぐ	음료수	飲料水・ソフトドリンク
문법	文法	이틀	二日
계획	計画	규칙	規則・ルール
방법	方法	성적	成績
약속	約束		

저희	私たち（の）	학원	塾・専門学校
가을	秋	결혼하다	結婚する
분	方	건강하다	健康だ
무역 회사	貿易会社	산책하다	散歩する
낚시	釣り	나가다	出かける
휴일	休日	돌아가시다	亡くなる
미인	美人	에 다니다	～に通う
연세	お年	을/를 그만두다	～を辞める

모자	帽子	사진을 찍다	写真を撮る
모임	集まり	안경을 쓰다	眼鏡をかける
작년	昨年	모자를 쓰다	帽子をかぶる
취업 준비	就職活動	데리고 가다	連れていく
조카	おい・姪	남편	夫
아내	妻	아들	息子
딸	娘	삼촌	おじさん
데리고 오다	連れてくる	(아이를) 낳다	（子供を）生む

⑦ 시장과 인터넷 쇼핑

시장	市場	새	新しい
구경	見物	(값을) 깎다	値引きする
물건	品物・物件	맛보다	味見する
아저씨	おじさん	(편지를) 받다	（手紙を）もらう
아주머니	おばさん	이용하다	利用する
연습	練習	절약하다	節約する
값	値段	시작하다	始まる
시간	時間	주문하다	注文する
운동화	運動靴、スニーカー	불편하다	不便だ
택배	宅配	별로 없다	あまり～ない
언제나	いつも	마음에 들다	気に入る
직접	直接	마음에 드는 N	気に入った N
다시	もう一度・改めて	(사이즈가) 딱 맞다	（サイズが）ぴったりだ
빨리	早く	운동화를 신다	運動靴を履く
가격	値段	다양하다	色々だ
상품	商品	리뷰	レビュー
상품평	商品の評価	입다	着る
만지다	触る		

⑧ 내가 좋아하는 곳

곳	所	노랗다	黄色い
거리	距離	빨갛다	赤い
입구	入口	걷다	歩く
숲	森	잊다	忘れる
연못	池	앉다	座る
새	鳥	사라지다	消える
소리	音	이/가 보이다	～が見える
외국 생활	外国生活	이제	もう・すでに・今になって
외로움	寂しさ	첫번째	一番目

여러 가지	色々な	두번째	二番目
걱정	心配	걸어서	歩いて
날씨	天気	공기가 맑다	空気がきれいだ
단풍	紅葉	가을이 오다	秋が来る
나무	木	시간이 있다	時間がある
산책	散歩	단풍이 들다	紅葉する
쌀쌀하다	肌寒い		
호수	湖	섬	島
베란다	ベランダ	놀이공원	遊園地
얼굴색	顔色		

⑨ 운이 나쁜 하루

운	運	정말	本当に
하루	一日	심하다	ひどい
늦잠	寝坊	서두르다	急ぐ
그날	その日	늦다	遅い・遅れる
시험	試験	화장하다	化粧する
생각	考え	알다	知る・分かる
세수	洗顔	물어보다	聞いてみる
잘못	誤り	알아듣다	聞き取る
곳	所	이번에는	今度は
길	道	운이 나쁘다	運が悪い
아주머니	おばさん	늦잠을 자다	寝坊する
사투리	方言	집을 나오다	家を出る
요금	料金	깜짝 놀라다	びっくりする
벌써	もう・すでに	버스에서 내리다	バスから降りる
간단히	簡単に	사투리가 심하다	方言がひどい
너무	とても・〜過ぎる	할 수 없이	仕方なく
그런데	ところで	시험을 보다	試験を受ける
결국	結局	놀라다	驚く・びっくりする
걱정하다	心配する	찾아오다	訪れる
갑자기	突然・急に	우산	傘
결석하다	欠席する	(시험에) 떨어지다	(試験に) 落ちる
경치	景色		

⑩ 가장 친한 친구

국제공항	国際空港	더욱	さらに・もっと
대답	答え	친하다	親しい
성격	性格	영원하다	永遠だ

고향	故郷	못하다	できない・及ばない
부동산	不動産	부끄럽다	恥ずかしい
처음	初めて	그립다	懐かしい
혼자	1人（で）	유학하다	留学する
자기	自分	소개하다	紹介する
딸	娘	초대하다	招待する
남편	夫	이사하다	引っ越しする
인생	人生	적응하다	適応する
게다가	しかも	연락하다	連絡する
늘	いつも・常に	내리다	降りる
같이	一緒に	도와주다	手伝う
먼저	まず・お先に	마치다	終わる・終える
덕분에	おかげで	바뀌다	変わる
빨리	早く	아무것도 모르다	何も知らない
무사히	無事に	부끄럼을 타다	恥ずかしがる
한번도	一度も	말을 걸다	声をかける
앞으로도	これからも	집을 구하다	家を探す
잘생겼다	ハンサムだ	착하다	善良だ
똑똑하다	かしこい	(성격이) 밝다	（性格が）明るい
직장	職場	잊다	忘れる
변화	変化	새 (집)	新しい（家）

 Q & A 유학생의 고민에 답합니다.

처음	初めて	너무	とても・〜過ぎる
실력	実力	친하다	親しい
요즘	最近	잘하다	上手い
고민	悩み	심심하다	退屈だ
방법	方法	늘다	増える・伸びる
걱정	心配	남다	残る
유학	留学	사귀다	付き合う
졸업	卒業	돌아가다	帰る
경제	経済	답하다	答える
취업 준비	就職活動	취직하다	就職する
대학원	大学院	가능하면	できれば
빨리	早く	어떡하죠?	どうしましょう？
꼭	必ず・ぜひ	그렇지 않다	そうではない
혼자(서)	1人で	얼마 남지 않다	残り少ない
연애	恋愛	건강	健康
경제적	経済的	외모	外見
취직	就職	(돈을) 벌다	（お金を）稼ぐ

110

⑫ 여러분의 한국어 학습 방법을 알려 주세요!

그냥	なんとなく・ただ	참	とても・本当に
문화	文化	신기하다	不思議だ
도움(돕다)	助け（手伝う）	취직하다	就職する
방법	方法	유학하다	留学する
배우	俳優	사용하다	使用する
기회	機会	가입하다	加入する
채팅	チャット	생각하다	考える
자신감	自信	만들다	作る
단어	単語	모르다	知らない・分からない
표현	表現	외우다	覚える・暗記する
번역	翻訳	나오다	出る・出てくる
통역	通訳	물어보다	尋ねてみる
관련	関連	찾아보다	探してみる
일	仕事・こと	알려 주다	知らせる
화면	画面	몇 번이나	何度も
가사	歌詞	도움이 되다	役に立つ
의미	意味	시험을 보다	試験を受ける
사전	辞書	자신감이 생기다	自信になる
자연스럽다	自然だ	노래를 부르다	歌を歌う
거의	ほとんど	시간 가는 줄 모르다	時間が過ぎるのを忘れる
나중에	後で		

⑬ 김민서 선생님께

학번	学籍番号	친하다	親しい
연락	連絡	착하다	善良だ
개월	〜ヶ月	죄송하다	申し訳ない
생활	生活	익숙하다	慣れる
마음씨	心根	이사하다	引っ越しする
얼굴	顔	걱정하다	心配する
유학	留学	찾아뵙다	伺う
방학	休み	인사드리다	ご挨拶する
올림	より・拝	연락드리다	ご連絡する
그동안	これまで・その間	지내다	過ごす
벌써	すでに	구하다	求める
아직	まだ	도와주다	手伝ってくれる
되게	とても	뵙다	お目にかかる
이제	もう・すでに・今になって	집을 구하다	家を探す
늦다	遅い・遅れる	사이(가) 좋다	仲がいい

111

직장	職場	문자 메시지	メッセージ
(사이좋게) 지내다	（仲良く）過ごす	일기	日記
덕분에	おかげで		

 만개의 레시피

김밥	海苔巻き	두께	厚さ
재료	材料	먼저	まず・お先に
김	のり	더	もっと
시금치	ほうれん草	잘게	細かく
당근	人参	이제	もう・すでに・今になって
계란	卵	살짝	そっと・さらっと
햄	ハム	완성되다	完成される
캔	缶	만들다	作る
단무지	たくあん	넣다	入れる
참기름	ごま油	끓이다	沸かす
참깨	ごま	썰다	切る
후추	胡椒	볶다	炒める
후춧가루	胡椒の粉	자르다	切る
소금	塩	비비다	かき混ぜる
인분	～人前	끝나다	終わる
장	～枚	바르다	塗る
등분	～等分	물을 끓이다	お湯を沸かす
숟가락	スプーン	맛을 내다	味を出す
냄비	鍋	그런 다음	それから
프라이팬	フライパン	마지막으로	最後に
볶다	炒める	튀기다	揚げる
삶다	煮る	계란	卵
굽다	焼く	비비다	混ぜる
고구마	さつまいも	자판기	自動販売機
말다	巻く	화장품	化粧品

⑮ **바캉스 시즌이 돌아왔습니다.**

바캉스	バカンス	이번	今度
시즌	シーズン	아직	まだ
휴가	休暇	금방	すぐ
국내	国内	가까이	近く
해외	海外	가득	いっぱい
강	川	아름답다	美しい
바다	海	유명하다	有名だ

관광지	観光地	결정하다	決定する
섬	島	올라가다	上る
연인	恋人	걷다	歩く
촬영지	撮影地	잡다	釣る・つかむ
주인공	主人公	한눈에 보이다	一目で見える
침	つば	보기만 해도	見るだけでも
도둑	泥棒	인기 만점	人気満点
동료	仲間	민박	民宿
친척	親戚	마을	村
벚꽃	桜	경치	景色
(꽃이) 피다	(花が) 咲く	재료	材料
아까	さっき	잠깐	ちょっと
건강하다	健康だ	신선하다	新鮮だ

⑯ 100세 시대, 건강에 도움이 되는 생활 습관

시대	時代	즉	すなわち
건강	健康	오래	長く
도움	助け・手伝い	적어도	少なくとも
생활 습관	生活習慣	긍정적으로	肯定的に
영양제	栄養剤・サプリメント	깨끗이	綺麗に
전문가	専門家	모든	全て
하루	一日	값비싸다	(値段が) 高い
잠	睡眠・眠り	자극적이다	刺激的だ
피로	疲労	지나치다	過ぎる
최고	最高	맵다	辛い
일	仕事・こと	짜다	塩辛い
적	敵	중요하다	重要だ
고기	肉	적당하다	適当だ
야채	野菜	생각하다	考える
과일	果物	노력하다	努力する
생선	魚	예방하다	予防する
비누	石鹸	바꾸다	変える
감기	風邪	웃다	笑う
등	等	씻다	洗う
먼저	まず	도움이 되다	役に立つ
둘째	第２に	몸에 좋다	体にいい
셋째	第３に	스트레스가 쌓이다	ストレスがたまる
넷째	第４に	깨끗이 씻다	綺麗に洗う
다섯째	第５に	어떻게 하면	どうすれば
마지막으로	最後に	가능하면	できれば
여러 가지	色々な	정기적으로	定期的に

수다를 떨다	おしゃべりをする	누구나	誰でも
건강법	健康法	가격	値段
살을 빼다	やせる	교통사고	交通事故

 2021년 7월 4일 금요일 맑음

어젯밤	昨夜	어리다	若い
이	歯	무섭다	怖い
치과	歯科	싫다	いやだ・嫌いだ
입	口	(병이) 낫다	(病気が) 治る
처방전	処方箋	참다	我慢する
약국	薬局	(이를) 뽑다	(歯を) 抜く
약	薬	받다	もらえる
약사	薬剤師	돌아오다	帰ってくる
식후	食後	살펴보다	調べてみる
하루	一日	생각하다	考える
거의	ほとんど	무리하다	無理する
먼저	まず	익숙해지다	慣れる
결국	結局	(처방전)을 가지고	(処方箋を) もって
너무	とても・〜過ぎる	가능하면	できれば
아무것도	何も	엑스레이를 찍다	レントゲンを撮る
더 이상	これ以上	참기 힘들다	我慢できない
이제부터	これから	푹 쉬다	ゆっくり休む
아무리	いくら	신경을 쓰다	気を遣う
내과	内科	외과	外科
안과	眼科	산부인과	産婦人科
소아과	小児科	다리를 다치다	足を痛める
소화	消化	임신하다	妊娠する
감기에 걸리다	風邪をひく	기침	咳
눈물	涙	흰머리	白髪
대통령	大統領	귀신	お化け
삶다	煮る	가볍다	軽い
금방	すぐ	일찍	早く
광고	広告	초대장	招待状
감기약	風邪薬	소화제	消化剤
변비약	便秘薬	진통제	鎮痛剤

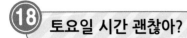 **토요일 시간 괜찮아?**

생일	誕生日	다르다	異なる・違う
식사	食事	필요하다	必要だ

연락처	連絡先	연락하다	連絡する
모두	皆・すべて・全部	초대하다	招待する
실은	実は	축하하다	祝う
혹시	もしかして、ひょっとして	알다	知る・分かる
대신(에)	代わり（に）	잊다	忘れる
꼭	必ず・ぜひ	기다리다	待つ
아님	それとも	오랜만이다	久しぶりだ
근데	ところで	깜빡 잊다	うっかり忘れる
늦게라도	遅くなっても	사 가지고 가다	買って行く
다음에	後で・次に	시간이 있다	時間がある
따로	別々に	시간을 보내다	時間を送る
뭐	何か・何	1박 2일로	１泊２日で
늦다	遅い・遅れる	어떻게 지내?	元気？
고맙다	有難い	잊지 말고	忘れずに
부탁	お願い	무섭다	怖い
옷장	箪笥	벌써	もう・すでに
아까	さっき		

⑲ ××씨의 일생

일생	一生	친절하다	親切だ
막내	末子	착하다	善良だ
부자	お金持ち	행복하다	幸せだ
한글	ハングル	건강하다	健康だ
초등학교	小学校	슬프다	悲しい
입학	入学	기쁘다	うれしい
첫사랑	初恋	쓸쓸하다	寂しい
상대	相手	진학하다	進学する
담임	担任	축하하다	祝う
얼굴	顔	정들다	親しくなる
이사	引っ越し	태어나다	生まれる
군대	軍隊	받다	もらう
유학	留学	자라다	育つ
졸업	卒業	헤어지다	別れる
결혼	結婚	닮다	似ている
대학원	大学院	(이름을) 짓다	（名前を）付ける
교복	制服	(이름을) 부르다	（名前を）呼ぶ
모습	姿	잡다	捕る・つかむ
합격	合格	입다	着る
듬뿍	たっぷり	모이다	集まる
새	新しい	사랑에 빠지다	恋に落ちる
반반씩	半分ずつ	남자 친구가 생기다	彼氏ができる

눈을 감다	死ぬ		
고민하다	悩む	취직하다	就職する
(아이를) 낳다	（子供を）生む	죽다	死ぬ
머리카락	髪の毛	건물	建物

⑳ 장거리 연애

장거리	遠距離	새	新しい
연애	恋愛	나중에	後で
무역 회사	貿易会社	다시	もう一度
부장	部長	절대	絶対
지사	支社	일하다	働く
기억	記憶	헤어지다	別れる
학원	塾・専門学校	생기다	できる・生じる
고등학교	高校	웃다	笑う
졸업	卒業	대답하다	答える
개월	〜ケ月	입학하다	入学する
충격	衝撃・ショック	연락하다	連絡する
걱정	心配	생각하다	考える・思う
기회	機会	결정하다	決定する
고민	悩み	연락이 오다	連絡が来る
얼굴	顔	여자친구가 생기다	彼女ができる
기쁘다	うれしい	두 번 다시	二度と
슬프다	悲しい		
싸우다	喧嘩する	질투하다	嫉妬する
걱정하다	心配する	외롭다	寂しい
행복하다	幸せだ	취직하다	就職する
(이름을) 부르다	（名前を）呼ぶ		

㉑ 나의 첫 경주 여행

기차	汽車	가까이서	近くから
열차	列車	직접	直接
역	駅	아름답다	美しい
창	窓	유명하다	有名だ
풍경	風景	조용하다	静かだ
역사	歴史	다녀오다	行ってくる
삼국시대	三国時代	떠들다	騒ぐ
수도	首都	보이다	見える
불국사	仏国寺	느끼다	感じる
석굴암	石窟庵	돌아오다	帰ってくる

세계문화유산	世界文化遺産	등록되다	登録される
도시	都市	출발하다	出発する
전체	全体	도착하다	到着する
역사	歴史	생각하다	考える・思う
박물관	博物館	걸어서 가다	歩いていく
명물	名物	말로만 듣다	話だけ聞く
첫	初の	기회가 있으면	機会があれば
참	本当に・とても		
해외여행	海外旅行	배	船
민박	民宿	콘도	コンドミニアム
펜션	ペンション	당일	日帰り・当日
1박2일	１泊２日	예정	予定
배우	俳優	외로움	寂しさ
귀찮다	面倒くさい	시끄럽다	うるさい
혼자	１人（で）	아직	まだ

㉒ 어떻게 한국어를 공부하게 되었어요?

팬	ファン	너무	とても・〜過ぎる
문화	文化	직접	直接
고등학교	高校	그런데	ところで
관심	関心	그랬다	そうだった
시험 준비	試験準備	귀찮다	面倒くさい
예능 프로그램	芸能プログラム	시작하다	始まる
최고	最高	추천하다	推薦する
형님	兄貴	기다리다	待つ
자막	字幕	들어오다	入る
혼자	１人（で）	덕분에	おかげで
사실	事実	관심이 있다	関心がある
처음	初めて	스트레스를 받다	ストレスを受ける
더	もっと	스트레스를 풀다	ストレスを解消する
오히려	むしろ	할 수 없이	仕方なく
꽤	かなり	자막을 달다	字幕を付ける
그냥	ただ・なんとなく	학점	単位
취직하다	就職する	도움이 되다	役に立つ

㉓ 내가 가장 아끼는 물건

물건	物件・もの	멀다	遠い
앨범	アルバム	평범하다	平凡だ
그림	絵	아끼다	大切にする・節約する

코멘트	コメント	태어나다	生まれる
형제	兄弟	잊다	忘れる
초등학교	小学校	믿다	信じる
곳	所	생각나다	思い出す
일	こと・仕事	선물하다	プレゼントする
통학	通学	포기하다	諦める
책꽂이	本立て	결심하다	決心する
꿈	夢	들어 있다	入っている
최선	最善	달려 있다	ついている
늘	いつも	꽂혀 있다	挿している
다시	もう一度	그림을 그리다	絵を描く
어리다	若い	힘을 내다	頑張る
외롭다	寂しい	꿈을 이루다	夢を叶える
그립다	懐かしい	최선을 다하다	最善を尽くす
사실	事実・実	계획	計画
전기	電気	깜빡 잊다	うっかり忘れる
외모	外見	가정	家庭
첫사랑	初恋		

㉔ 10년 후 나의 모습

모습	姿	열심히	一生懸命
외국인	外国人	다르다	異なる・違う
외국 여행	外国旅行	방문하다	訪問する
이유	理由	생각하다	考える・思う
점	点・ほくろ	유학하다	留学する
도움	助け	적응하다	適応する
하숙집	下宿	이해하다	理解する
주인	主人	노력하다	努力する
아주머니	おばさん	돕다	手伝う
아저씨	おじさん	알리다	知らせる
길	道	마치다	終わる・終える
꿈	夢	도와주다	手伝う
문화	文化	좋은 점	良い点
처음	初めて	도움을 받다	助けられる
덕분에	おかげで	도움이 되다	役に立つ
무사히	無事に	꿈을 이루다	夢を叶える
나중에	後で		
관광객	観光客	성공하다	成功する
새롭다	新しい	분위기	雰囲気
행사	行事	완전히	完全に

㉕ 우리 꼭 다시 만나자!

귀국	帰国	슬프다	悲しい
일	こと・仕事	다르다	違う・異なる
기억	記憶	고맙다	有難い
생각	考え	건강하다	健康だ
마디	（文や話の）節	(시간이) 지나다	（時間が）たつ・過ぎる
정	情	싸우다	喧嘩する
고향	故郷・実家	알다	知る・分かる
정말	本当（に）	돌아가다	帰る
참	本当に・とても	(시간이) 남다	（時間が）残る
서로	お互い（に）	믿다	信じる
덕분에	おかげで	바라다	望む
곧	すぐ	눈 깜짝할 사이	あっという間に
이제	もう・すでに・今になって	기억에 남다	記憶に残る
언젠가	いつか	화가 나다	腹が立つ
꼭	必ず・ぜひ	말 한 마디	言葉１つ
다시	もう一度	정이 들다	親しくなる
그동안	これまで	함께하다	一緒にする
즐겁다	楽しい	얼마 남지 않다	残り少ない
시험에 떨어지다	試験に落ちる	놀이공원	遊園地
싸우다	喧嘩する	오랜만에	久しぶりに
빠르다	速い	조용하다	静かだ
강하다	強い	천천히	ゆっくり

㉖ 아르바이트해 봤어요?

연구소	研究所	미래	未来・将来
20대	20代	절반	半分
남녀	男女	이상	以上
경험	経験	한편	一方
설문 조사	アンケート調査	다양하다	色々だ・多様だ
결과	結果	답하다	答える
이유	理由	준비하다	準備する
생활비	生活費	노력하다	努力する
학비	学費	즐기다	楽しむ
유학	留学	쌓다	重ねる・積む
비용	費用	(돈을) 벌다	（お金を）稼ぐ
마련	用意・準備	그 외	その他
문화 생활	文化生活	경험을 쌓다	経験を重ねる
생활비를 벌다	生活費を稼ぐ	학비를 벌다	学費を稼ぐ

소풍　　　　　ピクニック

친한 친구가 있습니까?

남녀	男女	오래	長く
남성	男性	일단	一旦
여성	女性	실제로는	実際には
주제	主題・テーマ	친하다	親しい
대상	対象	답하다	答える
설문 조사	アンケート調査	대답하다	答える
결과	結果	응답하다	応答する
상대	相手	생각하다	考える
차이	違い・差	생각되다	考えられる
비율	比率・割合	유지하다	維持する
경우	場合	알다	分かる・知る
관계	関係	모르다	分からない・知らない
경향	傾向	중에서	中で
대부분	ほとんど	차이가 없다	違いがない
대화	対話	환경 문제	環境問題
화가 나다	腹が立つ	남녀	男女
문화	文化	성격	性格
헤어지다	別れる	연구	研究

한국인이 좋아하는 취미

대상	対象	선호도	選好度
결과	結果	선호	選好
응답자	回答者	관심	関心
다음	次	정적이다	静的だ
음악 감상	音楽鑑賞	지난	この前の
독서	読書	한편	一方
걷기	ウォーキング	상대적으로	相対的に
산책	散歩	조사하다	調査する
영화 관람	映画観覧	발표하다	発表する
낚시	釣り	대답하다	答える
순	順	비교하다	比較する
여성	女性	상승하다	上昇する
남성	男性	증가하다	増加する
TV 시청	TV 視聴	감소하다	減少する
바둑	囲碁	(으로) 나타나다	(で) 現れる
뜨개질	編み物	(에) 들다	(に) 入る

중장년	中高年	그 외	その他
과거	過去		
춤	踊り	독서	読書
낚시	釣り	감상	鑑賞
시청	市役所	기온	気温
물가	物価	살인 사건	殺人事件
원인	原因	결과	結果
가격	価格	직장인	社会人
인구	人口	체중	体重
양	量		

29 성형 수술 전과 후

성형 수술	整形手術	사랑스럽다	可愛らしい
전	前	피곤하다	疲れる
후	後	불안하다	不安だ
대회	大会	행복하다	幸せだ
상	賞	날씬하다	スリムだ
어른	大人	나가다	出る
용기	勇気	찾아가다	訪れる
외모	外見	울다	泣く
관심	関心	줄이다	減らす
실망	失望	참다	我慢する
불	電気・灯り・火	달라지다	変わる
힘	力	놀라워하다	驚かされる
꿈	夢	부러워하다	うらやましがる
살	肉	데뷔하다	デビューする
음식량	飲食量	포기하다	諦める
눈물	涙	결심하다	決心する
날	日	노래를 부르다	歌を歌う
전날	前日	대회에 나가다	大会に出る
거울	鏡	상을 타다	賞をもらう
속	中	어른이 되다	大人になる
모습	姿	용기를 내다	勇気を出す
몸매	スタイル	실망이 크다	失望が大きい
대성공	大成功	불을 켜다	電気をつける
자신감	自信感	힘이 나다	元気になる
더	もっと	살을 빼다	やせる
또	また	눈물을 흘리다	涙を流す
기획사	プロダクション	자신감이 생기다	自信がつく
어리다	若い		
희망	希望	실패	失敗

국제결혼, 어떻게 생각하세요?

국제결혼	国際結婚	문제	問題
남편	旦那・夫	부부	夫婦
여행사	旅行会社・旅行代理店	끼리	同士
처음	初めて	짜리	～（ぐらい）
유학	留学	어떤	どんな
고민	悩み	무엇보다	何より
언어	言語	생각	考え
문화	文化	아끼다	大切にする・節約する
걱정	心配	중요하다	重要だ・大切だ
보장	保障	행복하다	幸せだ
물론	勿論	일하다	働く
솔직히	正直に・率直に	상상하다	想像する
오래	長く	결혼하다	結婚する
결국	結局	허락하다	許す
반드시	必ず	극복하다	乗り切る・克服する
차이	違い・差	가치관	価値観
취업	就職	미래	未来
어려움	困難	가난	貧乏
성격	性格	거짓말	嘘

 스마트폰 필요하다? 필요없다?

의견	意見	걷다	歩く
문제	問題	넘어지다	転ぶ
여러	様々な	부딪히다	ぶつかる
여러 가지	色々なもの	다치다	ケガする
독서	読書	생기다	できる・生じる
도구	道具	늦다	遅い・遅れる
약속 시간	約束時間	보내다	送る
답장	返事	얻다	得る
태풍	台風	주고받다	やりとりする
지진	地震	사용하다	使用する・使う
연락	連絡	생각하다	考える
정보	情報	연락하다	連絡する
물론	勿論	확인하다	確認する
매우	とても	문제가 생기다	問題が生じる
바로	すぐ	예를 들어	例えば
필요하다	必要だ	눈이 나빠지다	目が悪くなる
편리하다	便利だ	언제 어디서나	いつでもどこでも

122

급하다	急だ・せっかちだ	그렇기 때문에	そうなので
늘다	増える	안 되다	だめだ
줄다	減る	없어서는 안 되다	無くてはならない
거리	距離・町	살을 빼다	やせる
몸무게	体重	실력	実力
넘어지다	倒れる	공짜	ただ・無料
태풍	台風	지진	地震

㉜ 인스턴트식품

인스턴트	インスタント	바로	すぐ
식품	食品	특히	特に
요리	料理	짧다	短い
직장인	会社員	손쉽다	手軽だ
인기	人気	편리하다	便利だ
탄수화물	炭水化物	가능하다	可能だ
지방	脂肪	이용하다	利用する
설탕	砂糖	만들다	作る
소금	塩	남다	残る
건강	健康	남기다	残す
경우	場合	버리다	捨てる
게다가	しかも	낫다	よい・治る
물론	勿論	들어 있다	入っている
매우	とても	인기가 있다	人気がある
아무리 —아/어도	いくら〜ても	건강에 좋다	健康にいい
심하다	ひどい	교통	交通

㉝ 한국의 사계절

사계절	四季	붕어빵	タイ焼き
봄	春	어묵	かまぼこ
여름	夏	군고구마	焼き芋
가을	秋	눈썰매	雪そり
겨울	冬	모락모락	もくもく・ゆらゆら
변화	変化	길다	長い
황사	黄砂	심하다	ひどい
날	日	유명하다	有名だ
들	野原	무덥다	蒸し暑い
개나리	レンギョウ	습하다	湿っぽい
진달래	ツツジ	쌀쌀하다	肌寒い
벚꽃	桜	파랗다	青い

축제	祭り・フェスティバル	맑다	澄んでいる・清い
장마	梅雨	즐기다	楽しむ
하루	一日	(바람이) 불다	(風が) 吹く
방학	休み	(꽃이) 피다	(花が) 咲く
휴가	休暇	열리다	開かれる
추억	思い出	끝나다	終わる
독서	読書	시작되다	始まる
하늘	空	스트레스를 풀다	ストレスを解消する
공기	空気	추억을 쌓다	思い出を重ねる
단풍	紅葉	가을이 오다	秋が訪れる
불꽃 축제	花火大会	공기를 마시다	空気を吸う
볼거리	見どころ	김이 나다	湯気が立つ
말씀드리다	申し上げる	중부	中部
강하다	強い	최저 기온	最低気温
구름이 끼다	雲がかかる	습도	湿度
대체로	大体・おおよそ	계속되다	続ける
최고 기온	最高気温	기념하다	記念する
건조하다	乾燥する	초여름	初夏
모래	砂	잎	葉・葉っぱ
지방	地方		

㉞ 한국의 결혼에 대해 발표하겠습니다.

경제학과	経済学科	대부분	ほとんど
학번	学籍番号	야외	野外・屋外
계획	計画	피로연	披露宴
결혼식	結婚式	만약	もし
옛날	昔	점점	だんだん
이유	理由	마지막으로	最後に
예전	以前	이상(으로)	以上（で）
친척	親戚	늦어지다	遅れる・遅くなる
소개	紹介	늘다	増える
직장	職場	말씀드리다	申し上げる
여러 가지	色々なもの	끝나다	終わる
직장 생활	職場生活	발표하다	発表する
직장 동료	職場仲間	생각하다	考える
결혼 상대	結婚相手		
부부	夫婦	부모	両親
이상	以上	마지막으로	最後に

124

㉟ 한국의 설날을 소개합니다.

설날	お正月	오래	長く
대표적	代表的	올	今年の
명절	節句	중요하다	重要だ
추석	お盆	건강하다	健康だ
청명	清明	간단하다	簡単だ
단오	端午	소개하다	紹介する
음력	陰暦	발표하다	発表する
아이	こども	경험하다	経験する
어른	大人	모이다	集まる
차례	祭祀	갈아입다	着替える
세배	新年の挨拶	받다	もらえる
복	福	즐기다	楽しむ
세뱃돈	お年玉	마치다	終える
떡국	雑煮	한 해	一年
윷놀이	ユンノリ	시간을 보내다	時間を過ごす
제기차기	チェギチャギ	차례를 지내다	祭祀を執り行う
연날리기	凧揚げ	세배를 하다	新年の挨拶をする
전통 놀이	伝統遊び	새해 복 많이 받으세요	新年、明けましておめでとう
기회	機会	ござい습니다	ございます
오랜만에	久しぶりに	제사	祭祀
점	占い		
절	お辞儀	조상	祖先・先祖

㊱ 한국 사람들이 가장 좋아하는 숫자는?

숫자	数字	특히	特に
수	数	대신(에)	代わりに
나라	国	완전하다	完全だ
힌트	ヒント	더하다	足す
정답	正解	합하다	合わす
양	陽	생각하다	考える
음	陰	사용하다	使う・使用する
가위바위보	じゃんけんぽん	만들다	作る
발음	発音	죽다	死ぬ
한자어	漢字語	쓰다	使う・書く・かぶる・苦い
탑승구	搭乗口	뜻하다	意味する
미역국	わかめスープ	꿈을 꾸다	夢を見る
복권	宝くじ	소리	音
한자	漢字		

著者紹介

金昌九（キム・チャング）

韓国生まれ

慶熙大学 外国語としての韓国語教育専攻 修士課程 修了

国立釜慶大学 国語国文学科 博士課程（韓国語学）修了

釜慶大学専任研究員・新羅大学専任講師（韓国）、松山大学特任講師（日本）を経て現在、藤女子大学非常勤講師。

単著で、「テーマで学ぶ韓国語（入門・初級編）」、共著で、「テーマで読む韓国語（中級〜中上級編）」（いずれも駿河台出版社）などがある。

崔昌玉（チェ・チャンオク）

大分県生まれ

千葉大学 文学研究科ユーラシア言語論専攻 修士課程 修了

千葉大学 社会文化科学研究科日本研究専攻 博士課程（文学）修了

神田外語大学などの非常勤講師、松山大学講師を経て現在、愛媛大学などの非常勤講師。

共著で、「楽しく学ぶハングル1」、「楽しく学ぶハングル2」（いずれも白帝社）などがある。

質問やPPT等の授業資料については、以下のメールアドレス（著者）までお問い合わせください。

連絡先：cofla9@gmail.com

テーマで読む韓国語 ［中級編］

2021.4.15　初版第1刷発行

発行所　　株式会社　**駿河台出版社**

発行者　井 田 洋 二

〒101-0062　東京都千代田区神田駿河台 3-7

電話　03-3291-1676

FAX　03-3291-1675

E-mail : edit@e-surugadai.com

URL : http://www.e-surugadai.com

組版・印刷・製本　萩原印刷株式会社

ISBN978-4-411-03135-8　C1087　￥2100E

テーマで読む韓国語
[中級 編]
WORK BOOK

金昌九・崔昌玉

駿河台出版社
SURUGADAI SHUPPANSHA

テーマで読む韓国語

（中級編）

WORKBOOK

金昌九・崔昌玉

駿河台出版社
SURUGADAI SHUPPANSHA

【凡例】
本書で使われている頭文字の意味は以下の通りです。

A：形容詞（Adjective）　　　　　　　　現：現在形

V：動詞（Verb）　　　　　　　　　　　過：過去形

N：名詞（Noun: 代名詞・数詞含め）　　　未：未来形

Ⅰ　文法

Ⅱ　文型＆表現

| I 文法解答 | 102 |

| II 文型&表現解答 | 106 |

I 文法

G1 韓国語の文体

日本語の「です・ます」体と「だ・である」体に当たる文体の使い分けが韓国語にもあります。前者の丁寧な言い方に当たる文体を上称形といい、後者の丁寧でない言い方に当たる文体を下称形といいます。上称形には「합니다体」と「해요体」、下称形には「한다体」と「해体」という、それぞれ2通りの文体があります。

上称形	「です・ます」体に相当 丁寧：敬意体	합니다体	改まった格式のある文体
		해요体	丁寧だが柔らかい文体
下称形	「だ・である」体に相当 非丁寧：非敬意体	한다体	文章で用いる硬い文体
		해体	同等や目下の者に用いる文体

G1-1 「합니다体」と「해요体」

韓国語の文章終結表現には「김하나예요, 있어요? 같이 가요, 가세요」のような、より親しい、打ち解けた表現と、「김하나입니다, 있습니까? 같이 갑시다, 가십시오」のような、比較的形式的で、かた苦しい感じを与える表現があります。ここでは前者のような表現を「해요体」と呼び、後者のような表現を「합니다体」と呼びます。

① 表を完成しなさい。

単語		平叙文	疑問文	命令文	勧誘文
① 가다	합니다体	갑니다.	갑니까?	가십시오.	갑시다.
	해요体	가요.	가요?	가요.	가요.
② 하다	합니다体				
	해요体				
③ 읽다	합니다体				
	해요体				
④ 학생이다	합니다体			—	—
	해요体			—	—

G1-2 「해体」（ため口・友達ことば）

1 （平叙と疑問）

韓国語の「해体」（ため口）はお互いの関係が親密な時に使います。「해요体」から「요」をとると簡単に作ることができます。名詞が先行する場合には、名詞の後ろにパッチムがある時に「-아」、

ない時に「−야」をつけます。疑問形の場合は「−아/−어/−해?」以外に「−니?」や「−냐?」を用いることもできます。

	（時制）「해요体」	ため口（平叙）	ため口（疑問）		
			−아/어?	−니?	−냐?
좋다	（現）좋아요.	좋아.	좋아?	좋니?	좋냐?
하다	（現）해요.	해.	해?	하니?	하냐?
읽다	（過）읽었어요.	읽었어.	읽었어?	읽었니?	읽었냐?
가다	（未）갈 거예요.	갈 거야.	갈 거야?	갈 거니?	갈 거냐?
친구	（現）친구예요.	친구야.	친구야?	친구니?	친구냐?

A：오늘 바빠?　　　　　　　今日忙しい？
B：응, 조금 바빠.　　　　　うん、ちょっと忙しい。
A：어제 뭐 했어?　　　　　昨日何した？
B：친구 만났어.　　　　　　友達（に）会った。
A：주말에 뭐 할 거야?　　　週末に何するつもり？
B：그냥 집에 있을 거야.　　ただ（なんとなく）家にいるつもり。
A：저 사람 누구야?　　　　あの人、誰？
B：저 사람? 우리 형이야.　あの人？　うちの兄。

❶ 表を完成しなさい。

品詞		（時制）	ため口（平叙）	ため口（疑問）		
				−아/어?	−니?	−냐?
形容詞	① 좋다	（現）	좋아.	좋아?	좋니?	좋냐?
		（過）				
	② 예쁘다	（現）				
		（過）				
하다	③ 좋아하다	（現）				
		（過）				
		（未）				
動詞	④ 가다	（現）				
		（過）				
		（未）				
	⑤ 먹다	（現）				
		（過）				
		（未）				

6

이다	⑥ 학생이다	(現)				
		(過)				

② 対話文を完成しなさい。

① A : 오늘 바빠?　　　　　　　　　　　　今日忙しい？

　　B : 응, 조금 (바쁘다)＿＿＿＿＿＿＿.　　うん、ちょっと<u>忙しい</u>。

② A : 너 나 좋아해?　　　　　　　　　　　君、私のこと好き？

　　B : 응, (좋아하다)＿＿＿＿＿＿＿.　　　うん、<u>好き</u>。

③ A : 지금 (어디다)＿＿＿＿＿＿＿?　　　今どこ？

　　B : 집이야.　　　　　　　　　　　　　家。

④ A : 어제 뭐 (하다)＿＿＿＿＿＿＿?　　　昨日何してた？

　　B : 그냥 집에 있었어.　　　　　　　　ただ家にいた。

⑤ A : 많이 아팠어?　　　　　　　　　　　とても痛かった？

　　B : 아니, 별로 안 (아프다)＿＿＿＿＿.　　いや、そんなに<u>痛くなかった</u>。

⑥ A : 내일 어디 갈 거야?　　　　　　　　明日どこか行くつもり？

　　B : 아니, 아무 데도 (안 가다)＿＿＿＿.　いや、どこにも<u>行かないつもり</u>。

⑦ A : 주말에 뭐 하고 싶어?　　　　　　　週末に何したい？

　　B : 집에서 (쉬고 싶다)＿＿＿＿＿＿.　　家で<u>休みたい</u>。

2 （勧誘と命令）

　勧誘形と命令形のため口も、「해요体」の語尾「-아요/어요/해요」から「요」を抜いて作ることができます。勧誘形の場合は語幹に「-자」、命令形の場合は語幹に「-아/어라」をつけて作ります。

	「해요体」	ため口	
	命令／勧誘 （-아/어）	命令 （-아/어, -아/어라）	勧誘 （-아/어, -자）
하다	해요	해 / 해라	해 / 하자
읽다	읽어요	읽어 / 읽어라	읽어 / 읽자
가다	가요	가 / 가라	가 / 가자
가지 말다	가지 마(세)요	가지 마 / 가지 마라	가지 말자

A : 내일 늦지 마.　　　　　　　　明日、遅れないでね。

B : 그래, 안 늦을게. 걱정 마.　　　うん、遅れないよ。心配しないで。

A : 내일 영화 보러 가자.　　　　　明日映画見に行こう。

B : 그래, 가자.　　　　　　　　　うん、行こう。

A : 우리 이제 만나지 말자.　　　　私たち、これから会うのをやめよう。

B : 왜 그래? 무슨 일 있었어?　　　どうしたの。何かあったの。

❶ 表を完成しなさい。

	「해요체」	「해체」			
	命令／勧誘	命令 (−아/어, −아/어라)		勧誘 (−아/어, −자)	
① 하다	해요.	해.	해라.	해.	하자.
② 먹다					
③ 하지 말다				—	

❷ 対話文を完成しなさい。

① A : 잘 있어.　　　　　　　　　　　　さようなら。
　 B : 응, 잘 (가다)＿＿＿＿＿＿＿.　　うん、さようなら。
② A : 많이 (먹다)＿＿＿＿＿＿＿.　　たくさん食べて。
　 B : 네, 잘 먹겠습니다.　　　　　　　はい、いただきます。
③ A : 싱거우면 소금 더 (넣다)＿＿＿＿＿＿＿.　　味がうすかったら、塩もっと入れて。
　 B : 네, 알겠습니다.　　　　　　　　はい、わかりました。
④ A : 저녁에 피자 (먹다)＿＿＿＿＿＿＿.　　夕方にピザ食べよう。
　 B : 그래, 좋아.　　　　　　　　　　うん、そうしよう。
⑤ A : (가지 말다)＿＿＿＿＿＿＿.　　行かないで。
　 B : 네, 안 갈게요.　　　　　　　　はい、行きません。
⑥ A : (하지 말다)＿＿＿＿＿＿＿.　　しないで。
　 B : 왜? 재미있잖아.　　　　　　　　何で？　面白いじゃない。
⑦ A : 우리는 여행 (가지 말다)＿＿＿＿＿＿＿.　　私たちは旅行行かないことにしよう。
　 B : 왜? 같이 가자.　　　　　　　　何で？　一緒に行こう。

G1-3 「한다체」（下称形）

　日本語の「〜だ」、「〜である」のように、新聞や雑誌、論文、小説の地の文などで、事件や事実を述べるとき主に用いられます。話し言葉で、ため口や独り言として用いられることもたまにあります。形容詞の場合は現在では基本形をそのまま使い、過去では「−았/었다」、未来（推測）では「−(으)ㄹ 것이다」を使います。一方、動詞の場合は現在で「−(으)ㄴ/는다」を使い、過去と未来（推測）では形容詞と同じく「−았/었다」と「−(으)ㄹ 것이다」をそれぞれ使います。名詞の場合は現在で「(이)다」、過去は「(이)었다」、未来は「(이)ㄹ 것이다」を使います。

	語幹にパッチムがない場合		語幹にパッチムがある場合	
形容詞	예쁘다	（現）예쁘다	어렵다	（現）어렵다
		（過）예뻤다		（過）어려웠다
		（未）예쁠 것이다		（未）어려울 것이다

動詞	가다	（現）간다	먹다	（現）먹는다
		（過）갔다		（過）먹었다
		（未）갈 것이다		（未）먹을 것이다
名詞	학교	（現）학교(이)다	학생	（現）학생이다
		（過）학교이었다		（過）학생이었다
		（未）학교일 것이다		（未）학생일 것이다

여기는 내가 졸업한 학교다.	ここは私が卒業した学校だ。
2년 전, 나는 학생이었다.	２年前、私は学生だった。
하나 씨는 참 예쁘다.	ハナさんはとても綺麗だ。
어제는 너무 더웠다.	昨日はとても暑かった。
수업은 9시부터 시작한다.	授業は９時から始まる。
여름에는 냉면을 많이 먹는다.	夏には冷麺をよく食べる。
내일은 비가 많이 올 것이다.	明日は雨がたくさん降るだろう。

❶ 表を完成しなさい。

形容詞	① 좋다	（現）		② 춥다	（現）	
		（過）			（過）	
		（未）			（未）	
動詞	③ 만나다	（現）		④ 먹다	（現）	
		（過）			（過）	
		（未）			（未）	
이다	⑤ 학생이다	（現）		⑥ 친구이다	（現）	
		（過）			（過）	
		（未）			（未）	

❷ 文を書き換えなさい。

① 아침 7시에 일어납니다.   朝7 時に起きます。

  → ＿＿＿＿＿＿＿＿＿＿＿＿＿＿＿＿＿．   朝7 時に<u>起きる</u>。

② 아침 7시에 일어났습니다.   朝7 時に起きました。

  → ＿＿＿＿＿＿＿＿＿＿＿＿＿＿＿＿＿．   朝7 時に<u>起きた</u>。

③ 내일은 7시에 일어날 거예요.   明日は7 時に起きるつもりです。

  → ＿＿＿＿＿＿＿＿＿＿＿＿＿＿＿＿＿．   明日は7 時に<u>起きる</u>つもりだ。

④ 아버지께서는 선생님이셨어요.   父は先生でいらっしゃいました。

  → ＿＿＿＿＿＿＿＿＿＿＿＿＿＿＿＿＿．   父は<u>先生でいらっしゃった</u>。

⑤ 요즘 많이 바쁩니다.　　　　　　　　　　最近とても忙しいです。
　→ ＿＿＿＿＿＿＿＿＿＿＿＿＿＿＿＿＿＿．　最近とても忙しい。

⑥ 음식이 아주 매웠습니다.　　　　　　　　料理がとても辛かったです。
　→ ＿＿＿＿＿＿＿＿＿＿＿＿＿＿＿＿＿＿．　料理がとても辛かった。

⑦ 보통 혼자서 밥을 먹어요.　　　　　　　　普通１人でご飯を食べます。
　→ ＿＿＿＿＿＿＿＿＿＿＿＿＿＿＿＿＿＿．　普通１人でご飯を食べる。

⑧ 주말에는 집에서 TV를 볼 거예요.　　　　週末には家でテレビを見るつもりです。
　→ ＿＿＿＿＿＿＿＿＿＿＿＿＿＿＿＿＿＿．　週末には家でテレビを見るつもりだ。

◆G2　連体形

　[修飾語＋被修飾語] の構造です。日本語の「可愛いカバン」（「可愛い」＝修飾語、「カバン」＝被修飾語）のように、韓国語でも [修飾語＋被修飾語] の語順になります。しかし、日本語とは違い韓国語では「時制」と「修飾語の品詞」によって異なる語尾を使います。

◆G2-1　【現在】

	語幹にパッチムがない場合	語幹にパッチムがある場合
形容詞	예쁘 + ㄴ 가방 = 예쁜 가방	작 + 은 가방 = 작은 가방
動詞	가 + 는 사람 = 가는 사람	먹 + 는 사과 = 먹는 사과
있다/없다	―	맛있 + 는 음식 = 맛있는 음식
名詞	친구이 + ㄴ 사나 씨 = 친구인 사나 씨	한국 사람이 + ㄴ 미나 = 한국 사람인 미나

A : 저기 있는 사람 누구야?　　　　　　　あそこにいる人、誰？
B : 누구? 커피 마시는 사람? 내 친구.　　誰？ コーヒー飲んでいる人？ 私の友達。
A : 오늘은 맛있는 음식이 먹고 싶어요.　今日は美味しい料理が食べたいです。
B : 그럼, 오늘은 비싼 요리 먹으러 갈래요?　それなら、今日は高い料理食べに行きますか。

❶ 表を完成しなさい。

品詞	修飾語	被修飾語	-(으)ㄴ/-는	意味
形容詞	① 예쁘다	옷		可愛い服
	② 작다	가방		小さいカバン
	③ 맵다	음식		辛い食べ物
動詞	④ 하다	일		すること
	⑤ 요리를 잘하다	남자		料理がうまい男
	⑥ 살다	곳		住む場所
	⑦ 알다	사람		知り合い

있다/없다	⑧ 맛있다	것		美味しいもの
	⑨ 인기 있다	노래		人気ある歌

❷ 対話文を完成しなさい。

2-1 動詞

① A : 자주 (보다)＿＿＿＿＿ 한국 드라마 있어요?　　　よく見る韓国のドラマありますか。

　 B : '사랑'이라는 드라마를 자주 봐요.　　　「愛」というドラマをよく見ます。

② A : 몇 시 기차 타세요?　　　何時の汽車乗られますか。

　 B : 서울역에서 9시에 (출발하다)＿＿＿＿＿ 기차요.　　　ソウル駅で9時に出発する汽車です。

③ A : 한국에 (알다)＿＿＿＿＿ 사람 있어요?　　　韓国に知り合いいますか。

　 B : 아뇨, 한 명도 없어요.　　　いいえ、1人もいません。

④ A : 혼자 (살다)＿＿＿＿＿ 사람 손 들어 보세요.　　　1人暮らしの人、手を挙げてみてください。

　 B : 저요!　　　私です。

⑤ A : 요즘 (유행하다)＿＿＿＿＿ 노래예요?　　　最近はやっている歌ですか。

　 B : 네, 학생들이 (좋아하다)＿＿＿＿＿ 노래예요.　　　はい、学生たちが好きな歌です。

2-2 形容詞

① A : 하나 씬 어떤 사람이 좋아요?　　　ハナさんはどんな人が好きですか。

　 B : (친절하다)＿＿＿＿＿ 사람이요.　　　親切な人が好きです。

② A : 어떤 사람이 마음에 들어요?　　　どんな人が好きですか。

　 B : 마음이 (넓다)＿＿＿＿＿ 사람을 좋아해요.　　　心が広い人が好きです。

③ A : 어떤 음악 좋아해요?　　　どんな音楽好きですか。

　 B : (조용하다)＿＿＿＿＿ 음악 좋아해요.　　　静かな音楽が好きです。

④ A : 무슨 색 좋아하세요?　　　どんな色お好きですか。

　 B : (밝다)＿＿＿＿＿ 색을 좋아해요.　　　明るい色が好きです。

⑤ A : (맵다)＿＿＿＿＿ 음식도 잘 먹어요?　　　辛い料理もよく食べますか。

　 B : 아뇨, (맵다)＿＿＿＿＿ 음식은 잘 못 먹어요.　　　いいえ、辛い料理はあまり食べられません。

2-3 있다/없다

① A : 남동생 (있다)＿＿＿＿＿ 사람?　　　弟いる人？

　 B : 저요!　　　私です。

② A : 요즘 (재미있다)＿＿＿＿＿ 영화 있어요?　　　最近面白い映画ありますか。

　 B : '사랑과 함께'가 재미있어요.　　　「愛とともに」が面白いです。

③ A : 저기 (있다)＿＿＿＿＿ 사람 누구예요?　　　あそこにいる人、誰ですか。

　 B : 제 친구예요.　　　私の友達です。

④ A : 오늘은 (맛있다)＿＿＿＿＿ 것 먹고 싶어요.　　　今日は美味しいもの食べたいです。

　 B : 저랑 냉면 먹으러 갈래요?　　　私と冷麺食べに行きますか。

 【過去】

過去の動作を表す連体形は、動詞の語幹に「-ㄴ/은」をつけて作ります（形容詞・存在詞・名詞の連体形はここでは扱いません）。

	語幹にパッチムがない場合	語幹にパッチムがある場合
動詞	가 + ㄴ 사람 = 간 사람	먹 + 은 사과 = 먹은 사과

어제 본 영화, 꽤 재미있었어요.　　　昨日見た映画、かなり面白かったです。

A : 어제 먹은 요리 어땠어요?　　　昨日食べた料理、どうでしたか。
B : 그냥 그랬어요.　　　まあまあでした。

❶ 表を完成しなさい。

品詞	修飾語	被修飾語	-(으)ㄴ	意味
動詞	① 어제 샀다	옷		昨日買った服
	② 주말에 봤다	영화		週末に見た映画
	③ 어제 만났다	사람		昨日会った人
	④ 저녁에 먹었다	음식		夕方に食べた食べ物
	⑤ 제가 만들었다	노래		私が作った歌

❷ 対話文を完成しなさい。

① A : 어디 가세요?　　　どこか行きますか。
　 B : 어제 (사다)＿＿＿＿＿ 컴퓨터가 고장이 나서요.　　　昨日買ったパソコンが壊れちゃったので。
② A : 지난번에 (만나다)＿＿＿＿＿ 사람 어땠어요?　　　昨日会った人どうでしたか。
　 B : 그냥 그랬어요.　　　まあまあでした。
③ A : 무슨 사진이에요?　　　何の写真ですか。
　 B : 친구랑 (찍다)＿＿＿＿＿ 사진이에요.　　　友達と撮った写真です。
④ A : 하나 씨가 (만들다)＿＿＿＿＿ 요리 맛있었어요?　　　ハナさんが作った料理美味しかったですか。
　 B : 네, 엄청 맛있었어요.　　　はい、とても美味しかったです。
⑤ A : 조금 전에 (이야기하다)＿＿＿＿＿ 사람 누구예요?　　　少し前、話していた人、誰ですか。
　 B : 고향 친구예요.　　　地元の友達です。

 【未来】

未来の場合は、動詞や存在詞の語幹に「-ㄹ/을」をつけて作ります。

品詞	語幹にパッチムがない場合	語幹にパッチムがある場合
動詞	하 + ㄹ 일 = 할 일	먹 + 을 음식 = 먹을 음식
있다/없다	—	있 + 을 시험 = 있을 시험

바빠서 친구를 만날 시간도 없어요.　　忙しくて友達に会う時間もありません。
내일 있을 회의를 준비하고 있어요.　　明日ある会議のために準備しています。

❶ 表を完成しなさい。

品詞	修飾語	被修飾語	ㅡ(으)ㄹ	意味
動詞	① 하다	일		すること
	② 앉다	자리		座る席
	③ 먹다	것		食べるもの
	④ 하다	예정		する予定
있다/없다	⑤ 있다	경기		（これから）ある試合

❷ 対話文を完成しなさい。

① A：많이 바빠요?　　　　　　　　　　　忙しいですか。
　 B：바빠서 (데이트하다)＿＿＿＿＿ 시간도 없어요.　　忙しくてデートする時間もありません。
② A：냉장고에 (먹다)＿＿＿＿＿ 거 좀 있어요?　　冷蔵庫に食べるものありますか。
　 B：먹을 게 아무것도 없어요.　　　　食べるものが何もありません。
③ A：아직 (하다)＿＿＿＿＿ 일 많이 남았어요?　　まだすること多いですか。
　 B：아뇨, 거의 다 했어요?　　　　　いいえ、ほとんど終わりました。
④ A：방학에 뭐 할 거예요?　　　　　　休みに何するつもりですか。
　 B：(여행하다)＿＿＿＿＿ 계획이에요.　　旅行する計画です。
⑤ A：언제쯤 (결혼하다)＿＿＿＿＿ 생각이에요?　　いつ頃結婚するつもりですか。
　 B：내년쯤에는 (하다)＿＿＿＿＿ 생각이에요.　　来年頃にはするつもりです。

◆G3◆ 伝言（間接話法）

他人から聞いたり、テレビなどの媒体を通じて知った内容を伝える時に用いる表現です。

◆G3-1◆ 平叙文：A-다고 하다, V-(으)ㄴ/는다고 하다, N(이)라고 하다

　平叙文を間接引用文にする時は動詞の場合、語幹に「-ㄴ다/는다고 V」を、形容詞は語幹に「-다고 V」、名詞は「-(이)라고 V」をそれぞれ付けて作ります。過去形と未来形の場合は品詞に関係なく「-었/았다고 V」、「-(으)ㄹ 거라고 V」をそれぞれ付けて作ります。

	語幹にパッチムがない場合		語幹にパッチムがある場合	
形容詞	예쁘다	（現）예쁘다고 해요 （過）예뻤다고 해요 （未）예쁠 거라고 해요	어렵다	（現）어렵다고 해요 （過）어려웠다고 해요 （未）어려울 거라고 해요
動詞	가다	（現）간다고 해요 （過）갔다고 해요 （未）갈 거라고 해요	먹다	（現）먹는다고 해요 （過）먹었다고 해요 （未）먹을 거라고 해요
名詞	학교	（現）학교라고 해요 （過）학교이었다고 해요 （未）학교일 거라고 해요	학생	（現）학생이라고 해요 （過）학생이었다고 해요 （未）학생일 거라고 해요

학생들이 시험이 어려웠다고 해요.　　　学生らが試験が難しかったと言っています。
사나 씨는 지금 밥 먹는다고 해요.　　　サナさんは今、ご飯、食べているそうです。
저 사람은 한국어 선생님이라고 해요.　　　あの人は韓国語の先生だそうです。

❶ 表を完成しなさい。

品詞	表現	過去	現在	未来・推測
形容詞	① 예쁘다	예뻤다고 해요	예쁘다고 해요	예쁠 거라고 해요
	② 맛있다			
	③ 어렵다			
動詞	④ 하다	했다고 해요	한다고 해요	할 거라고 해요
	⑤ 살다			
	⑥ 기다리다			
이다	⑦ 학생이다	학생이었다고 해요	학생이라고 해요	학생일 거라고 해요
	⑧ 친구이다			

❷ 間接引用文に書き換えなさい。 **C → B：A가 뭐라고 해요/했어요?**

① A → B："내일이 더 추워요."　　　「明日がもっと寒いです。」
　 B → C：A가 ＿＿＿＿＿＿＿고 했어요.　　Aが明日がもっと寒いと言いました。

② A → B："요즘 바빠요."　　　「最近忙しいです。」
　 B → C：A가 ＿＿＿＿＿＿＿고 했어요.　　Aが最近忙しいと言いました。

③ A → B："시험이 어려웠어요."　　　「試験が難しかったです。」
　 B → C：A가 ＿＿＿＿＿＿＿고 해요.　　Aが試験が難しかったと言います。

④ A → B："남편은 회사원이에요."　　　「夫は会社員です。」
　 B → C：A가 ＿＿＿＿＿＿＿고 말했어요.　　Aが夫が会社員だと言いました。

⑤ A → B : "남자 친구 없어요."　　　　「ボーイフレンドいません。」

　　 B → C : A가 _____고 합니다.　　A가ボーイフレンドがいないと言います。

③ 間接引用文に書き換えなさい。　　**C → B : A가 뭐라고 해요/했어요?**

① A → B : "지금 자요."　　　　　　　「今、寝ます。」

　　 B → C : A가 _____고 했어요.　　A가今、寝ると言いました。

② A → B : "가족은 동경에 살아요."　　「家族は東京に住んでいます。」

　　 B → C : A가 _____고 했어요.　　A가家族は東京に住んでいると言いました。

③ A → B : "밥 먹었어요."　　　　　　「ご飯、食べました」

　　 B → C : A가 _____고 합니다.　　A가ご飯、食べたと言います。

④ A → B : "학교 앞에서 기다릴 거예요."　　「学校の前で待つつもりです。」

　　 B → C : A가 _____고 했어요.　　A가学校の前で待つつもりだと言いました。

⑤ A → B : "하나 씨 만날 거예요."　　「ハナさんに会うつもりです。」

　　 B → C : A가 _____고 했어요.　　A가ハナさんに会うつもりだと言いました。

G3-2 疑問文：A-냐고 하다, V-냐고 하다など

疑問文を間接引用文にする時は語尾に「-냐/-느냐고 V」を付けて作ります。

	形容詞		動詞
어렵다	(現) 어렵냐고 해요	먹다	(現) 먹(느)냐고 해요
	(過) 어려웠냐고 해요		(過) 먹었냐고 해요
	(未) 어려울 거냐고 해요		(未) 먹을 거냐고 해요

요즘 많이 바쁘냐고 해요.　　　最近とても忙しいのかと聞いています。

저 사람이 미나 씨냐고 해요.　　あの人がミナさんなのかと聞いています。

① 表を完成しなさい。

品詞	表現	過去	現在	未来・推定
形容詞	① 바쁘다	바빴냐고	바쁘냐고	바쁠 거냐고
	② 아프다			
	③ 어렵다			
動詞	④ 하다	했냐고	하냐고	할 거냐고
	⑤ 읽다			
	⑥ 놀다			
이다	⑦ 학생이다	학생이었냐고	학생이냐고	학생일 거냐고
	⑧ 친구이다			

② 間接引用文に書き換えなさい。　　**C → B：A가 뭐라고 해요/했어요?**

① A → B："이름이 뭐예요?"　　　　　「名前は何ですか。」
　　B → C：A가 ＿＿＿＿＿＿＿＿ 고 해요.　　Aが名前は何かと聞いています。

② A → B："어디에 살아요?"　　　　「どこに住んでますか。」
　　B → C：A가 ＿＿＿＿＿＿＿＿ 고 해요.　　Aがどこに住んでいるかと聞いています。

③ A → B："밥 먹었어요?"　　　　　「ご飯、食べましたか。」
　　B → C：A가 ＿＿＿＿＿＿＿＿ 고 해요.　　Aがご飯、食べたかと聞いています。

④ A → B："등산 갈 거예요?"　　　　「登山するつもりですか。」
　　B → C：A가 ＿＿＿＿＿＿＿＿ 고 해요.　　Aが登山するつもりかと聞いています。

⑤ A → B："많이 추워요?"　　　　　「とても寒いですか。」
　　B → C：A가 ＿＿＿＿＿＿＿＿ 고 해요.　　Aがとても寒いかと聞いています。

⑥ A → B："어제 많이 바빴어요?"　　「昨日とても忙しかったですか。」
　　B → C：A가 ＿＿＿＿＿＿＿＿ 고 해요.　　Aが昨日とても忙しかったかと聞いています。

G3-3 命令文：（肯定）V-(으)라고 하다，（否定）V-지 말라고 하다

　　命令文を間接引用文にする時は語尾に「-(으)라고 V」を付けます。命令の否定を表す「-지 말다」の場合は「-지 말라고 V」を付けて作ります。一方、依頼を表す間接引用文は「-아/어 달라고 V」を付けて作ります。

語幹にパッチムがない場合		語幹にパッチムがある場合	
가다	（肯）가라고 해요	먹다	（肯）먹으라고 해요
	（否）가지 말라고 해요		（否）먹지 말라고 해요
-아/어 주세요		-아/어 달라고 하다	

엄마가 빨리 청소하라고 해요.　　母が早く掃除しなさいと言っています。
의사가 많이 먹지 말라고 했어요.　お医者さんがたくさん食べるなと言いました。
잠시만 기다려 달라고 해요.　　少し待ってくれと言っています。

① 表を完成しなさい。

	-라고	-지 말라고		-라고	-지 말라고
① 가다			③ 하다		
② 먹다			④ 살다		

② 間接引用文に書き換えなさい。　　**C → B：A가 뭐라고 해요/했어요?**

① A → B："내일 일찍 오세요."　　　「明日、早く来てください。」
　　B → C：A가 ＿＿＿＿＿＿＿＿ 고 해요.　　Aが明日、早く来いと言います。

② A → B : "여기 앉으세요."　　　　　　　「ここに座ってください。」

　　B → C : A가 ＿＿＿＿＿＿＿＿고 해요.　　Aがここに座れと言います。

③ A → B : "좀 도와 주세요."　　　　　　　「ちょっと手伝ってください。」

　　B → C : A가 ＿＿＿＿＿＿＿＿고 해요.　　Aがちょっと手伝ってくれと言います。

④ A → B : "잠시 기다려 주세요."　　　　　「ちょっと待ってください。」

　　B → C : A가 ＿＿＿＿＿＿＿＿고 해요.　　Aがちょっと待ってくれと言います。

⑤ A → B : "하지 마세요."　　　　　　　　「しないでください。」

　　B → C : A가 ＿＿＿＿＿＿＿＿고 해요.　　Aがするなと言います。

⑥ A → B : "가지 마세요."　　　　　　　　「行かないでください。」

　　B → C : A가 ＿＿＿＿＿＿＿＿고 했어요.　Aが行くなと言いました。

◆**G3-4** 勧誘文：（肯定）V−자고 하다，（否定）V−지 말자고 하다

　勧誘を表す間接引用文は語尾に「−자고 V」を付けて作ります。勧誘の否定を表す「−지 말다」の場合は「−지 말자고 V」を付けて作ります。

語幹にパッチムがない場合		語幹にパッチムがある場合	
가다	（肯）가자고 해요	먹다	（肯）먹자고 해요
	（否）가지 말자고 해요		（否）먹지 말자고 해요

미나 씨가 방학 때 여행 가자고 해요.　　ミナさんが休みの時、旅行に行こうと言っています。

백화점은 가지 말자고 해요.　　　　　　デパートは行かないようにしようと言っています。

① 表を完成しなさい。

	−자고	−지 말자고		−자고	−지 말자고
① 가다			③ 하다		
② 놀다			④ 읽다		

② 間接引用文に書き換えなさい。　　**C → B : A가 뭐라고 해요/했어요?**

① A → B : "학교 갑시다."　　　　　　　「学校に行きましょう。」

　　B → C : A가 ＿＿＿＿＿＿＿＿고 해요.　　Aが学校に行こうと言います。

② A → B : "커피 한잔해요."　　　　　　　「コーヒー、一杯飲みましょう。」

　　B → C : A가 ＿＿＿＿＿＿＿＿고 해요.　　Aがコーヒー、一杯飲もうと言います。

③ A → B : "학교 앞에서 만납시다."　　　　「学校の前で会いましょう。」

　　B → C : A가 ＿＿＿＿＿＿＿＿고 해요.　　Aが学校の前で会おうと言います。

④ A → B : "가지 맙시다."　　　　　　　　「行くのやめましょう。」

　　B → C : A가 ＿＿＿＿＿＿＿＿고 해요.　　Aが行くのやめようと言います。

⑤ A → B : "하지 맙시다."　　　　　　　　「するのやめましょう。」

　　B → C : A가 ＿＿＿＿＿＿＿＿고 합니다.　Aがするのやめようと言います。

Ⅱ　文型&表現

001 • N같이/처럼【～のように】

形態情報	[パッチム✕] 친구 → 친구같이 / 친구처럼　　　[パッチム〇] 가족 → 가족같이 / 가족처럼
例文	・제 친구는 인형같이 예쁘게 생겼어요. │ 私の友達は人形のように綺麗です。
	・미나 씨와는 가족처럼 지내요. │ ミナさんとは家族のように過ごしています。

❶ 1 つの文にしなさい。

① 하나 씨 / 배우 / 예뻐요.　　　　　　　　　　ハナさん／俳優／綺麗です。
　→ _____ .　　　ハナさんは俳優のように綺麗です。

② 지민 씨와 저 / 가족 / 지내요.　　　　　　　　チミンさんと私／家族／過ごしています。
　→ _____ .　　　チミンさんと私は家族のように過ごしています。

③ 하나 씨는 눈 / 깨끗해요.　　　　　　　　　　ハナさんは雪／きれいです。
　→ _____ .　　　ハナさんは雪のようにきれいです。

④ 한국 사람 / 한국어를 잘해요.　　　　　　　　韓国人／韓国語が上手です。
　→ _____ .　　　韓国人のように韓国語が上手です。

⑤ 저도 선생님 / 좋은 선생님이 되고 싶어요.　　私も先生／いい先生になりたいです。
　→ _____ .　　　私も先生のようにいい先生になりたいです。

❷ 対話文を完成しなさい。

① A : 하나 씨 노래 잘 불러요?　　　　　　　　　　ハナさん歌上手ですか。
　 B : 네, (가수)_____ 노래를 잘 불러요.　　はい、歌手のように歌が上手です。

② A : 동생이 착해요?　　　　　　　　　　　　　　妹は賢いですか。
　 B : 네, (천사)_____ 착해요.　　　　　　はい、天使のように賢いです。

③ A : 소이 씨는 한국어 잘해요?　　　　　　　　　ソイさんは韓国語上手ですか。
　 B : 네, (네이티브)_____ 잘해요.　　　　はい、韓国人のように上手です。

④ A : 어머니랑 사이가 좋네요.　　　　　　　　　　お母さんと仲がいいですね。
　 B : 네, 엄마랑은 (친구)_____ 지내요.　　はい、ママとは友達のように過ごしています。

002 • V −거나 V【～したり】

形態情報	[パッチム✕] 자다 → 자거나, 하다 → 하거나　　　[パッチム〇] 먹다 → 먹거나, 읽다 → 읽거나
例文	・주말에는 청소를 하거나 낮잠을 자요. │ 週末には掃除をしたり昼寝をします。
	・시간이 있을 때는 음악을 듣거나 인터넷을 해요. │ 時間がある時は音楽を聞いたりインターネットをします。

❶ 1 つの文にしなさい。

① 쉬는 시간에는 커피를 마시다 / 담배를 피워요.　　休み時間にはコーヒーを飲む／タバコを吸います。
　→ _____ .　　　休みの時間にはコーヒーを飲んだりタバコを吸います。

② 우울할 때는 음악을 듣다 / 샤워를 해요.　　　憂鬱な時は音楽を聞く／シャワーをします。

　　→ _____.　　　　　　憂鬱な時は音楽を聞いたりシャワーをします。

③ 주말에는 빨래를 하다 / 청소를 해요.　　　週末には洗濯をする／掃除をします。

　　→ _____.　　　　　　週末には洗濯をしたり掃除をします。

④ 식사 후에는 과일을 먹다 / 커피를 마셔요.　食後には果物を食べる／コーヒーを飲みます。

　　→ _____.　　　　　　食後は果物を食べたりコーヒーを飲みます。

⑤ 사전을 찾다/ 친구에게 물어봐요.　　　　　辞書を調べる／友達に聞いてみます。

　　→ _____.　　　　　　辞書を調べたり友達に聞いてみます。

❷ 対話文を完成しなさい。

① A : 주말에는 보통 뭐 해요?　　　　　　　週末に普通何しますか。

　　B : (낮잠을 자다 / 청소하다) _____.　昼寝をしたり掃除をします。

② A : 언제 부모님 생각이 많이 나요?　　　　いつ両親のことがよく思い出されますか。

　　B : (아프다 / 힘들 때) _____.　　体の具合が悪かったりつらい時よく思い出されます。

③ A : 졸릴 때는 어떻게 해요?　　　　　　　眠い時はどうしますか。

　　B : (커피 마시다 / 세수하다) _____.　コーヒー飲んだり顔洗います。

④ A : 데이트할 때는 보통 뭐 해요?　　　　　デートの時は普通何しますか。

　　B : (영화 보다 / 산책을 하다) _____.　映画見たり散歩をします。

⑤ A : 스트레스는 어떻게 풀어요?　　　　　　ストレスはどうやって解消しますか。

　　B : (음악을 듣다 / 잠을 자다) _____.　音楽を聴いたり寝ます。

---

003 • A·V-거든요, N(이)거든요 【～んです。～んですよ】

形態情報　[パッチム×] 싸다 → 싸거든요, 오다 → 오거든요
　　　　　　　[パッチム○] 춥다 → 춥거든요, 먹다 → 먹거든요

例　文　A : 왜 커피 안 마셔요? | なぜコーヒーを飲みませんか。
　　　　　　B : 커피 마시면 잠을 못 자거든요. | コーヒーを飲むと眠れないんですよ。
　　　　　　A : 왜 더 안 먹어요? | なぜもっと食べないんですか。
　　　　　　B : 요즘 다이어트 중이거든요. | 最近ダイエット中なんですよ。

❶ 表を完成しなさい。

すること・したこと	理由	-거든요（理由）	意味
① 空港に行く	① 친구가 오다		友達が来るんですよ。
② 家で休むつもりだ	② 피곤하다		疲れているんですよ。
③ 病院に行く	③ 감기에 걸렸다		風邪をひいたんですよ。
④ 学校に遅れた	④ 늦잠을 잤다		寝坊をしたんですよ。
⑤ プレゼントを買った	⑤ 친구 생일이다		友達の誕生日なんですよ。

❷ 対話文を完成しなさい。

① A : 오늘 학교에 안 가요?　　　　　　　　　　　　今日学校に行かないんですか。
　　B : 네, 오늘은 수업이 (없다)＿＿＿＿＿＿＿＿＿.　　はい、今日は授業がないんですよ。

② A : 요즘 영화 안 봐요?　　　　　　　　　　　　　最近映画観ていませんか。
　　B : 네, 바빠서 시간이 (없다)＿＿＿＿＿＿＿＿.　　はい、忙しくて時間がないんですよ。

③ A : 저 먼저 갈게요. 약속이 (있다)＿＿＿＿＿＿＿.　お先に。約束があるんですよ。
　　B : 그래요? 그럼 내일 봐요.　　　　　　　　　　そうですか。では明日会いましょう。

④ A : 많이 바빠요?　　　　　　　　　　　　　　　忙しいですか。
　　B : 네, 내일 시험이 (있다)＿＿＿＿＿＿＿＿.　　はい、明日試験があるんですよ。

⑤ A : 많이 날씬해졌어요.　　　　　　　　　　　　とてもスリムになりましたね。
　　B : 요즘 (다이어트하다)＿＿＿＿＿＿＿＿＿＿.　最近ダイエットしているんですよ。

---

004 ● A-게【～に／く】

形態情報	[パッチム✕] 싸다 → 싸게, 바쁘다 → 바쁘게　　[パッチム○] 밝다 → 밝게, 맵다 → 맵게
例 文	・크게 말하세요. ｜ 大きい声で言ってください。
	・예쁘게 웃어요. ｜ 可愛く笑います。

❶ 正しい形にしなさい。

① (맛있다)＿＿＿＿＿＿＿＿＿ 드세요.　　　　美味しく召し上がってください。
② 친구랑 (재미있다)＿＿＿＿＿＿＿ 놀았어요.　友達と楽しく遊びました。
③ 머리를 (짧다)＿＿＿＿＿＿＿ 잘랐어요.　　　髪の毛を短く切りました。
④ 오늘 아침 (늦다)＿＿＿＿＿＿＿ 일어났어요.　今朝遅く起きました。
⑤ (어떻다)＿＿＿＿＿＿＿ 지내세요?　　　　　お元気ですか。

---

005 ● V-게 되다【～することになる】

形態情報	[パッチム✕] 하다 → 하게 되다　　[パッチム○] 알다 → 알게 되다
例 文	・열심히 공부해서 한국말을 잘하게 됐어요. ｜ 一生懸命に勉強して韓国語が上手になりました。
	・1년 동안 한국에서 살게 되었어요. ｜ １年間、韓国で暮らすことになりました。

❶ 表を完成しなさい。

→		それで・その結果、-게 되다
① 한국어를 잘 못했다. 韓国語が下手だった。	한국어를 열심히 공부했다. 韓国語を一生懸命勉強した。	한국어를 (잘하다)＿＿＿＿＿＿＿＿. 韓国語が上手になりました。
② 남자친구가 있다. 彼氏がいる。	2년을 사귀었다. ２年間付き合った。	(결혼하다)＿＿＿＿＿＿＿＿＿. 結婚することになりました。
③ 취직했다. 就職した。	하지만 회사가 너무 멀다. でも会社がとても遠い。	그래서 (이사하다)＿＿＿＿＿＿＿. それで引っ越しすることになりました。

④ 매일 늦게 일어났다. 每日遅く起きていた。	그래서 열심히 노력했다. それで一生懸命努力した。	(일찍 일어나다) _____. 早く起きるようになりました。

② 対話文を完成しなさい。

① A : 왜 갑자기 고향에 돌아가요?　　　　　なんで突然、実家に帰るんですか。

　　B : 급한 일이 생겨서 (돌아가다) _____.　急用があって、帰ることになりました。

② A : 왜 아르바이트를 그만둬요?　　　　　なぜアルバイトを辞めますか。

　　B : 일이 힘들어서 (그만두다) _____.　仕事が大変で辞めることになりました。

③ A : 어떻게 그렇게 한국어를 잘하게 됐어요?　どうしてそんなに韓国語が上手になりましたか。

　　B : 열심히 공부해서 (잘하다) _____.　一生懸命勉強して、上手になりました。

④ A : 어떻게 한국어를 배우게 됐어요?　　　どうして韓国語を学ぶことになりましたか。

　　B : 한국 노래를 좋아해서 (배우다) _____.　韓国の歌が好きで、学ぶことになりました。

---

006 ● V-겠¹-【～する（意志）】

形態情報 [パッチム✕] 하다 → 하겠다　　[パッチム○] 먹다 → 먹겠다

例　文 ・올해는 꼭 결혼하겠습니다. ｜ 今年は必ず結婚します。
　　　　・다시는 안 그러겠습니다. ｜ 二度とそうしません。

① 表を完成しなさい。

状況	決心の内容	-겠-	意味
① ヘビースモーカーだ	① 담배를 끊다		タバコを止めます。
② 太りすぎた	② 올해는 꼭 살을 빼다		今年は必ずやせます。
③ 遅く家に帰る	③ 내일부터 일찍 오다		明日から早く来ます。
④ 彼氏がいない	④ 꼭 남자 친구를 사귀다		必ず彼氏を作ります。

② 対話文を完成しなさい。

① A : 이제부터는 지각하지 마세요.　　　　これからは遅刻しないでください。

　　B : 네, 선생님. 내일부터 (일찍 오다) _____.　はい、先生。明日から早く来ます。

② A : 이거 누가 할래요?　　　　　　　　これ誰がしますか。

　　B : (제가 하다) _____.　　　　　私がします。

③ A : 많이 먹어요.　　　　　　　　　　たくさん食べてください。

　　B : 네, (잘 먹다) _____.　　　　はい、いただきます。

④ A : 조심해서 다녀오세요.　　　　　　気を付けて行ってらっしゃい。

　　B : 네, (다녀오다) _____.　　　　はい、行ってきます。

⑤ A : 저 대신 누가 갈래요?　　　　　　私の代わりに誰が行きますか。

　　B : 선생님, (제가 가다) _____.　　先生、私が行きます。

007 • A・V－겠²－【～だろう／でしょう（推量）】

形態情報	[パッチムX] 아프다 → 아프겠다, 하다 → 하겠다 　　[パッチム〇] 좋다 → 좋겠다, 먹다 → 먹겠다
例　文	A : 날씨가 흐리네요. ┃ 天気が曇っていますね。
	B : 네, 곧 비가 오겠어요. ┃ はい、今にも雨が降りそうです。
	A : 친구한테서 선물을 받았어요. ┃ 友達からプレゼントをもらいました。
	B : 기분이 좋았겠어요. ┃ 気分がよかったでしょうね。

❶ 表を完成しなさい。

行動・状況	推測の内容	－겠－	意味
① 眠れない	피곤하시다		疲れているのでしょう。
② 一人暮らしする	외롭다		寂しいでしょう。
③ 朝食を食べなかった	배가 고프시다		お腹がすいているでしょう。
④ 映画が面白い	사람이 많다		人が多いでしょう。
⑤ 料理を作った	맛있다		美味しそうです。

❷ 対話文を完成しなさい。

① A : 이거 제가 만들었어요. 　　　　　これ私が作りました。
　 B : 우와, 정말 (맛있다)＿＿＿＿＿＿＿. 　わぁ、とても美味しそうです。

② A : 엄마가 병원에 입원하셨어요. 　　母が病院に入院されました。
　 B : 그래요? (걱정되시다)＿＿＿＿＿＿. 　そうですか。ご心配でしょう。

③ A : 어제 친구를 두 시간이나 기다렸어요. 　昨日友達を 2 時間も待ちました。
　 B : (화가 많이 났다)＿＿＿＿＿＿＿. 　とても腹が立ったでしょう。

④ A : 한국에 갔다왔어요. 　　　　　　韓国に行ってきました。
　 B : 와! (좋았다)＿＿＿＿＿＿＿＿. 　わぁ！　よかったですね。

⑤ A : 남편한테서 선물 받았어요. 　　夫からプレゼントもらいました。
　 B : (행복하셨다)＿＿＿＿＿＿＿. 　お幸せですね。

008 • V－고 나다 [－고 나서, －고 나면, －고 나니까]

【～し終える（～してから、～すると、～したら）】

形態情報	[パッチムX] 하다 → 하고 나다　　　[パッチム〇] 먹다 → 먹고 나다
例　文	・영화 보고 나서 커피 마시러 가요. ┃ 映画観てからコーヒー飲みに行きましょう。
	・그 사람을 만나고 나면 생각이 달라질 거예요. ┃ その人に会うと考えが変わるでしょう。
	・운동을 하고 나니까 목이 많이 마르다. ┃ 運動をしたら喉が渇く。

008-1　[－고 나서] 接続形を使って、1 つの文にしなさい。

① 밥을 먹다 / 이를 닦아요. 　　　　ご飯を食べる／歯を磨きます。
　 → ＿＿＿＿＿＿＿＿＿＿＿＿＿. 　ご飯を食べてから歯を磨きます。

② 학교를 졸업하다 / 취직할 거예요.　　　学校を卒業する／就職するつもりです。

→ _____.　　　学校を卒業してから就職するつもりです。

③ 한국어를 배우다 / 고향에 돌아갈 거예요.　　韓国語を学ぶ／実家に帰るつもりです。

→ _____.　　　韓国語を学んでから実家に帰るつもりです。

④ 수업이 끝나다 / 놀러 가요.　　　授業が終わる／遊びに行きます。

→ _____.　　　授業か終わってから遊びに行きます。

008-2 ● [-고 나면] 接続形を使って、1 つの文にしなさい。

① 이 책을 읽다 / 마음이 달라질 거예요.　　この本を読む／気が変わるでしょう。

→ _____.　　　この本を読むと、気が変わるでしょう。

② 그 사람을 만나다 / 생각이 달라질 거예요.　その人に会う／考えが変わるでしょう。

→ _____.　　　その人に会うと、考えが変わるでしょう。

③ 비가 오다 / 날씨가 조금 쌀쌀해질 거예요.　雨が降る／少し肌寒くなるでしょう。

→ _____.　　　雨が降ると、少し肌寒くなるでしょう。

④ 이 약을 먹다 / 괜찮아질 거예요.　　この薬を飲む／よくなるでしょう。

→ _____.　　　この薬を飲むと、よくなるでしょう。

008-3 ● [-고 나니까] 接続形を使って、1 つの文にしなさい。

① 책을 다 읽다 / 아침이 되었어요.　　本を全部読む／朝になりました。

→ _____.　　　本を全部読んだら、朝になっていました。

② 화를 내다 / 스트레스가 다 풀렸어요.　腹を立てる／スッキリしました。

→ _____.　　　腹を立てたら、スッキリしました。

③ 쇼핑을 하다 / 기분이 좋아졌어요.　　ショッピングをする／気分がよくなりました。

→ _____.　　　ショッピングをしたら、気分がよくなりました。

④ 노래를 부르다 / 배가 고파요.　　歌を歌う／お腹がすきます。

→ _____.　　　歌を歌ったら、お腹がすきます。

009 ● V-고 있다[1]【～している（進行）】

| 形態情報 | [パッチム✕] 자다 → 자고 있다　　　[パッチム○] 먹다 → 먹고 있다

| 例　文 | ・미나 씨는 잠을 자고 있어요. | ミナさんは寝ています。

・지금 밥 먹고 있어요. | 今ご飯食べています。

① 表を完成しなさい。

行動	-고 있어요	意味
① 자다		寝ています。
② 음악을 듣다		音楽を聴いています。
③ 밥 먹다		ご飯食べています。

④ 청소하다		掃除しています。
⑤ 영화 보다		映画観ています。

❷ 対話文を完成しなさい。

① A : 하나 씨, 지금 뭐 해요?   ハナさん、今何していますか。

     B : (TV 보다)＿＿＿＿＿＿＿＿.   <u>テレビ見ています。</u>

② A : 지민 씨, 지금 어디예요?   チミンさん、今どこですか。

     B : 지금 친구랑 (커피 마시다)＿＿＿＿＿＿.   今友達と<u>コーヒー飲んでいます。</u>

③ A : 소이 씨, 지금 뭐 해요?   ソイさん、今何していますか。

     B : (밥 먹다)＿＿＿＿＿＿＿.   <u>ご飯食べています。</u>

④ A : 어제 전화했을 때 뭐 하고 있었어요?   昨日電話した時何していましたか。

     B : 엄마랑 (이야기하다)＿＿＿＿＿＿.   母親と<u>話していました。</u>

⑤ A : 어제 왜 제 전화 안 받았어요?   昨日どうして私の電話出なかったですか。

     B : 미안해요. (자다)＿＿＿＿＿＿.   ごめんなさい。<u>寝ていました。</u>

010 • V-고 있다² 【〜している】

|形態情報| ［パッチム✕］쓰다 → 쓰고 있다　　［パッチム◯］입다 → 입고 있다

| 例　文 | ・미나 씨는 빨간 구두를 신고 있어요. | ミナさんは赤い靴を履いています。

        ・제가 맛있는 식당을 알고 있어요. | 私が美味しい食堂を知っています。

❶ 1つの文にしなさい。

① 모자를 쓰다 / 여자   帽子をかぶる／女

    → ＿＿＿＿＿＿＿＿＿＿.   <u>帽子をかぶっている女</u>

② 안경을 끼다 / 남자   眼鏡がかける／男

    → ＿＿＿＿＿＿＿＿＿＿.   <u>眼鏡をかけている男</u>

③ 바지를 입다 / 여자   ズボンをはく／女

    → ＿＿＿＿＿＿＿＿＿＿.   <u>ズボンをはいている女</u>

❷ 対話文を完成しなさい。

① A : 하나 씨가 누구예요?   ハナさんは誰ですか。

     B : 저기, 안경 (쓰다)＿＿＿＿ 사람이에요.   あそこ、眼鏡<u>かけている</u>人です。

② A : 누가 소이 씨예요?   誰がソイさんですか。

     B : 저기, 치마 (입다)＿＿＿＿ 사람이에요.   あそこ、スカート<u>はいている</u>人です。

③ A : 저기, 넥타이를 (하다)＿＿＿＿ 사람, 누구예요?   あそこ、ネクタイを<u>している</u>人、誰ですか。

     B : 아〜. 저 사람이 영민 씨예요.   あ、あの人がヨンミンさんです。

④ A : 저기, 우산 (쓰다)＿＿＿＿ 사람, 누구예요?   あそこ、傘<u>さしている</u>人、誰ですか。

     B : 제 동생이에요.   私の弟です。

011 • A・V-고(요), N(이)고요 【〜ですし】

| 形態情報 | [パッチム✕] 싸다 → 싸고요, 하다 → 하고요　　[パッチム〇] 춥다 → 춥고요, 먹다 → 먹고요 |

例　文	・여기는 추워요. 바람도 많이 불고요.	ここは寒いです。風もたくさん吹いていますし。
	・이 음식은 참 맛있어요. 건강에도 좋고요.	この食べ物は本当に美味しいです。健康にもいいですし。
	・저는 한국 사람이에요. 친구는 일본 사람이고요.	私は韓国人です。友達は日本人ですし。

① 文を書き換えなさい。

① 맛있어요. / 값도 싸요.　　　　　　　　　　　美味しいです。／値段も安いです。
　　→ _____ .　　　　美味しいです。値段も安いですし。

② 방이 작아요. / 화장실도 없어요.　　　　　　部屋が小さいです。／トイレもありません。
　　→ _____ .　　　　部屋が小さいです。トイレもありませんし。

③ 구경했어요. / 사진도 많이 찍었어요.　　　　見物しました。／写真もたくさん撮りました。
　　→ _____ .　　　　見物しました。写真もたくさん撮りましたし。

④ 참 좋은 사람이에요. / 성격도 밝아요.　　　とてもいい人です。／性格も明るいです。
　　→ _____ .　　　　とてもいい人です。性格も明るいですし。

⑤ 요리 참 맛있었어요. / 분위기도 좋았어요.　料理本当に美味しかったです。／雰囲気もよかったです。
　　→ _____ .　　　　料理本当に美味しかったです。雰囲気もよかったですし。

② 対話文を完成しなさい。

① A : 하나 씨 예뻐요?　　　　　　　　　　　　ハナさん綺麗ですか。
　　B : 네, 예뻐요. (성격도 좋다) _____ .　はい、綺麗です。性格もいいですし。

② A : 거기 날씨 어때요?　　　　　　　　　　　そちら天気どうですか。
　　B : 추워요. (바람도 많이 불다) _____ .　寒いです。風もとても強いですし。

③ A : 그 카페 어땠어요?　　　　　　　　　　　あのカフェどうでしたか。
　　B : 맛있었어요. (분위기도 좋다) _____ .　美味しかったです。雰囲気も良かったですし。

④ A : 여행 가서 뭐 했어요?　　　　　　　　　旅行行って何しましたか。
　　B : 쇼핑했어요. 맛있는 음식도 (먹다) _____ .　ショッピングしました。美味しい料理も食べ
　　　　　　　　　　　　　　　　　　　　　　　ましたし。

⑤ A : 선물 마음에 들어요?　　　　　　　　　　プレゼント気に入っていますか。
　　B : 네, 마음에 들어요. (디자인도 예쁘다) ___ .　はい、気に入っています。デザインも綺麗で
　　　　　　　　　　　　　　　　　　　　　　　すし。

012 • A・V-기 때문(에/이다), N(이)기 때문(에/이다) 【〜なので／ためだ】

| 形態情報 | [パッチム✕] 싸다 → 싸기 때문에　　[パッチム〇] 먹다 → 먹기 때문에 |

| 例　文 | ・매일 늦게 자기 때문에 피곤해요. | 毎日遅く寝るので疲れています。 |
| | ・내일은 휴일이기 때문에 수업이 없어요. | 明日は休日なので授業がありません。 |

❶ 1つの文にしなさい。

① 여름은 덥다 / 짧은 옷이 필요해요.　　　　夏は暑い／短い服が必要です。

　　→ _____.　夏は暑いので短い服が必要です。

② 오늘은 일요일이다 / 늦게 일어났어요.　　今日は日曜日だ／遅く起きました。

　　→ _____.　今日は日曜日なので遅く起きました。

③ 할 일이 많다 / 친구를 안 만날 거예요.　　することが多い／友達に会わないつもりです。

　　→ _____.　することが多いので友達に会わないつもりです。

④ 내일 시험이다 / 오늘은 공부할 거예요.　　明日試験だ／今日は勉強するつもりです。

　　→ _____.　明日試験なので今日は勉強するつもりです。

⑤ 시험이 끝났다 / 시간이 많아요.　　　　試験が終わった／時間がたくさんあります。

　　→ _____.　試験が終わったので時間がたくさんあります。

❷ 対話文を完成しなさい。

① A : 왜 이렇게 늦게 일어났어요?　　　　　どうしてこんなに遅く起きましたか。

　　B : (수업이 없다)_____ 늦게 일어났어요.　授業がないので遅く起きました。

② A : 왜 택시를 탔어요?　　　　　　　　　どうしてタクシーに乗りましたか。

　　B : (시간이 없다)_____ 택시를 탔어요.　時間がないのでタクシーに乗りました。

③ A : 이 식당에 자주 오세요?　　　　　　　この食堂によく来られますか。

　　B : 네, 음식이 (맛있다)_____ 자주 와요.　はい、料理が美味しいのでよく来ます。

④ A : 왜 파티에 안 왔어요?　　　　　　　どうしてパーティーに来なかったですか。

　　B : (다른 약속이 있었다)_____ 못 갔어요.　別の約束があったので行けませんでした。

⑤ A : 한국 음식 좋아해요?　　　　　　　　韓国料理好きですか。

　　B : 아뇨, 매운 걸 (못 먹다)_____ 안 좋아해요.　いいえ、辛い物を食べられないので好きではないです。

｜013｜ A・V-기 시작하다【〜し始める】

| 形態情報 | [パッチム✕] 바쁘다 → 바쁘기 시작하다　　[パッチム〇] 먹다 → 먹기 시작하다 |
| 例　文 | ・갑자기 울기 시작했어요. ｜ 急に泣き始めました。
・배가 아프기 시작했어요. ｜ お腹が痛み始めました。 |

❶ 表を完成しなさい。

	－기 시작했어요	意味
① 비가 오다		雨が降り始めました。
② 갑자기 웃다		急に笑い始めました。
③ 배가 아프다		お腹が痛み始めました。
④ 악기를 배우다		楽器を習い始めました。
⑤ 작년부터 사귀다		去年から付き合い始めました。

014 • V-기 위해서[위해, 위하여, 위한], N을/를 위해(서)

【～するために、～するための、～のために】

|形態情報| [パッチム✕] 하다 → 하기 위해　　[パッチム〇] 먹다 → 먹기 위해

|例　文| ・저는 한국말을 배우기 위해 한국에 왔어요. ┃私は韓国語を学ぶために韓国に来ました。
　　　　・대학에 가기 위해 열심히 공부했어요. ┃大学に行くために一生懸命勉強しました。

❶ 文を完成しなさい。

① 건강을 (　　　　　) 매일 조금씩 운동하세요.　　健康のために毎日少しずつ運動してください。

② 이것은 외국인을 (　　　　　) 한국어 문법책이에요.　　これは外国人のための韓国語の文法書です。

③ 이건 하나 씨를 (　　　　　) 준비한 거예요.　　これはハナさんのために準備したものです。

④ 이건 도대체 누구를 (　　　　　) 거예요?　　これはいったい誰のためのものですか。

⑤ A : 요즘 어떻게 지내세요?　　最近どのようにお過ごしですか。

　　B : 취직 준비를 (　　　　　) 매일 도서관에 가요.　　就職の準備のために毎日図書館に行きます。

❷ 1つの文にしなさい。

① 잊어버리지 않다 / 메모를 해요.　　忘れてしまわない／メモを取ります。

　→ _____.　　忘れてしまわないためにメモを取ります。

② 늦지 않다 / 택시를 탔어요.　　遅れない／タクシーに乗りました。

　→ _____.　　遅れないためにタクシーに乗りました。

③ 감기에 걸리지 않다 / 예방 주사를 맞았어요.　　風邪をひかない／予防注射を打ちました。

　→ _____.　　風邪をひかないために予防注射を打ちました。

④ 1등을 하다 / 열심히 공부하고 있어요.　　1等をとる／一生懸命勉強しています。

　→ _____.　　1等をとるために一生懸命勉強しています。

⑤ 시험에 합격하다 / 열심히 노력하고 있어요.　　試験に合格する／一生懸命努力しています。

　→ _____.　　試験に合格するために一生懸命努力しています。

015 • A·V-기 전(에/이다), N 전(에/이다) 【～する前（に／だ）】

|形態情報| [パッチム✕] 자다 → 자기 전에　　[パッチム〇] 먹다 → 먹기 전에　　　[名] 수업 전에, 식사 전에

|例　文| ・저도 조금 전에 왔어요. ┃私も少し前に来ました。
　　　　・도착하기 전에 전화 주세요. ┃到着する前に電話ください。

❶ 1つの文にしなさい。

① 밥을 먹다 / 물을 마십니다.　　ご飯を食べる／水を飲みます。

　→ _____.　　ご飯を食べる前に水を飲みます。

② 자다 / 화장실에 가요.　　寝る／トイレに行きます。

　→ _____.　　寝る前にトイレに行きます。

③ 한국에 오다 / 한국어를 조금 배웠어요.　　韓国に来る／韓国語を少し学びました。

　→ _____.　　韓国に来る前に韓国語を少し学びました。

④ 물에 들어가다 / 준비 운동을 해야 해요.　　水に入る／準備運動をしなければいけません。

　→ _____ .　　水に入る前に準備運動をしなければいけません。

⑤ 이 약은 밥을 먹다 / 먹어야 돼요.　　この薬はご飯を食べる／飲まなければなりません。

　→ _____ .　　この薬はご飯を食べる前に飲まなければなりません。

❷ 対話文を完成しなさい。

① A : (수업)_____ 뭐 하셨어요?　　授業の前に何なさいましたか。

　B : 친구랑 커피 마셨어요.　　友達とコーヒー飲みました。

② A : (자다)_____ 보통 뭐 하세요?　　寝る前に普通何をなさいますか。

　B : 유튜브를 봐요.　　YouTube を見ます。

③ A : (결혼하다)_____ 뭐 해 보고 싶으세요?　　結婚する前に何をしてみたいですか。

　B : 이것저것 다 해 보고 싶어요.　　あれこれ全部してみたいです。

④ A : (밥 먹다)_____ 손 씻어.　　ご飯食べる前に手を洗いなさい。

　B : 네, 알겠어요.　　はい、わかりました。

⑤ A : (한국에 오다)_____ 뭐 하셨어요?　　韓国に来る前に何をされていましたか。

　B : 학교에 다녔어요.　　学校に通っていました。

016 • V–기(가) A(쉽다/어렵다/편하다/좋다 등) 【～しやすい／しにくい／するのが楽だ、など】

| 形態情報 | ［パッチムＸ］쓰다 → 쓰기 편하다　　　［パッチム〇］살다 → 살기 힘들다

| 例　文 | ・여기는 교통이 편리해서 살기 좋아요. | ここは交通が便利で暮らしやすいです。

　　　　　・이 요리, 만들기 쉬워요. | この料理、作るのが簡単です。

❶ 皆さんはどうですか。

① 한국어는 배우기 (쉬워요 / 어려워요).　　韓国語は学び（やすいです／難しいです）。

② 단어 외우기가 너무 (쉬워요 / 어려워요).　　単語を暗記するのがとても（やさしいです／難しいです）。

③ 학교/직장 가기가 (편해요 / 불편해요).　　学校／会社行くのが（便利です／不便です）。

④ 집 근처에서 산책하기 (좋아요 / 나빠요).　　家の近所で散歩し（やすいです／難いです）。

⑤ 친구를 사귀기가 (쉬워요 / 힘들어요).　　友達と付き合い（やすいです／難しいです）。

❷ 1 つの文にしなさい。

① 말하다 / 부끄러워요.　　話す／恥ずかしいです。

　→ _____ .　　話すのが恥ずかしいです。

② 한국을 떠나다 / 싫어요.　　韓国を離れる／嫌です。

　→ _____ .　　韓国を離れるのが嫌です。

③ 여기는 살다 / 편해요.　　ここは暮らす／楽です。

　→ _____ .　　ここは暮らしやすいです。

④ 운동을 안 하면 살이 찌다 / 쉬워요.　　運動をしないと太る／やすいです。

　→ _____ .　　運動をしないと太りやすいです。

⑤ 요즘 하나 씨 얼굴 보다 / 힘들어요.　　　　最近ハナさんの顔をみる／難しいです。

→ _____ .　　最近ハナさんの顔をみるのが難しいです。

017・ (A·V－기도 하고) A·V－기도 하다 【～もある／～することもする】

|形態情報| ［パッチム✕］바쁘다 → 바쁘기도 하다　　　［パッチム〇］먹다 → 먹기도 하다

|例 文| ・친구를 만나기도 하고 낮잠을 자기도 해요. | 友達に会ったりも昼寝をしたりもします。
　　　　・심심하기도 하고 외롭기도 해요. | 退屈だし寂しくもあります。

❶ 1 つの文にしなさい。

① 가끔 요리를 하다　　　　　　　　　　　時々料理をする

→ _____ .　　時々料理したりもします。

② 가끔 친구를 만나다　　　　　　　　　　時々友達に会う

→ _____ .　　時々友達に会ったりもします。

③ 혼자서 웃다 / 울다　　　　　　　　　　1 人で笑う／泣く

→ _____ .　　1 人で笑ったり泣いたりもします。

④ 혼자 살아서 외롭다 / 무섭다　　　　　　1 人暮らしなので寂しい／怖い

→ _____ .　　1 人暮らしなので寂しくも怖くもあります。

⑤ 주말에는 책을 읽다 / 낮잠을 자다　　　週末には本を読む／昼寝をする

→ _____ .　　週末には本を読んだり昼寝をしたりもします。

018・ V－기로 하다 【～することにする（決定）】

|形態情報| ［パッチム✕］가다 → 가기로 하다　　　［パッチム〇］살다 → 살기로 하다

|例 文| ・올해부터는 열심히 운동하기로 했어요. | 今年からは一生懸命運動することにしました。
　　　　・원룸에서 친구랑 같이 살기로 했어요. | ワンルームで友達と一緒に暮らすことにしました。

❶ 表を完成しなさい。

	－기로 했어요	意味
① 매일 조깅을 하다		毎日ジョギングをすることにしました。
② 지민 씨랑 헤어지다		チミンさんと別れることにしました。
③ 졸업 후에 결혼하다		卒業後に結婚することにしました。
④ 신혼여행은 하와이로 가다		新婚旅行はハワイに行くことにしました。
⑤ 집들이에 친구들을 초대하다		新居お披露目に友達を招待することにしました。

❷ 対話文を完成しなさい。

① A : 두 사람 싸웠어요? 왜 그래요?　　　　2 人、ケンカしたんですか。どうしたんですか。

　 B : 소이 씨랑은 이제 (그만 만나다)_____ .　ソイさんとはもう会わないことにしました。

② A : 두 사람, 여행 어디로 (가다)_____ ?　お 2 人さん、旅行どこに行くことにしたんですか。

　 B : 하와이로 (가다)_____ .　　　　　　ハワイに行くことにしました。

29

③ A : 무슨 좋은 일 있어요? 　　　何かいいことありましたか。

　　B : 하나 씨랑 저, (결혼하다)_____. 　　ハナさんと私、結婚することにしました。

④ A : 어떻게 (하다)_____? 　　どうすることにしましたか。

　　B : 여행 (안 가다)_____. 　　旅行行かないことにしました。

⑤ A : 졸업 후에 어떻게 (하다)_____? 　　卒業後にどうすることにしましたか。

　　B : (대학원에 가다)_____. 　　大学院に行くことにしました。

019 ● A·V-기만 하다【～することばかりする】

| 形態情報 | ［パッチムX］ 바쁘다 → 바쁘기만 하다 　　［パッチム○］ 울다 → 울기만 하다 |

| 例　文 | ・어제는 하루 종일 먹기만 했어요. | 昨日は一日中食べてばかりでした。 |
| | ・어렸을 때는 친구들과 매일 싸우기만 했어요. | 幼い時は友達と毎日喧嘩ばかりしてました。 |

❶ 表を完成しなさい。

	－기만 해요	意味
① 매일 먹다		毎日食べてばかりです。
② 늘 자다		いつも寝てばかりです。
③ 계속 울다		ずっと泣いてばかりです。
④ 늘 놀다		いつも遊んでばかりです。
⑤ 계속 웃다		ずっと笑ってばかりです。

020 ● N께【～に】

| 形態情報 | ［パッチムX］ 할아버지 → 할아버지께 　　［パッチム○］ 선생님 → 선생님께 |

| 例　文 | ・선생님께 전화드렸어요. | 先生にお電話しました。 |
| | ・오늘 부모님께 편지를 썼습니다. | 今日両親に手紙を書きました。 |

❶ 1つの文にしなさい。

① 할아버지 / 전화드렸어요. 　　　　祖父／お電話しました。

　→ _____. 　　　　祖父にお電話しました。

② 선생님 / 이메일을 보냈어요. 　　　先生／メールを送りました。

　→ _____. 　　　　先生にメールを送りました。

③ 부모님 / 전화드렸어요. 　　　　両親／お電話しました。

　→ _____. 　　　　両親にお電話しました。

❷ 下線部が合っていれば○、間違っていれば×を付けなさい。

①（　　）매일 집에 전화해요. 　　　　　　毎日、家に電話します。

②（　　）여자 친구한테 생일 선물을 했어요. 　　ガールフレンドに誕生日プレゼントをしました。

③（　　）어제는 친구에게 편지를 썼어요. 　　昨日は友達に手紙を書きました。

④（　　）선생님에 말씀드렸어요. 　　　先生に申し上げました。

⑤ (　　　) 아버지께 책을 드렸어요. 　　　　　　父に本を差し上げました。

021 • N께서/께서는【〜が／〜は】

| 形態情報 | ［パッチム✕］할머니 → 할머니께서　　　［パッチム〇］선생님 → 선생님께서는
| 例　文 | ・어제 선생님께서 말씀하셨어요. | 昨日先生がおっしゃいました。
　　　　　・할아버지께서는 방 안에 계세요. | 祖父は部屋の中にいらっしゃいます。

❶ 1つの文にしなさい。

① 할아버지 / 방에서 / 주무세요. 　　　　　祖父／部屋で／お休みです。
　→ ＿＿＿＿＿＿＿＿＿＿＿＿＿. 　　　祖父が部屋でお休みです。
② 아버지 / 운동을 하세요. 　　　　　　　父／運動をされます。
　→ ＿＿＿＿＿＿＿＿＿＿＿＿＿. 　　　父は運動をされます。
③ 할머니 / 책을 읽으세요. 　　　　　　　祖母／本を読まれます。
　→ ＿＿＿＿＿＿＿＿＿＿＿＿＿. 　　　祖母は本を読まれます。
④ 사장님 / 집에 계세요. 　　　　　　　　社長／家にいらっしゃいます。
　→ ＿＿＿＿＿＿＿＿＿＿＿＿＿. 　　　社長は家にいらっしゃいます。
⑤ 선생님 / 수업을 하세요. 　　　　　　　先生／授業をされます。
　→ ＿＿＿＿＿＿＿＿＿＿＿＿＿. 　　　先生が授業をされます。

022 • V−느라(고)【〜するために、するので】

| 形態情報 | ［パッチム✕］자다 → 자느라고　　　［パッチム〇］먹다 → 먹느라고
| 例　文 | ・시험 공부하느라 요즘 친구들도 못 만나요. | 試験勉強のために最近友達にも会えないです。
　　　　　・책 읽느라고 벨 소리를 못 들었어요. | 本を読んでいてベルの音が聞こえませんでした。

❶ 表を完成しなさい。

① 공부하다 / 잠을 못 잤어요. 　　　　　勉強する／眠れませんでした。
　→ ＿＿＿＿＿＿＿＿＿＿＿＿＿. 　　　勉強するので眠れませんでした。
② 놀다 / 숙제를 못했어요. 　　　　　　遊ぶ／宿題ができませんでした。
　→ ＿＿＿＿＿＿＿＿＿＿＿＿＿. 　　　遊ぶので宿題ができませんでした。
③ 친구 기다리다 / 밥도 못 먹었어요. 　　友達待つ／ご飯も食べられませんでした。
　→ ＿＿＿＿＿＿＿＿＿＿＿＿＿. 　　　友達待つのでご飯も食べられませんでした。
④ 게임하다 / 정신이 없어요. 　　　　　ゲームする／無我夢中です。
　→ ＿＿＿＿＿＿＿＿＿＿＿＿＿. 　　　ゲームをするのに無我夢中です。
⑤ 쇼핑하다 / 돈을 다 썼어요. 　　　　　買い物する／お金を全部使いました。
　→ ＿＿＿＿＿＿＿＿＿＿＿＿＿. 　　　買い物するのにお金を全部使いました。

❷ 対話文を完成しなさい。

① A : 피곤해 보여요. 　　　　　　　　　疲れていますね。
　 B : 네, (공부하다)＿＿＿＿＿ 잠을 못 잤어요. 　はい、勉強するので眠れませんでした。

② A : 지난주에는 왜 학교에 안 왔어요?　　　　先週はなんで学校に来なかったんですか。

　　B : 고향에 (다녀오다)＿＿＿＿＿＿＿ 못 왔어요.　実家に戻ったので来れませんでした。

③ A : (이사하다)＿＿＿＿＿＿＿ 고생하셨죠?　　引越しするのでご苦労なさったでしょう。

　　B : 친구가 도와줘서 안 힘들었어요.　　　　友達が手伝ってくれて、疲れませんでした。

④ A : 요즘 (뭐 하다)＿＿＿＿＿＿＿ 그렇게 바쁘세요?　最近何をするのにそんなにお忙しいんですか。

　　B : (취직 준비하다)＿＿＿＿＿＿＿ 조금 바빠요.　就職活動するのに少し忙しいです。

⑤ A : 아침 식사 안 하세요?　　　　　　　　　朝ご飯を召し上がらないんですか。

　　B : (다이어트하다)＿＿＿＿＿ 아침밥은 안 먹어요.　ダイエットしているので朝食は食べません。

---

023 ▸ **V-는 게 어떻다[어때요/어떻습니까]** 【〜するのはどうだ／するのはどうですか】

形態情報 [パッチム✕] 가다 → 가는 게　　[パッチム〇] 읽다 → 읽는 게

例　文 ・길이 막히는데 지하철을 타는 게 어때요? | 道が混んでいるので地下鉄に乗るのはどうですか。
　　　　・오전에는 바빠요. 오후에 보는 게 어때요? | 午前には忙しいです。午後に会うのはどうですか。

❶ **表を完成しなさい。**

	－는 게 어때요?	意味
① 좀 쉬다		少し休むのはどうですか。
② 택시 타다		タクシー乗るのはどうですか。
③ 운동을 좀 하시다		運動をなさるのはどうですか。
④ 약을 먹다		薬を飲むのはどうですか。
⑤ 화해하다		仲直りするのはどうですか。

❷ **対話文を完成しなさい。**

① A : 버스를 탈까요, 지하철을 탈까요?　　　バスに乗りましょうか、地下鉄に乗りましょうか。

　　B : 길이 막히니까 ＿＿＿＿＿＿＿＿＿?　混んでいるので、地下鉄に乗るのはどうですか。

② A : 시험이 끝났어요.　　　　　　　　　　試験が終わりました。

　　B : 그럼, ＿＿＿＿＿＿＿＿＿＿＿?　じゃ、一緒にご飯を食べるのはどうですか。

③ A : 내일 만날까요?　　　　　　　　　　　明日会いましょうか。

　　B : 내일은 바쁘니까 ＿＿＿＿＿＿＿＿＿?　明日は忙しいので、明後日会うのはどうですか。

④ A : 오늘 저녁에 (한잔하다)＿＿＿＿＿＿?　今日の夕方に一杯飲むのはどうですか。

　　B : 좋아요. 어디에서 만날까요?　　　　　いいですよ。どこで会いましょうか。

⑤ A : 피곤해 보여요. (좀 쉬다)＿＿＿＿＿?　お疲れのようです。ちょっと休むのはどうですか。

　　B : 네, 그래야겠어요.　　　　　　　　　はい、そうしなければなさそうです。

024 • V-는 길(에/이다) 【〜する途中（で／だ）】

|形態情報| [パッチム✕] 가다 → 가는 길에

|例 文| ・오는 길에 커피 좀 사다 줘. | 来る途中でコーヒー買ってきて。
　　　・지금 도서관에 가는 길이에요. | 今図書館に行くところです。

❶ 1つの文にしなさい。

① 집에 오다 / 가게에 들렀어요.　　　　　　　家に帰る／店に寄りました。

　→ _____ .　　　　　家に帰る途中で店に寄りました。

② 학교 가다 / 친구를 만났어요.　　　　　　　学校行く／友達に会いました。

　→ _____ .　　　　　学校行く途中で友達に会いました。

③ 집에 가다 / 잠시 들렀어요.　　　　　　　　家に帰る／少し立ち寄りました。

　→ _____ .　　　　　家に帰る途中で少し立ち寄りました。

④ A : 어디 가세요?　　　　　　　　　　　　　どこに行かれますか。

　 B : 한국 (갔다 오다)_____이에요.　韓国行って来たところです。

⑤ A : 어디 갔다 오셨어요?　　　　　　　　　どこに行って来られましたか。

　 B : 친구 만나고 (오다)_____이에요.　友達に会ってくるところです。

025 • V-는 동안(에), N 동안(에) 【〜する間に、〜の間に】

|形態情報| [パッチム✕] 자다 → 자는 동안　　　[パッチム〇] 먹다 → 먹는 동안

|例 文| ・아기가 자는 동안 청소를 할 거예요. | 赤ちゃんが寝ている間掃除をするつもりです。
　　　・여름 방학 동안에 아르바이트를 하려고요. | 夏休みの間、アルバイトをしようと思います。

❶ 1つの文にしなさい。

① 친구를 기다리다 / 책을 읽었어요.　　　　友達を待つ／本を読みました。

　→ _____ .　　　　友達を待つ間、本を読みました。

② 하나 씨가 없다 / 많은 일이 있었어요.　　ハナさんがいない／たくさんのことがありました。

　→ _____ .　　　　ハナさんがいない間、たくさんのことがありま
　　　　　　　　　　　　　　　　　　　　　　した。

③ 차를 타고 가다 / 한 마디도 안 했어요.　　車に乗っていく／一言も話しませんでした。

　→ _____ .　　　　車に乗っていく間、一言も話しませんでした。

④ 한국에 있다 / 친구를 많이 사귀고 싶어요.　韓国にいる／友達とたくさん付き合いたいです。

　→ _____ .　　　　韓国にいる間、友達とたくさん付き合いたいです。

⑤ 방학 / 여러 곳을 여행했어요.　　　　　　休み／色んなところを旅行しました。

　→ _____ .　　　　休みの間、色んなところを旅行しました。

❷ 対話文を完成しなさい。

① A : 한국에 (있다)_____ 뭘 해 보고 싶어요?　韓国にいる間、何をしてみたいですか。

　 B : 경주에 한번 가 보고 싶어요.　　　　　　　慶州に一度行ってみたいです。

② A : 늦어서 죄송해요.　　　　　　　　　　　遅れて申し訳ありません。

　　B : (기다리다)＿＿＿＿＿ 책을 읽고 있었어요.　待っている間、本を読んでいました。

③ A : (얼마)＿＿＿＿＿ 한국을 여행할 거예요?　どのくらい韓国を旅行するつもりですか。

　　B : (일주일)＿＿＿＿＿ 할 생각이에요.　　　一週間するつもりです。

④ A : (방학)＿＿＿＿＿ 뭐 할 거예요?　　　　休みの間、何をするつもりですか。

　　B : (방학)＿＿＿＿＿ 아르바이트할 생각이에요.　休みの間、アルバイトをするつもりです。

026 • V-는 대신(에), N 대신(에)【～する代わりに、～の代わりに】

| 形態情報 | ［パッチムX］가다 → 가는 대신　　［パッチム〇］먹다 → 먹는 대신

| 例　文 | ・가는 대신 전화를 했어요. | 行く代わりに電話をしました。
　　　　　　・소금이 없으면 소금 대신 간장도 괜찮아요. | 塩がなければ塩の代わりに醤油でも大丈夫です。

❶ 1 つの文にしなさい。

① 죄송하지만 저 / 좀 가 주실래요?　　　　　すみませんが、私／行ってくれませんか。

　→ ＿＿＿＿＿＿＿＿＿＿＿＿＿＿＿＿ .　すみませんが、私の代わりに行ってくれませんか。

② 엄마 / 언니가 저를 데리러 왔어요.　　　　お母さん／姉が私を連れに来ました。

　→ ＿＿＿＿＿＿＿＿＿＿＿＿＿＿＿＿ .　お母さんの代わりに姉が私を連れに来ました。

③ 오늘 쉬다 / 내일 더 열심히 할게요.　　　今日休む／明日もっと一生懸命しますね。

　→ ＿＿＿＿＿＿＿＿＿＿＿＿＿＿＿＿ .　今日休む代わりに明日もっと一生懸命しますね。

④ 하나 씨 / 소이 씨가 하실래요?　　　　　ハナさん／ソイさんがなさいますか。

　→ ＿＿＿＿＿＿＿＿＿＿＿＿＿＿＿ ?　ハナさんの代わりにソイさんがなさいますか。

⑤ 직접 가다 / 전화를 했어요.　　　　　　　直接行く／電話をしました。

　→ ＿＿＿＿＿＿＿＿＿＿＿＿＿＿＿＿ .　直接行く代わりに電話をしました。

027 • V-는 중(에/이다), N 중(에/이다)【～する中（に／だ）】

| 形態情報 | ［パッチムX］가다 → 가는 중　　［パッチム〇］먹다 → 먹는 중

| 例　文 | ・지금 친구를 기다리는 중이에요. | 今友達を待っているところです。
　　　　　　・회의 중에 죄송합니다. | 会議中に申し訳ありません。

❶ 表を完成しなさい。

	—는 중이에요	意味
① 공부하다		勉強しているところです。
② 텔레비전을 보다		テレビを見ているところです。
③ 집에 가다		家に帰るところです。
④ 식사		食事中です。
⑤ 수업		授業中です。

② 対話文を完成しなさい。

① A：하나 씨, 지금 뭐 해요?　　　　　　　　ハナさん、今何していますか。

　　B：(숙제하다)＿＿＿＿＿＿＿＿＿.　　　　宿題しているところです。

② A：소이 씨, 집에 도착했어요?　　　　　　ソイさん、家に着きましたか。

　　B：아뇨, 아직 (가다)＿＿＿＿＿＿＿.　　いいえ、まだ向かっているところです。

③ A：여보세요. 실례지만 소이 씨 있어요?　もしもし、失礼ですが、ソイさんいますか。

　　B：지금 (샤워)＿＿＿＿＿＿＿＿.　　　　今シャワー中です。

④ A：민서 씨, 지금 뭐 해요?　　　　　　　ミンソさん、今何していますか。

　　B：지금 (수업)＿＿＿＿＿＿＿＿.　　　　今授業中です。

⑤ A：왜 밥을 조금밖에 안 먹어요?　　　　なぜご飯を少ししか食べないんですか。

　　B：지금 (다이어트)＿＿＿＿＿＿＿.　　　今ダイエット中です。

---

028 ● A・V─다가【～する途中で】

|形態情報| ［パッチム✕］ 아프다 → 아프다가　　［パッチム○］ 먹다 → 먹다가
|例　文| ・똑바로 가다가 사거리에서 왼쪽으로 가세요. ┃ まっすぐ行って、交差点で左に曲がってください。
　　　　　・맛이 없어서 먹다가 버렸어요. ┃ まずくて食べている途中で捨てました。

① 1つの文にしなさい。

① 학교에 가다 / 친구를 만났어요.　　　　学校に行く／友達に会いました。

　　→＿＿＿＿＿＿＿＿＿＿＿＿＿＿.　　　学校に行く途中で友達に会いました。

② 옷을 입다 / 벗었어요.　　　　　　　　服を着る／脱ぎました。

　　→＿＿＿＿＿＿＿＿＿＿＿＿＿＿.　　　服を着ている途中で脱ぎました。

③ 음악을 듣다 / 시끄러워서 껐어요.　　　音楽を聞く／うるさくて消しました。

　　→＿＿＿＿＿＿＿＿＿＿＿＿＿＿.　　　音楽を聞いている途中でうるさくて消しました。

④ 자다 / 꿈 꿨어요?　　　　　　　　　　寝る／夢をみましたか。

　　→＿＿＿＿＿＿＿＿＿＿＿＿＿＿.　　　寝ている間、夢をみましたか。

⑤ TV를 보다 / 잠이 들었어요.　　　　　TVを見る／眠りました。

　　→＿＿＿＿＿＿＿＿＿＿＿＿＿＿.　　　テレビを見ている途中で眠りました。

② 対話文を完成しなさい。

① A：밤에 뭐 했어요?　　　　　　　　　　夜、何をしましたか。

　　B：(책을 읽다)＿＿＿＿ 피곤해서 잤어요.　本を読んでいる途中で疲れて、寝ました。

② A：어제 본 영화 재미있었어요?　　　　　昨日見た映画、面白かったですか。

　　B：너무 재미없어서 (보다)＿＿＿＿ 나왔어요.　とても退屈で、見ている途中で出てきました。

③ A：어제 한국 날씨는 어땠어요?　　　　　昨日韓国の天気はどうでしたか。

　　B：오전에 (흐리다)＿＿＿＿ 오후에는 개었어요.　午前は曇っていましたが、午後は晴れました。

④ A：왜 벌써 일어났어요?　　　　　　　　なんでもう起きたんですか。

　　B：(자다)＿＿＿＿ 무서운 꿈을 꿨어요.　寝ている間、怖い夢をみました。

⑤ A : 무릎 왜 그래요? 다쳤어요?　　　　　　　膝どうしたんですか。怪我したんですか。

　　B : 네, 급하게 (뛰어가다)＿＿＿＿＿ 넘어졌어요.　　はい、急いで<u>走っている途中</u>で転びました。

029 • A-다고 (해서), V-(으)ㄴ/는다고 (해서), N(이)라고 (해서)
　　　　【～だからといって、するからといって】

|形態情報| [形] 싸다 → 싸다고 해서　　　 [動] 먹다 → 먹는다고 해서　　 [있다] 있다 → 있다고 해서

|例　文| ・싸다고 해서 다 좋은 건 아니에요. | 安いからといって全部いいわけではありません。
　　　　・돈이 많다고 모두가 행복한 것은 아니에요. | お金が多いからといって皆が幸せなのではありません。

❶ 1つの文にしなさい。

① 싸다 / 다 좋은 것은 아니에요.　　　　　　　安い／全部よいものではないです。

　→ ＿＿＿＿＿＿＿＿＿＿＿＿＿＿＿ .　安いからと言って、全部よいものではないです。

② 아파트에 살다 / 모든 게 편리한 것은 아니다.　アパートに住む／全てが便利ではない。

　→ ＿＿＿＿＿＿＿＿＿＿＿＿＿＿＿ .　アパートに住んでいるからと言って、全てが便利
　　　　　　　　　　　　　　　　　　　　ではない。

③ 바쁘다 / 연애를 못하는 것은 아니에요.　　　忙しい／恋愛ができないのではありません。

　→ ＿＿＿＿＿＿＿＿＿＿＿＿＿＿＿ .　忙しいからと言って、恋愛ができないのではあり
　　　　　　　　　　　　　　　　　　　　ません。

④ 부자 / 늘 좋은 것은 아니에요.　　　　　　　お金持ち／いつもいいわけではありません。

　→ ＿＿＿＿＿＿＿＿＿＿＿＿＿＿＿ .　お金持ちだからと言って、いつもいいわけではあ
　　　　　　　　　　　　　　　　　　　　りません。

030 • A-다고요? V-(으)ㄴ/는다고요? N(이)라고요?【～かだって？、するかって？】

|形態情報| [形] 싸다 → 싸다고요, 춥다 → 춥다고요　　 [動] 가다 → 간다고요, 먹다 → 먹는다고요

|例　文| ・거긴 날씨가 춥다고요? | そこは天気が寒いかだって。
　　　　・내일 등산 가신다고요? | 明日登山に行かれるかですって。
　　　　・그 사람이 소이 씨 남자 친구라고요? | その人がソイさんの彼氏ですかって。

❶ 表を完成しなさい。

品詞	表現	-다고요?/-ㄴ다/는다고요?	意味
形容詞	① 예쁘다		かわいいかって？
	② 키가 작다		背が低いかって？
	③ 옷이 싸다		服が安いかって？
動詞	④ 저를 좋아하다		私が好きかって？
	⑤ 집에 가다		家に帰るかって？
	⑥ 혼자 먹다		1人で食べるかって？
있다/없다	⑦ 맛있다		美味しいかって？
	⑧ 재미있다		面白いかって？

이다	⑨ 학생이다		学生かだって？
아니다	⑩ 학생이 아니다		学生ではないかって？

② 対話文を完成しなさい。

① A : 저녁을 (사겠다)＿＿＿＿＿? 왜요?　　　　　夕食をおごるかって？　なんでですか。

　B : 그냥요. 오늘은 제가 사고 싶어서요.　　　ただ何となくです。今日は私がおごりたいからです。

② A : 내일 (돌아가다)＿＿＿＿? 왜 이제 말해요?　明日帰るかって？　なんで今になって言うんですか。

　B : 미안해요.　　　　　　　　　　　　　　　ごめんなさい。

③ A : 맛있는 거 (먹고 싶다)＿＿＿＿＿?　　　美味しいもの食べたいかって？

　B : 네, 삼겹살 먹고 싶어요.　　　　　　　　はい、サムギョプサル食べたいです。

④ A : 저 (좋아하다)＿＿＿＿＿? 정말이에요?　私のこと好きかって？　本当ですか。

　B : 네, 옛날부터 좋아했어요.　　　　　　　はい、昔から好きでした。

⑤ A : 이걸 혼자 다 (먹다)＿＿＿＿＿?　　　　これを1人で全部食べるかって？

　B : 네, 다 먹을 수 있어요.　　　　　　　　はい、全部食べることができます。

---

031 • A–다면, V–(으)ㄴ/는다면, N(이)라면 【～だとすれば、するとすれば】

形態情報 [形] 싸다 → 싸다면, 춥다 → 춥다면　　[動] 가다 → 간다면, 먹다 → 먹는다면

例 文 ・하나 씨가 가기 싫다면 어떡하죠? | ハナさんが行くのが嫌だとすればどうしましょう。
　　　　・미나 씨가 간다면 저도 갈게요. | ミナさんが行くなら私も行きます。
　　　　・소이 씨가 저라면 어떻게 할 거 같아요? | ソイさんが私ならどうするでしょうか。

① 表を完成しなさい。

品詞	表現	–다면/–(으)ㄴ/는다면	意味
形容詞	① 괜찮다		大丈夫だとすれば
	② 바쁘다		忙しいとすれば
	③ 많다		多いとすれば
動詞	④ 사랑하다		愛してるとすれば
	⑤ 태어나다		生まれたとすれば
	⑥ 모르다		知らないとすれば
	⑦ 알다		知っているとすれば
이다	⑧ 꿈이다		夢だったとすれば
	⑨ 그 사람이다		あの人だとすれば

② 対話文を完成しなさい。

① A : 내일 결혼식에 갈 거예요?　　　　　　　明日、結婚式に行くつもりです。

　B : 하나 씨가 (가다)＿＿＿＿ 저도 가고 싶어요.　ハナさんも行くなら、私も行きたいです。

② A：내일 축구 경기 괜찮을까요?　明日のサッカーの試合、大丈夫でしょうか。

　B：내일도 비가 (오다)＿＿＿＿＿＿ 취소될 거예요.　明日も雨が降るとすれば、なくなるでしょう。

③ A：내일 학교 가세요?　明日、学校に行かれますか。

　B：아직 잘 모르겠어요.　まだわかりません。

　A：만약 (가다)＿＿＿＿＿＿ 연락 주세요.　もし行くなら、連絡してください。

④ A：얼마나 걸릴까요?　どれくらいかかるでしょうか。

　B：(막히지 않다)＿＿＿＿＿＿ 1시간 정도 걸릴 거예요.　混んでなければ、1時間くらいかかるでしょう。

032 ・ N대로【通り／まま】

形態情報　［パッチム✕］나 → 나대로　　［パッチム〇］마음 → 마음대로

例　文　・사실대로 말하세요. | 事実のまま言ってください。
　　　　・하나 씨 말대로 한국은 정말 더웠어요. | ハナさんの言葉通り、韓国は本当に暑かったです。

① 下線部に入る、適当な表現を書きなさい。

① 거짓말하지 말고 (사실)＿＿＿＿＿＿ 말씀드리세요.　嘘をつかないで、事実のまま申し上げください。

② 열심히 했으니까 (약속)＿＿＿＿＿＿ 게임기 사 줄게.　一生懸命したので、約束通りゲームを買ってあげるよ。

③ (설명서)＿＿＿＿＿＿ 했어요. 그런데도 안 돼요.　説明書通りしました。でもダメです。

④ 맛있죠? (레시피)＿＿＿＿＿＿ 만든 거예요.　美味しいでしょ。レシピ通り作ったものです。

⑤ (마음)＿＿＿＿＿＿ 주문하세요. 오늘은 제가 살게요.　自由に注文してください。今日は私がおごりますよ。

033 ・ N도¹【〜も】

形態情報　［パッチム✕］하나 → 하나도　　［パッチム〇］말 → 말도

例　文　・상상도 할 수 없었어요. | 想像もできませんでした。
　　　　・말도 안 돼요. | とんでもないです。
　　　　・돈이 하나도 없어요. | お金が一銭もありません。

① 下線部に入る、適当な表現を書きなさい。

① 오늘은 돈이 (하나)＿＿＿＿＿＿ 없어요.　今日はお金が一銭もありません。

② 친한 친구가 (한 명)＿＿＿＿＿＿ 없어요.　親友が1人もいません。

③ 그 사람은 (눈)＿＿＿＿＿＿ 깜짝하지 않았어요.　あの人は茫然としていました。

④ 파리나 모기가 (한 마리)＿＿＿＿＿＿ 없네요.　蝿や蚊が1匹もいませんね。

⑤ 그건 (상상)＿＿＿＿＿＿ 할 수 없는 일이에요.　それは想像もできないことです。

034 • (아무) N도² 【誰も／何も／どんなものも／どんな場所も】

|形態情報| [パッチム✕] 아무 → 아무도　　[パッチム〇] 아무것 → 아무것도

|例　文| ・오늘은 집에 아무도 없어요. | 今日は家に誰もいません。

・바빠서 아무것도 못 먹었어요. | 忙しくて何も食べられませんでした。

・저 아무 일도 없으니까 걱정하지 마세요. | 私何事もないので心配しないでください。

・어제는 아무 데도 안 갔어요. | 昨日はどこにも行きませんでした。

❶ ( ) に入る、適当な表現を例から選び、書きなさい。

[보기]　아무도　　아무것도　　아무 데도　　아무 일도

① 지금 집에 (　　　　　) 없어요.　　　　　今家に誰もいません。

② 하루 종일 (　　　　　) 안 먹었어요.　　　一日中何も食べていません。

③ 이번 방학에는 (　　　　　) 안 갈 거예요.　今度の長期休暇はどこにも行きません。

④ 요즘에는 (　　　　　) 없어요. 그래서 좀 심심해요.　最近は何もありません。だから退屈です。

⑤ 이번 주말에는 (　　　　　) 안 할 거예요.　今週末は何もしないつもりです。

❷ 対話文を完成しなさい。

① A : 민서 씨, 요즘 무슨 일 있었어요?　　　ミソさん、最近何かありましたか。

　 B : 아뇨, ＿＿＿＿＿＿＿＿. 왜요?　　いいえ、何もありません。なんでですか。

② A : 주말에 뭐 할 거예요?　　　　　　　週末、何するつもりですか。

　 B : ＿＿＿＿＿＿＿＿. 잠만 잘 거예요.　何もしません。寝るだけです。

③ A : 방학 때 어디 가요?　　　　　　　　休みの時どこかに行きますか。

　 B : 아뇨, ＿＿＿＿＿＿. 집에 있을 거예요.　いいえ、どこにも行きません。家にいるつもりです。

④ A : 아침에 뭐 먹었어요?　　　　　　　朝何か食べましたか。

　 B : ＿＿＿＿＿ 안 먹었어요. 그래서 배 고파요.　何も食べていません。だからお腹が減っています。

⑤ A : 지금 뭐라고 하셨어요?　　　　　　今なんとおっしゃいましたか。

　 B : ＿＿＿＿＿＿＿＿. 신경 쓰지 마세요.　何でもありません。気になさらないでください。

035 • V-도록 【-ように】

|形態情報| [パッチム✕] 하다 → 하도록　　[パッチム〇] 살다 → 살도록

|例　文| ・그 일을 하도록 해 주세요. | その仕事をさせてください。

・가져가기 쉽도록 봉지에 넣어 드릴까요? | 持ち運びしやすいように袋に入れて差し上げましょうか。

・경찰에게 발견되지 않도록 벽 뒤에 숨었다. | 警察に見つからないように壁の後に隠れた。

❶ 1つの文にしなさい。

① 내일부터 일찍 일어나다 / 할게요.　　　明日から早く起きる／します。

　→ ＿＿＿＿＿＿＿＿＿＿＿.　　明日から早く起きるようにします。

② 머리가 아프면 이 약을 먹다 / 하세요.　頭が痛ければ、この薬を飲む／してください。

　→ ＿＿＿＿＿＿＿＿＿＿＿.　　頭が痛ければ、この薬を飲むようにしてください。

③ 수업에 늦지 않다 / 주의하겠습니다.   授業に遅れない／注意します

  → _____.   授業に遅れないように注意します。

④ 이해할 수 있다 / 쉽게 설명해 주세요.   理解することができる／簡単に説明してください。

  → _____.   理解することができるように簡単に説明してください。

⑤ 음식이 상하지 않다 / 냉장고에 넣어 뒀습니다.   食べ物が腐らない／冷蔵庫に入れておきました。

  → _____.   食べ物が腐らないように冷蔵庫に入れておきました。

❷ 対話文を完成しなさい。

① A : 한국어를 잘하려면 어떻게 해야 합니까?   韓国語が上手になるためにはどうしなければなりませんか。

  B : 책을 많이 (읽다)_____ 하세요.   本をたくさん<u>読む</u>ようにしてください。

② A : 하나 씨, 조금만 천천히 가요.   ハナさん、少しだけゆっくり行きましょう。

  B : 미안해요. 천천히 (가다)_____ 할게요.   ごめんなさい。ゆっくり<u>行く</u>ようにします。

③ A : 이 일 언제까지 끝내야 해요?   この仕事いつまで終えなければなりませんか。

  B : 내일까지는 (끝내다)_____ 하세요.   明日までには<u>終える</u>ようにしてください。

④ A : 담배를 피우는 것은 건강에 좋지 않아요.   煙草を吸うのは健康によくないです。

  B : 네, 가능하면 (끊다)_____ 노력하겠습니다.   はい、できれば<u>止める</u>ように努力します。

⑤ A : 친구끼리 싸우지 마세요.   友達同士ケンカしないでください。

  B : 네, 사이좋게 (지내다)_____ 하겠습니다.   はい、仲良くするようにします。

036 ● N 때문(에/이다)【～せい（で／だ）／ため（に／だ）】

| 形態情報 | ［パッチム✕］友구 → 친구 때문에   ［パッチム〇］눈 → 눈 때문에 |
| 例 文 | ・남자 친구 때문에 요즘 조금 힘들어요. ｜ 彼氏のせいで最近ちょっときついです。
・시험 준비 때문에 잠을 많이 못 잤어요. ｜ 試験準備のために寝られませんでした。 |

❶ 1つの文にしなさい。

① 감기 / 학교에 못 갔어요.   風邪／学校に行けませんでした。

  → _____.   <u>風邪のせいで学校に行けませんでした。</u>

② 두통 / 약을 먹었어요.   頭痛／薬を飲みました。

  → _____.   <u>頭痛のために薬を飲みました。</u>

③ 시험 / 잠을 못 잤어요.   試験／眠れませんでした。

  → _____.   <u>試験のために眠れませんでした。</u>

④ 친구 / 남자 친구랑 싸웠어요.   友達／彼氏とケンカしました。

  → _____.   <u>友達のせいで彼氏とケンカしました。</u>

⑤ 장마 / 놀이공원에 못 갔어요.   梅雨／遊園地に行けませんでした。

  → _____.   <u>梅雨のせいで遊園地に行けませんでした。</u>

② 対話文を完成しなさい。

① A : 내일 여행 갈 거지요?　　　　　　　　明日、旅行に行くんでしょ？

　　B : 미안해요. (출장)＿＿＿＿＿＿ 못 가요.　　ごめんなさい。出張のために行けません。

② A : 왜 전화했어요?　　　　　　　　　　なんで電話したんですか。

　　B : 내일 (숙제)＿＿＿＿＿＿ 전화했어요.　　明日の宿題のために電話しました。

③ A : 왜 이렇게 길이 막히지요?　　　　　なんでこんなに道が混んでいるんでしょう。

　　B : (지하철 공사)＿＿＿＿ 길이 많이 막혀요.　地下鉄の工事のせいで道がとても混んでいるんです。

④ A : 왜 그렇게 피곤해 보여요?　　　　　なんでそんなに疲れていますか。

　　B : (시험)＿＿＿＿＿＿ 잠을 많이 못 잤어요.　試験のためにあんまり眠れませんでした。

⑤ A : 내일 여행은 취소됐어요.　　　　　明日の旅行はキャンセルになりました。

　　B : 왜요? (태풍)＿＿＿＿＿＿ 이에요?　　なんでですか。台風のせいですか。

037 • N마다【～ごと／毎～】

|形態情報| ［パッチム✕］나라 → 나라마다　　　［パッチム〇］사람 → 사람마다

| 例　文 | ・저는 날마다 학교에 가요. | 私は毎日学校に行きます。
　　　　　・주말마다 교회에 가요. | 毎週末教会に行きます。

① 1 つの文にしなさい。

① 10분 / 버스가 와요.　　　　　　　　10 分／バスが着ます。

　　→ ＿＿＿＿＿＿＿＿＿＿＿＿＿＿＿＿ .　　10 分ごとにバスが着ます。

② 일요일 / 산에 가요.　　　　　　　　日曜日／山に行きます。

　　→ ＿＿＿＿＿＿＿＿＿＿＿＿＿＿＿＿ .　　毎週日曜日、山に行きます。

③ 날 / 운동해요.　　　　　　　　　　　日／運動します。

　　→ ＿＿＿＿＿＿＿＿＿＿＿＿＿＿＿＿ .　　毎日、運動します。

④ 사람 / 성격이 달라요.　　　　　　　人／性格が異なります。

　　→ ＿＿＿＿＿＿＿＿＿＿＿＿＿＿＿＿ .　　人それぞれ性格が異なります。

⑤ 나라 / 문화가 달라요.　　　　　　　国／文化が異なります。

　　→ ＿＿＿＿＿＿＿＿＿＿＿＿＿＿＿＿ .　　各国で、文化が異なります。

② 対話文を完成しなさい。

① A : 교실에 TV가 있어요?　　　　　　　教室にテレビがありますか。

　　B : 네, (교실)＿＿＿＿＿＿ 한 대씩 있어요.　はい、教室ごとに 1 台ずつあります。

② A : 지하철이 몇 분에 한 대씩 와요?　　地下鉄が何分ごとに 1 台着きますか。

　　B : (10분)＿＿＿＿＿＿ 와요.　　　　10 分ごとに着きます。

③ A : 한국 사람은 다 그렇게 생각해요?　　韓国人は皆そう考えるんですか。

　　B : 아뇨, (사람)＿＿＿＿＿＿ 달라요.　　いいえ、人それぞれ異なります。

④ A : 매일 학원에 가요?　　　　　　　　毎日塾に行きますか。

　　B : 네, (날)＿＿＿＿＿＿ 학원에 가요.　　はい、毎日塾に行きます。

⑤ A : 토요일에 뭐 하세요?　　　　　　　　土曜日に何されますか。

　　B : 저는 (토요일)＿＿＿＿＿＿ 등산을 가요.　　私は<u>毎週土曜日に</u>ハイキングに行きます。

038 • N밖에【〜しか】

| 形態情報 | [パッチムX] 하나 → 하나밖에　　[パッチム○] 동생 → 동생밖에 |
| 例 文 | ・고마워. 역시 너밖에 없어. | ありがとう。やっぱり君しかいない。
・잠이 안 와서 3시간밖에 못 잤어요. | 眠れなくて、3 時間しか寝られませんでした。 |

❶ 文を完成しなさい。

① 지금 돈이 (천 원)＿＿＿＿＿＿ 없어요.　　今お金が<u>1,000 ウォンしか</u>ありません。

② 숙제를 (조금)＿＿＿＿＿ 못 했어요.　　宿題を少ししかできませんでした。

③ 교실에 (저)＿＿＿＿＿ 없어요. 아무도 안 왔어요.　　教室に私しかいません。誰も来ませんでした。

④ 운동은 일주일에 (한 번)＿＿＿＿＿＿ 안 해요.　　運動を一週間に 1 回しかしません。

⑤ 저는 한국은 (서울)＿＿＿＿＿ 몰라요.　　私は韓国は<u>ソウルしか</u>知りません。

❷ 対話文を完成しなさい。

① A : 하나 씨, 도서관에 학생 많아요?　　ハナさん、図書館に学生がたくさんいますか。

　　B : 아뇨, (저)＿＿＿＿＿ 없어요.　　いいえ、<u>私しか</u>いません。

② A : 어제 잘 잤어요?　　昨日よく眠れましたか。

　　B : 아뇨, 잠이 안 와서 (4시간)＿＿＿＿＿＿　　いいえ、眠れず、<u>4 時間しか</u>寝られませんでした。
　　　 못 잤어요.

③ A : 가방 안에 뭐가 있어요?　　カバンの中に何がありますか。

　　B : (지갑)＿＿＿＿＿＿ 없어요.　　<u>財布しか</u>ありません。

④ A : 생일 선물 많이 받았어요.　　誕生日プレゼントたくさんもらいましたか。

　　B : 아뇨, (하나)＿＿＿＿＿＿ 못 받았어요.　　いいえ、<u>1 つしか</u>もらえませんでした。

⑤ A : 먹을 거 뭐 있어요?　　食べ物何かありますか。

　　B : (라면)＿＿＿＿＿＿ 없어요.　　<u>ラーメンしか</u>ありません。

039 • N보다 (더, 덜)【〜より】

| 形態情報 | [パッチムX] 나 → 나보다　　[パッチム○] 동생 → 동생보다 |
| 例 文 | ・동생이 저보다 더 키가 커요. | 弟が私より背が高いです。
・운동화가 구두보다 편해요. | スニーカーが靴より楽です。 |

❶ 1 つの文にしなさい。

① (서울 > 제 고향) / 더 추워요.　　ソウル／私の実家／もっと寒いです。

　　→ ＿＿＿＿＿＿＿＿＿＿＿＿＿.　　<u>ソウルが私の実家よりもっと寒いです。</u>

② (지하철 > 버스) / 빨라요.　　地下鉄／バス／速いです。

　　→ ＿＿＿＿＿＿＿＿＿＿＿＿＿.　　<u>地下鉄がバスより速いです。</u>

③ (한국어 > 영어) / 더 쉬워요.　　　　　　韓国語／英語／もっとやさしいです。
　　→ _____ .　　韓国語が英語よりもっとやさしいです。

④ (저 < 친구) / 키가 커요.　　　　　　　　私／友達／背が高いです。
　　→ _____ .　　私より友達が背が高いです。

⑤ (개 < 고양이) / 더 좋아해요.　　　　　　犬／猫／もっと好きです。
　　→ _____ .　　犬より猫がもっと好きです。

❷ (　　) に適当な単語を入れて、正しい文にしなさい。

① 비행기가 버스(　　　　　) 빨라요.　　　　飛行機が<u>バスより</u>速いです。

② 생각(　　　　　) 운동을 잘 못해요.　　　　<u>思ったより</u>運動が苦手です。

③ 저는 수학(　　　　　) 영어를 잘해요.　　　私は<u>数学より</u>英語が得意です。

④ 제 방(　　　　　) 화장실이 더 깨끗해요.　私の<u>部屋より</u>トイレがもっときれいです。

⑤ 주스(　　　　　) 콜라가 건강에 나빠요.　<u>ジュースより</u>コーラが健康に悪いです。

---

〔040〕 N뿐(만) 아니라 N도 【～だけでなく～も】

|形態情報| ［パッチム✕］나 → 나뿐만 아니라　　　［パッチム○］한국 → 한국뿐만 아니라

|例　文| ・제주도는 국내뿐만 아니라 해외에서도 유명해요. | 済州島は国内だけでなく海外でも有名です。
　　　　・부산뿐 아니라 경주에도 다녀왔어요. | 釜山だけでなく慶州にも行ってきました。

❶ 1つの文にしなさい。

① 청소를 했다 / 빨래도 했어요.　　　　　　掃除をした／洗濯もしました。
　　→ _____ .　　掃除だけでなく、洗濯もしました。

② 한국어를 잘하다 / 영어도 잘해요.　　　　韓国語が得意だ／英語も得意です。
　　→ _____ .　　韓国語だけでなく、英語も得意です。

③ 저도 좋아하다 / 저희 가족들도 좋아해요.　私も好きです／私ども家族も好きです。
　　→ _____ .　　私だけではなく、私ども家族も好きです。

④ 점심을 굶었다 / 아침도 굶었어요.　　　　昼食を抜いた／朝食も抜きました。
　　→ _____ .　　昼食だけではなく、朝食も抜きました。

⑤ 경주에 갔다왔다 / 제주도에도 갔다왔어요.　慶州に行って来た／済州島も行って来ました。
　　→ _____ .　　慶州だけではなく、済州島にも行って来ました。

〔040-1〕 N뿐 【～だけ】

|形態情報| ［パッチム✕］친구 → 친구뿐　　　［パッチム○］동생 → 동생뿐

|例　文| ・나한테는 너뿐이야. 믿어 줘. | 私には君だけだよ。信じてくれ。
　　　　・믿을 것은 가족뿐이에요. | 信じられるのは家族だけです。

❶ 下線部に適当な表現を書き、文を完成しなさい。

① 저한테는 (하나 씨) _____ . 다른 사람은 없어요.　私にはハナさんだけです。他の人はいません。

② 가방에 있는 것은 (책) _____ .　　　　　カバンにあるのは本だけです。

③ 냉장고에는 (우유)_____.　　　　　　　冷蔵庫には牛乳だけです。

④ 그 사람은 늘 (말)_____.　　　　　　　その人はいつも口だけです。

⑤ 주머니 안에는 동전 (몇 개)_____.　　ポケットの中には小銭何枚かだけです。

041 • V-아/어 가지고² 【〜て】

| 形態情報 | [ㅏ, ㅗ] 사다 → 사 가지고　　[하다] 하다 → 해 가지고　　[ㅏ, ㅗ他] 읽다 → 읽어 가지고 |

| 例 文 | ・돈을 모아 가지고 새 가방을 샀어요. | お金を集めて新しいカバンを買いました。 |
| | ・파티에 선물을 사 가지고 갈게요. | パーティーにプレゼントを買って行きます。 |

❶ 1つの文にしなさい。

① 빵을 사다 / 집으로 갑니다.　　　　　　　　パンを買う／家に帰ります。

→ _____.　　　　パンを買って、家に帰ります。

② 월급을 받다 / 휴대폰을 살 거예요.　　　　　給料が入る／携帯を買うつもりです。

→ _____.　　　　給料が入ると、携帯を買うつもりです。

③ 야채를 깨끗이 씻다 / 오세요.　　　　　　　野菜をきれいに洗う／来てください。

→ _____.　　　　野菜をきれいに洗って来てください。

④ 자료는 제가 준비하다 / 갈게요.　　　　　　材料は私が準備する／行きますね。

→ _____.　　　　材料は私が準備して、行きますね。

⑤ 15p까지 공부하다 / 오세요.　　　　　　　15ページまで勉強する／来てください。

→ _____.　　　　15ページまで勉強して来てください。

❷ 対話文を完成しなさい。

① A : 여보세요. 하나 씨, 저 미나예요.　　　　もしもし。ハナさん、私ミナです。

B : 네, 미나 씨. 무슨 일이예요?　　　　　　はい、ミナさん。どうしましたか。

A : 차가 막혀서 약속 시간에 조금 늦을 것 같아요.　混んで、約束の時間に少し遅れそうです。

B : 유진 씨에게 (연락하다)_____ 시간을　ユジンさんに連絡して、時間を変更してみま

바꿔 볼게요.　　　　　　　　　　　　　すね。

② A : 와~ 생선 진짜 크네요! 누가 잡았어요?　わ~魚とても大きいですね。誰が釣りましたか。

B : 제가 잡았어요.　　　　　　　　　　　私が釣りました。

A : 이 생선 어떻게 요리할까요?　　　　　　この魚どう料理しましょうか。

B : (굽다)_____ 다 같이 먹어요.　焼いて、皆で一緒に食べましょう。

041-1 • A·V-아/어 가지고¹ 【〜て／ので】

| 形態情報 | [ㅏ, ㅗ] 사다 → 사 가지고　　[하다] 하다 → 해 가지고　　[ㅏ, ㅗ他] 먹다 → 먹어 가지고 |

| 例 文 | ・성격이 좋아 가지고 인기가 많아요. | 性格がよくてとても人気があります。 |
| | ・추워 가지고 아무것도 못 했어요. | 寒くて何もできませんでした。 |

❶ 1 つの文にしなさい。

① 화가 나다 / 죽겠어요.

　→ _____.

腹が立つ／死にそうです。

腹が立って、死にそうです。

② 배가 고프다 / 밥을 두 그릇이나 먹었어요.

　→ _____.

お腹がすく／ご飯を２杯も食べました。

お腹がすいて、ご飯を２杯も食べました。

③ 열이 심하다 / 고생했어요.

　→ _____.

熱がひどい／苦労しました。

熱がひどくて、苦労しました。

④ 눈이 나쁘다 / 잘 안 보여요.

　→ _____.

視力が悪い／よく見えません。

視力が悪くて、よく見えません。

⑤ 잠을 못 자다 / 하루 종일 힘들었어요.

　→ _____.

眠れない／一日中きつかったです。

眠れなくて、一日中きつかったです。

---

042 • V-아/어 놓다 【～ておく】

┃形態情報┃ [ㅏ, ㅗ] 사다 → 사 놓다　　[하다] 예매하다 → 예매해 놓다　　[ㅏ, ㅗ 他] 열다 → 열어 놓다

┃例　文┃ ・제가 호텔을 예약해 놓았어요. ┃ 私がホテルを予約しておきました。

　　　　　・가격이 싸서 미리 좀 사 놓았어요. ┃ 値段が安いので前もって買っておきました。

❶ 表を完成しなさい。

	−아/어 놓다	意味
① 식사 준비를 하다		食事準備をしておきました。
② 만들다		作っておきなさい。
③ 포장하다		包装しておきなさい。
④ 이름을 쓰다		名前を書いておきました。
⑤ 불을 켜다		電気をつけておきなさい。

---

043 • A·V-아/어도, N(이)라도 【～ても】

┃形態情報┃ [ㅏ, ㅗ] 가다 → 가도　　[하다] 사용하다 → 사용해도　　[ㅏ, ㅗ 他] 먹다 → 먹어도

┃例　文┃ ・저는 물만 마셔도 살이 쪄요. ┃ 私は水だけ飲んでも太ります。

　　　　　・아무리 바빠도 식사는 꼭 하세요. ┃ いくら忙しくても食事は必ずしてください。

　　　　　・저는 피곤해도 화장은 꼭 지우고 자요. ┃ 私は疲れていても化粧は必ず落として寝ます。

❶ 1 つの文にしなさい。

① 돈이 없다 / 행복해요.

　→ _____.

お金がない／幸せです。

お金がなくても幸せです。

② 힘들다 / 계속 할 거예요.

　→ _____.

きつい／ずっとやるつもりです。

きつくても、ずっとやるつもりです。

③ 약을 먹다 / 감기가 안 나아요.

　→ _____.

薬を飲む／風邪が治りません。

薬を飲んでも風邪が治りません。

④ 백화점에 가다 / 없을 거예요.　　　　　デパートに行く／ないでしょう。

　　→ _____.　　　　　デパートに行っても、ないでしょう。

⑤ 아무리 바쁘다 / 운동은 꼭 해요.　　　　どんなに忙しい／運動は必ずします。

　　→ _____.　　　　　どんなに忙しくても運動は必ずします。

❷ 対話文を完成しなさい。

① A : 아직 하나 씨랑 연락이 안 돼요?　　　まだハナさんと連絡がとれませんか。

　　B : 네, (전화하다)_____ 안 받아요.　　はい、電話しても出ません。

② A : 저, 내일 좀 늦을 거 같은데요.　　　　あの、明日少し遅れそうなんですが。

　　B : _____ 괜찮으니까 꼭 오세요.　　遅れてもいいので、必ず来てください。

③ A : 밤인데 커피 마셔도 돼요?　　　　　夜なのに、コーヒー飲んでも大丈夫ですか。

　　B : 네, 저는 커피를 _____ 잘 자요.　　はい、私はコーヒーを飲んでも、よく寝むれます。

④ A : 학교에 가면 하나 씨 만날 수 있을까요?　学校に行けば、ハナさん会うことができるでしょうか。

　　B : 학교에 _____ 못 만날 거예요.　　学校に行っても、会えないでしょう。

⑤ A : 지금 가면 늦을까요?　　　　　　　今行けば、遅れるでしょうか。

　　B : 네, 택시를 _____ 늦을 거 같아요.　はい、タクシーに乗っても遅れそうです。

---

044 • V-아/어도 되다[괜찮다, 좋다] 【～てもいい】

|形態情報|　[ㅏ, ㅗ] 가다 → 가도 되다　　　[하다] 사용하다 → 사용해도 되다　　　[ㅏ, ㅗ他] 먹다 → 먹어도 되다

|例　文|　・저, 선생님, 화장실에 가도 돼요? | あの、先生、トイレに行ってもいいですか。

　　　　　・이 빵, 먹어도 돼요. | このパン、食べてもいいです。

❶ 表を完成しなさい。

状況	許可してもらう内容	아/어도 돼요?	意味
① 席が空いている	여기에 앉다		ここに座ってもいいですか。
② 早く帰りたい	오늘 일찍 집에 가다		今日早く家に帰ってもいいですか。
③ お腹が痛い	화장실에 갔다 오다		トイレに行って来てもいいですか。
④ 現金がない	카드로 계산하다		カードで勘定をしてもいいですか。
⑤ 暑い	창문 열다		窓開けても、いいですか。
⑥ 部屋が暗い	불을 켜다		電気をつけても、いいですか。

❷ 対話文を完成しなさい。

① A : 이 옷 한번 (입어 보다)_____?　　この服一度着てみても、いいですか。

　　B : 네, 입어 보세요.　　　　　　　　はい、試着してください。

② A : 숙제 오늘까지 꼭 내야 해요?　　　宿題今日までに必ず出さなければなりませんか。

　　B : 아뇨, 내일까지_____.　　　いいえ、明日までに出しても、いいです。

③ A : 이거 (먹어 보다) _____ ?　　これ食べてみても、いいですか。

　　B : 네, 드셔도 돼요.　　　　　　　　　　はい、召し上がっても、いいです。

④ A : (들어가다) _____ ?　　　　中に入っても、いいですか。

　　B : 네, 들어오세요.　　　　　　　　　　　はい、入ってきてください。

⑤ A : 여기에 (주차하다) _____ ?　ここに駐車しても、いいですか。

　　B : 네, 돼요.　　　　　　　　　　　　　　はい、いいです。

045 • V-아/어 두다【〜ておく】

｜形態情報｜ [ㅏ, ㅗ] 사다 → 사 두다　　[하다] 예매하다 → 예매해 두다　　[ㅏ, ㅗ 他] 열다 → 열어 두다

｜例　文｜ ・더우니까 에어컨을 켜 두세요. | 暑いからエアコンをつけておいてください。
　　　　　　・이 문법은 집에서 미리 좀 공부해 두세요. | この文法は家であらかじめ勉強しておいてください。

❶ 表を完成しなさい。

	-아/어 두다	意味
① 메모하다		メモしておきました。
② 잘 보다		よく見ておいてください。
③ 거기에 놓다		そこに置いておいてください。
④ 11p까지 읽다		11 ページまで読んでおいてください。
⑤ 이 단어는 외우다		この単語は覚えておいてください。

046 • V-아/어 보다【〜てみる】

｜形態情報｜ [ㅏ, ㅗ] 가다 → 가 보다　　[하다] 하다 → 해 보다　　[ㅏ, ㅗ 他] 먹다 → 먹어 보다

｜例　文｜ ・이 노래 들어 봤어요? | この歌聞いてみましたか。
　　　　　　・한국에 한번 가 보세요. | 韓国に一度行ってみてください。
　　　　　　・일본에서 뭐 먹어 보고 싶어요? | 日本で何を食べてみたいですか。

❶ 表を完成しなさい。

	-아/어 봤어요	-아/어 보고 싶어요	-아/어 보세요
① 한국에 가다			
② 회 먹다			
③ 한국 친구 사귀다			
④ 한복 입다			
⑤ 도자기 만들다			

❷ 対話文を完成しなさい。

① A : 프랑스에 가 봤어요?　　　　　　　　　フランスに行ってみましたか。

　　B : 네, _____ .　　　　　　　　はい、行ってみました。

② A：치즈닭갈비 먹어 봤어요?   チーズタッカルビ食べてみましたか。

   B：네, _____.   はい、<u>食べてみました</u>。

③ A：그 노래 _____?   その歌<u>聞いてみましたか</u>。

   B：아뇨, 아직 못 들어 봤어요.   いいえ、まだ聞いたことがありません。

④ A：이 옷 입어 봐도 돼요?   この服着てみても、いいですか。

   B：네, 저기에서 _____.   はい、あそこで<u>着てみてください</u>。

⑤ A：부산에는 무슨 음식이 유명해요?   釜山は何の食べ物が有名ですか。

   B：돼지국밥이 유명해요. 한번 _____.   テジクッパが有名です。一度<u>召し上がって</u>
                                   <u>みてください</u>。

047 ● A-아/어 보이다【～ようにみえる】

| 形態情報 | [ㅏ, ㅗ] 좋다 → 좋아 보이다   [하다] 편하다 → 편해 보이다   [ㅏ, ㅗ他] 젊다 → 젊어 보이다

| 例 文 | ・피곤해 보여요. 좀 쉬세요. ｜お疲れですね。休んでください。
        ・저희 언니는 나이보다 어려 보여요. ｜私の姉は年より若くみえます。

❶ 表を完成しなさい。

	−아/어 보여요	意味
① 아프다		具合悪そうに見えます。
② 예쁘다		かわいくみえます。
③ 피곤하다		お疲れですね。
④ 기분이 나쁘다		気分を害しているようです。
⑤ 젊다		若くみえます。

❷ 対話文を完成しなさい。

① A：하나 씨, 안색이 안 (좋다)_____.   ハナさん、顔色が<u>よくなさそうです</u>。

   B：화장을 안 해서 그래요.   化粧をしてないからです。

② A：미나 씨는 나이보다 (어리다)_____.   ミナさんは年齢より<u>若くみえます</u>ね。

   B：그래요? 고마워요.   そうですか。ありがとうございます。

③ A：이 문제 어때요?   この問題どうですか。

   B：조금 (어렵다)_____.   少し難しそうです。

④ A：미용실에 갔다왔어요.   美容院に行って来ました。

   B：그래요? 열 살은 더 (젊다)_____. そうですか。10歳はより<u>若くみえます</u>。

⑤ A：소이 씨, 요즘 (힘들다)_____.   ソイさん、最近お疲れですね。

   B：그래요? 숙제가 좀 많아서요.   そうですか。宿題が少し多いからです。

048 • V-아/어 있다【～ている】

形態情報 [ㅏ, ㅗ] 앉다 → 앉아 있다　[하다] 입원하다 → 입원해 있다　[ㅏ, ㅗ 他] 눕다 → 누워 있다

例 文 ・저기에 앉아 있는 사람이 미나 씨예요. | あそこに座っている人がミナさんです。
・꽃이 예쁘게 피어 있어요. | 花がきれいに咲いています。

① 表を完成しなさい。

	-아/어 있어요	意味
① 의자에 앉다		椅子に座っています。
② 침대에 눕다		ベッドに横になっています。
③ 꽃이 피다		花が咲いています。
④ 아직 살다		まだ生きています。
⑤ 기억에 남다		記憶に残っています。

② 対話文を完成しなさい。

① A : 하나 씨, 지금 뭐 해요?　　　　　　　ハナさん、今何をしていますか。
　 B : 지금 침대 위에 (눕다)＿＿＿＿＿＿＿.　今ベッドの上に<u>横になっています</u>。
② A : 엄마, 물 어디에 있어요?　　　　　　母さん、水どこにありますか。
　 B : 냉장고 안에 (들다)＿＿＿＿＿＿＿.　冷蔵庫の中に<u>入っている</u>よ。
③ A : 이 꽃 죽었어요?　　　　　　　　　　この花枯れましたか。
　 B : 아뇨, 아직 (살다)＿＿＿＿＿＿＿.　いいえ、まだ<u>生きています</u>よ。
④ A : 의자에 (앉다)＿＿＿＿＿＿. 나중에 부를게요.　椅子に<u>座っていてください</u>。後で呼びますよ。
　 B : 네, 고맙습니다.　　　　　　　　　　はい、ありがとうございます。
⑤ A : 어제 산 음료수 다 마셨어요?　　　　昨日買った飲み物全部飲みましたか。
　 B : 아뇨, 아직 조금 (남다)＿＿＿＿＿＿＿.　いいえ、まだ少し<u>残っています</u>。

049 • V-아/어 주다【～てくれる】

形態情報 [ㅏ, ㅗ] 가다 → 가 주다　[하다] 하다 → 해 주다　[ㅏ, ㅗ 他] 가르치다 → 가르쳐 주다

例 文 ・이 문법 좀 가르쳐 주세요. | この文法、教えてください。
・저, 학생증 좀 보여 주세요. | あの、学生証見せてください。
・제가 같이 병원에 가 줄게요. | 私が一緒に病院に行ってあげます。

① 表を完成しなさい。

	-아/어 주세요		-아/어 줄게요
① 빌리다		⑤ 사다	
② 보이다		⑥ 기다리다	
③ 찍다		⑦ 가르치다	
④ 가다		⑧ 깎다	

49

② 次のような状況で皆さんはどのように言いますか。

状況	−아/어 주세요	意味
① （雨が降るが傘がない）	（우산 좀 빌리다）	傘を貸してください。
② （友達が写真を見ている）	（사진 좀 보이다）	写真見せてください。
③ （写真を撮りたい）	（사진 좀 찍다）	写真撮ってください。
④ （タクシーに乗って空港に行く）	（공항까지 가다）	空港まで行ってください。
⑤ （知らない文法がある）	（이 문법 좀 가르치다）	この文法教えてください。

050 • A−아/어지다 【～になる】

形態情報 [ㅏ, ㅗ] 좋다 → 좋아지다　　[하다] 깨끗하다 → 깨끗해지다　　[ㅏ, ㅗ他] 예쁘다 → 예뻐지다

例　文 ・한국 물가도 많이 비싸졌어요. ┃ 韓国の物価もかなり高くなりました。
　　　　・비가 온 후 날씨가 많이 추워졌어요. ┃ 雨が降った後、天気がかなり寒くなりました。

① 表を完成しなさい。

過去の状態	変化後	−아/어졌어요	意味
① 暖かった	날씨가 춥다		寒くなりました。
② スリムだった	뚱뚱하다		太りました。
③ 白髪がなかった	흰머리가 많다		白髪が多くなりました。
④ その人が好きじゃなかった	그 사람이 좋다		その人が好きになりました。
⑤ 長く暮らした	익숙하다		慣れました。

051 • A・V−아/어서¹, N(이)어서 【～ので】

形態情報 [ㅏ, ㅗ] 좋다 → 좋아서　　[하다] 심심하다 → 심심해서　　[ㅏ, ㅗ他] 예쁘다 → 예뻐서

例　文 ・어제는 아파서 학교에 못 갔어요. ┃ 昨日は痛くて学校に行けませんでした。
　　　　・잘생겨서 인기가 많아요. ┃ ハンサムなので人気があります。
　　　　・저는 외국인이어서 한국어를 잘 못해요. ┃ 私は外国人なので韓国語があまり上手じゃないです。

① 1 つの文にしなさい。

① 친구와 싸웠다 / 기분이 안 좋아요.　　　　友達とケンカした／気分がよくないです。
　→ ＿＿＿＿＿＿＿＿＿＿＿＿＿＿.　　　　友達とケンカして、気分がよくないです。

② 길이 막혔다 / 늦었어요.　　　　　　　　道が混んだ／遅れました。
　→ ＿＿＿＿＿＿＿＿＿＿＿＿＿＿.　　　　道が混んで、遅れました。

③ 배가 아팠다 / 학교에 못 왔어요.　　　　お腹が痛かった／学校に来られませんでした。
　→ ＿＿＿＿＿＿＿＿＿＿＿＿＿＿.　　　　お腹が痛くて、学校に来られませんでした。

④ 아직 안 배웠다 / 모르겠어요.　　　　　　まだ習わなかった／わかりません。
　→ ＿＿＿＿＿＿＿＿＿＿＿＿＿＿.　　　　まだ習っていないので、わかりません。

⑤ 너무 바쁘다 / 하나 씨 만날 시간도 없어요.　　とても忙しい／ハナさんに会う時間もありません。

　→ ＿＿＿＿＿＿＿＿＿＿＿＿＿＿＿＿＿.　とても忙しいので、ハナさんに会う時間もありません。

❷ 対話文を完成しなさい。

① A : (초대해 주시다) ＿＿＿＿＿＿ 감사합니다.　招待してくれてありがとうございます。

　B : (와 주시다) ＿＿＿＿＿＿ 감사합니다.　来てくださり、ありがとうございます。

② A : (늦다) ＿＿＿＿＿＿ 죄송합니다.　遅れてすみません。

　B : 어서 자리에 앉으세요.　お掛けになったください。

③ A : (보고 싶다) ＿＿＿＿＿＿ 미치겠어요.　会いたくてたまりません。

　B : 연락이라도 한 번 해 보세요.　連絡でも一度してみてください。

④ A : 왜 그렇게 피곤해 해요?　なぜそんなに疲れていますか。

　B : 어제 잠을 잘 (못 자다) ＿＿＿＿＿＿.　昨日よく眠れなかったからです。

⑤ A : (배 고프다) ＿＿＿＿＿＿ 죽겠어요.　お腹がすいて死にそうです。

　B : 그래요? 그럼 빨리 밥 먹으러 가요.　そうですか。では早くご飯食べに行きましょう。

052 • A · V ー아/어서² 【～て】

形態情報 [ㅏ, ㅗ] 가다 → 가서　　[하다] 말하다 → 말해서　　[ㅏ, ㅗ他] 건너다 → 건너서

例文 ・아침에 도서관에 가서 책을 빌렸어요. | 朝図書館に行って本を借りました。
・길을 건너서 왼쪽으로 가세요. | 道を渡って左側に行ってください。
・친구를 만나서 같이 쇼핑했어요. | 友達に会って一緒にショッピングしました。

❶ 1 つの文にしなさい。

① 아침에 일어나다 / 세수해요.　朝起きる／顔を洗います。

　→ ＿＿＿＿＿＿＿＿＿＿＿＿＿＿＿.　朝起きて、顔を洗います。

② 식당에 갔다 / 밥을 먹었어요.　食堂に行った／ご飯を食べました。

　→ ＿＿＿＿＿＿＿＿＿＿＿＿＿＿＿.　食堂に行って、ご飯を食べました。

③ 도서관에 갔다 / 책을 빌렸어요.　図書館に行った／本を借りました。

　→ ＿＿＿＿＿＿＿＿＿＿＿＿＿＿＿.　図書館に行って、本を借りました。

④ 여기에 앉다 / 잠시만 기다리세요.　ここに座る／待っていてください。

　→ ＿＿＿＿＿＿＿＿＿＿＿＿＿＿＿.　ここに座って、待っていてください。

⑤ 길을 건너다 / 똑바로 가세요.　道を渡る／まっすぐ行ってください。

　→ ＿＿＿＿＿＿＿＿＿＿＿＿＿＿＿.　道を渡って、まっすぐ行ってください。

❷ 対話文を完成しなさい。

① A : 은행에 가서 뭐 했어요?　銀行に行って、何をしましたか。

　B : (은행에 가다) ＿＿＿＿＿＿ 돈을 찾았어요.　銀行に行って、お金をおろしました。

② A : 남자 친구 만나서 뭐 할 거예요?　ボーイフレンドに会って、何をするつもりですか。

　B : (만나다) ＿＿＿＿＿＿ 영화 볼 거예요.　会って、映画観るつもりです。

③ A : 아침에 일어나서 뭐 해요?　　　　朝起きて、何しますか。

　　B : (일어나다)＿＿＿＿＿＿ TV를 봐요.　起きて、テレビを見ます。

④ A : 횡단보도를 (건너다)＿＿＿ 어느 쪽으로 가요?　横断歩道を渡って、どちらに行きますか。

　　B : 횡단보도를 건너서 왼쪽으로 가세요.　横断歩道を渡って、左に行ってください。

⑤ A : 선물 (사다)＿＿＿＿＿ 누구에게 줄 거예요?　プレゼント買って、誰にあげるつもりですか。

　　B : 부모님께 드릴 거예요.　　　　両親に差し上げるつもりです。

053 • A・V-아/어서는 안 되다 【～てはいけない】

形態情報 　[ㅏ, ㅗ] 가다 → 가서는 안 되다　　[하다] 하다 → 해서는 안 되다

　　　　　　[ㅏ, ㅗ他] 먹다 → 먹어서는 안 되다

例 文 　・이곳에 주차해서는 안 돼요.｜ここに駐車してはいけません。

　　　　　・운전할 때는 술을 마셔서는 안 됩니다.｜運転する時はお酒を飲んではいけません。

① 表を完成しなさい。

	－아/어서는 안 돼요	意味
① 실내에서 담배를 피우다		室内でタバコを吸ってはいけません。
② 도서관에서 떠들다		図書館で騒いではいけません。
③ 여기에 주차하다		ここに駐車してはいけません。
④ 그런 말을 하다		そんなことを言ってはいけません。
⑤ 그렇게 하다		そうしてはいけません。

054 • A・V-아/어야 A・V 【～て（こそ／はじめて）】

形態情報 　[ㅏ, ㅗ] 가다 → 가야　　[하다] 하다 → 해야　　[ㅏ, ㅗ他] 먹다 → 먹어야

例 文 　・감기는 쉬어야 빨리 나아요.｜風邪は休んでこそ早く治ります。

　　　　　・여권이 있어야 외국에 갈 수 있어요.｜パスポートがあってはじめて外国に行くことができます。

① 1 つの文にしなさい。

① 택시를 타다 / 편해요.　　　　　　タクシーに乗る／楽です。

　→ ＿＿＿＿＿＿＿＿＿＿＿＿＿.　タクシーに乗ってこそ、楽です。

② 한국말을 알다 / 한국에서 살기 편해요.　韓国語を知る／韓国で暮らしやすいです。

　→ ＿＿＿＿＿＿＿＿＿＿＿＿＿.　韓国語を知ってはじめて、韓国で暮らしやすいです。

③ 건강하다 / 무슨 일이든지 할 수 있어요.　健康だ／何でもすることができます。

　→ ＿＿＿＿＿＿＿＿＿＿＿＿＿.　健康であってこそ、何でもすることができます。

④ 그건 해 보다 / 알 수 있어요.　　それはしてみる／わかります。

　→ ＿＿＿＿＿＿＿＿＿＿＿＿＿.　それはしてみて初めて、わかります。

⑤ 저는 커피를 한잔하다 / 집중이 돼요.　私はコーヒーを一杯飲む／集中できます。

　→ ＿＿＿＿＿＿＿＿＿＿＿＿＿.　私はコーヒーを一杯飲んでこそ、集中できます。

055 • V−아/어야겠다【必ず〜なければならない】

形態情報 [ㅏ, ㅗ] 사다 → 사야겠다   [하다] 하다 → 해야겠다   [ㅏ, ㅗ他] 먹다 → 먹어야겠다

例　文 ・오늘은 집에 일찍 가야겠습니다. | 今日は必ず家に早く帰らなければなりません。
　　　　・그건 확인을 해 봐야겠습니다. | それは必ず確認をしてみなければなりません。
　　　　・약을 먹어야겠어요. | 薬を必ず飲まなければなりません。

❶ 表を完成しなさい。

	−아/어야겠어요	意味
① 일이 있어서 일찍 가다		用事があって早く行かなければなりません。
② 확인해 보다		確認をしてみなければなりません。
③ 시험이 있어서 일찍 자다		試験があって早く寝なければなりません。
④ 내일부터는 일찍 일어나다		明日からは早く起きなければなりません。
⑤ 그 사람 한번 만나 보다		その人に一度会ってみなければなりません。

056 • A・V−아/어야 되다[하다]【〜なければならない】

形態情報 [ㅏ, ㅗ] 가다 → 가야 되다   [하다] 공부하다 → 공부해야 하다   [ㅏ, ㅗ他] 먹다 → 먹어야 하다

例　文 ・내일은 시험이 있어서 공부해야 돼요. | 明日は試験があるので勉強しなければなりません。
　　　　・오늘은 일찍 집에 가야 해요. | 今日は早く家に帰らなければなりません。

❶ 表を完成しなさい。

	−아/어야 해요	−아/어야 돼요	意味
① 일찍 자다			早く寝なければなりません。
② 약속을 지키다			約束を守らなければなりません。
③ 표를 예매하다			チケットを予め買わなければなりません。
④ 지금 가다			今行かなければなりません。
⑤ 열심히 공부하다			一生懸命勉強しなければなりません。

❷ 対話文を完成しなさい。

① A : 같이 영화 보러 갈래요?　　　　　　一緒に映画観に行きますか。
　 B : 안 돼요. (공부하다)＿＿＿＿＿.　　ダメです。勉強しなければなりません。

② A : 우리 조금 더 놀아요.　　　　　　　私たちもっと遊びましょう。
　 B : 안 돼요. 10시까지는 집에 (들어가다)＿＿＿＿.　ダメです。10 時までには家に帰らなければ
　　　　　　　　　　　　　　　　　　　　なりません。

③ A : 좀 더 있으면 안 돼요?　　　　　　もう少しいたら、ダメですか。
　 B : 미안해요. 지금 (가다)＿＿＿＿＿.　ごめんなさい。今帰らなければなりません。

④ A : 내일 식당 예약 안 해도 될까요?　　明日、食堂の予約しなくても、いいでしょうか。
　 B : 주말이라서 (예약하다)＿＿＿＿＿.　週末なので予約しなければなりません。

057 • A-아/어하다 【〜たがる】

| 形態情報 | [ㅏ,ㅗ] 좋다 → 좋아하다　　[하다] 피곤하다 → 피곤해 하다　　[ㅏ,ㅗ他] 어렵다 → 어려워하다 |

| 例　文 | ・저는 미나 씨를 좋아해요. | 私はミナさんが好きです。 |
| | ・부끄러워하지 마세요. | 恥ずかしがらないでください。 |

❶ 表を完成しなさい。

	−아/어하다	意味		−아/어하다	意味
① 좋다		好きだ	⑥ 무섭다		怖がる
② 싫다		嫌いだ	⑦ 귀엽다		かわいがる
③ 밉다		憎く思う	⑧ 피곤하다		疲れさせる
④ 어렵다		難しく思う	⑨ 예쁘다		かわいがる
⑤ 부끄럽다		恥ずかしがる	⑩ −고 싶다		〜したがる

❷ 1つの文にしなさい。

① 저는 하나 씨가 (좋다)＿＿＿＿＿＿＿.　私はハナさんが好きです。

　→ 저는 하나 씨를 ＿＿＿＿＿＿＿.　私はハナさんが好きです。

② 저는 이 냄새가 (싫다)＿＿＿＿＿＿＿.　私はこの匂いが嫌いです。

　→ 저는 이 냄새를 ＿＿＿＿＿＿＿.　私はこの匂いが嫌いです。

③ 저는 이 문법이 (어렵다)＿＿＿＿＿＿＿.　私はこの文法が難しいです。

　→ 미나 씨는 이 문법을 ＿＿＿＿＿＿＿.　ミナさんはこの文法を難しいと思っています。

④ 저는 하나 씨를 (만나고 싶다)＿＿＿＿＿＿＿.　私はハナさんに会いたいです。

　→ 선생님께서 하나 씨를 ＿＿＿＿＿＿＿.　先生がハナさんに会いたがっています。

⑤ 한국어 못하는 것이 너무 (부끄럽다)＿＿＿＿.　韓国語ができないのが、とても恥ずかしいです。

　→ ＿＿＿＿＿＿＿지 마세요.　恥ずかしく思うのは止めてください。

058 • A・V−았/었던 【〜た】

| 形態情報 | [ㅏ,ㅗ] 가다 → 갔던　　[하다] 행복하다 → 행복했던　　[ㅏ,ㅗ他] 먹다 → 먹었던 |

| 例　文 | ・어제 먹었던 음식 이름이 뭐예요? | 昨日食べた料理名は何ですか。 |
| | ・이거 지난 시간에 배웠던 단어예요. | これ前の時間に習った単語です。 |

❶ 1つの文にしなさい。

① 입학식 때 입었다 / 옷이에요.　入学式の時に着ていた／服です。

　→ ＿＿＿＿＿＿＿＿＿＿＿＿.　入学式の時に着ていた服です。

② 지난주에 갔다 / 식당에 갑시다.　先週に行った／食堂に行きましょう。

　→ ＿＿＿＿＿＿＿＿＿＿＿＿.　先週に行った食堂に行きましょう。

③ 지난번에 먹었다 / 치킨을 시킵시다.　以前食べた／チキンを注文しましょう。

　→ ＿＿＿＿＿＿＿＿＿＿＿＿.　以前食べたチキンを注文しましょう。

④ 어제 말했다 / 책 가지고 왔어요?　　　　　　　　昨日言った／本、持ってきましたか。

　→ _____?　　　昨日言った本、持ってきましたか。

⑤ 잃어버렸다 / 시계를 오늘 찾았어요.　　　　　　なくしてしまった／時計を今日見つけました。

　→ _____.　　　なくしてしまった時計を今日見つけました。

② 対話文を完成しなさい。

① A : 어디에 앉을까요?　　　　　　　　　　　　どこに座りましょうか。

　B : 어제 (앉다)_____ 자리에 앉읍시다.　　昨日座った席に座りましょう。

② A : 여행 (가다)_____ 곳 중에서 어디가 제일 좋았어요?　旅行に行った場所の中でどこが一番
　　　　　　　　　　　　　　　　　　　　　　　　　　　　　　よかったですか。

　B : 저는 경주가 제일 좋았어요.　　　　　　　　私は慶州が一番よかったです。

③ A : 뭐 먹을래요?　　　　　　　　　　　　　　何食べますか。

　B : 저는 지난번에 (먹다)_____ 걸로 할게요.　私は以前食べたものにします。

④ A : 이 옷 새로 샀어요?　　　　　　　　　　　この服新しく買いましたか。

　B : 아뇨, 지난번 형 결혼식 때 (입다)_____ 거예요.　いいえ、この前、兄の結婚式の時、
　　　　　　　　　　　　　　　　　　　　　　　　　　　　　着ていたものです。

⑤ A : 지난주에 같이 (보다)_____ 영화 어땠어요?　先週一緒に観た映画どうでしたか。

　B : 그냥 그랬어요.　　　　　　　　　　　　　まあまあでした。

---

059 • **A・V–았/었으면 (좋겠다/하다)** 【～だったらよい／よかった】

|形態情報| [ㅏ, ㅗ] 많다 → 많았으면 좋겠다　　[하다] 하다 → 했으면 좋겠다　　[ㅏ, ㅗ 他] 크다 → 컸으면 좋겠다

| 例 文 | ・키가 좀 더 컸으면 좋겠어요. | 背がもう少し高かったらよかったです。
　　　　・나중에 돈을 많이 벌었으면 좋겠어요. | この先お金をたくさん儲けたらよかったです。

① 表を完成しなさい。

現在の状況	希望	–었/았으면 좋겠어요	意味
① 背が低い	키가 크다		背が高かったらよかったです。
② 彼氏がいない	남자 친구가 있다		彼氏がいたらよかったです。
③ お金がない	돈이 많다		お金がたくさんあったらよかったです。
④ 家が狭い	집이 조금 더 넓다		家がもう少し広かったらよかったです。
⑤ 料理が下手だ	요리를 잘하다		料理が上手だったらよかったです。

② 対話文を完成しなさい。

① A : 숙제 많아요?　　　　　　　　　　　　　宿題多いですか。

　B : 네, 선생님. 숙제가 (적다)_____.　　　はい、先生。宿題が少なかったらよかったです。

② A : 하나 씨 언니 결혼해요?　　　　　　　　ハナさんのお姉さん結婚するんですか。

　B : 네, 언니가 (행복하다)_____.　　　　はい、お姉さんが幸せだったらいいです。

③ A : 졸업 후에 어디에 취직하고 싶어요?　　卒業の後どこに就職したいですか。

　　B : 여행사에 (취직하다)＿＿＿＿＿.　　旅行会社に就職できたらいいです。

④ A : 남자 친구 있어요?　　ボーイフレンドいますか。

　　B : 아뇨, 빨리 (생기다)＿＿＿＿＿.　　いいえ、早くできたらいいです。

⑤ A : 내일도 수업 있어요?　　明日も授業ありますか。

　　B : 네, (수업이 없다)＿＿＿＿＿.　　はい、授業がなかったらいいです。

060 • A·V-았/었을 때【〜した時】

形態情報　[ㅏ, ㅗ] 가다 → 갔을 때　　[하다] 결혼하다 → 결혼했을 때　　[ㅏ, ㅗ他] 바쁘다 → 바빴을 때

例 文　・어제 집에 갔을 때 우연히 친구를 만났어요. | 昨日家に帰っていた時、偶然友達に会いました。
　　　　・그 사람, 처음 만났을 때는 별로였어요. | その人、初めて会った時は別に好きではなかったです。

① 1つの文にしなさい。

① 처음 공항에 내렸다 / 긴장이 됐어요.　　初めて空港に降りた／緊張しました。

　→ ＿＿＿＿＿＿＿＿＿＿.　　初めて空港に降りた時、緊張しました。

② 장학금을 받았다 / 너무 기뻤어요.　　奨学金を受け取った／とてもうれしかったです。

　→ ＿＿＿＿＿＿＿＿＿＿.　　奨学金を受け取った時、とてもうれしかったです。

③ 컴퓨터가 고장이 났다 / 짜증이 많이 났어요.　　パソコンが壊れた／とてもイライラしました。

　→ ＿＿＿＿＿＿＿＿＿＿.　　パソコンが壊れた時、とてもイライラしました。

④ 남자 친구와 헤어졌다 / 아주 슬펐어요.　　ボーイフレンドと別れた／とても悲しかったです。

　→ ＿＿＿＿＿＿＿＿＿＿.　　ボーイフレンドと別れた時、とても悲しかったです。

⑤ 넘어졌다 / 많이 부끄러웠어요.　　転んだ／とても恥ずかしかったです。

　→ ＿＿＿＿＿＿＿＿＿＿.　　転んだ時、とても恥ずかしかったです。

061 • N에게 / 한테【〜に】

形態情報　[パッチム✕] 친구 → 친구에게 / 친구한테　　[パッチム〇] 동생 → 동생에게 / 동생한테

例 文　・친구에게 책을 주었어요. | 友達に本をあげました。
　　　　・아침에 미나한테 전화를 했어요. | 朝ミナに電話をしました。

① 1つの文にしなさい。

① 동생 / 책을 줍니다.　　弟・妹／本をあげます。

　→ ＿＿＿＿＿＿＿＿＿＿.　　弟・妹に本をあげます。

② 친구 / 이메일을 보냈어요.　　友達／メールを送りました。

　→ ＿＿＿＿＿＿＿＿＿＿.　　友達にメールを送りました。

③ 하나 씨 / 전화했어요.　　ハナさん／電話しました。

　→ ＿＿＿＿＿＿＿＿＿＿.　　ハナさんに電話しました。

④ 친구 / 생일 선물 / 줬어요.　　友達／誕生日プレゼント／あげました。

　→ ＿＿＿＿＿＿＿＿＿＿.　　友達に誕生日プレゼントをあげました。

⑤ 하나 씨 / 외국인 / 영어를 가르쳐요.　　　　　ハナさん／外国人／英語を教えます。

　→ ＿＿＿＿＿＿＿＿＿＿＿＿＿＿ .　　　　ハナさんは外国人に英語を教えます。

❷ 下線部が合っていれば○、間違っていれば✕をしなさい。

① (　　) 매일 집<u>에</u> 전화해요.　　　　　　　毎日、家に電話します。

② (　　) 여자 친구<u>한테</u> 생일 선물을 했어요.　　ガールフレンドに誕生日プレゼントをしました。

③ (　　) 어제는 친구<u>에게</u> 편지를 썼어요.　　　昨日は友達に手紙を書きました。

④ (　　) 선생님<u>에</u> 말씀드렸어요.　　　　　　先生に申し上げました。

⑤ (　　) 아버지<u>께</u> 책을 드렸어요.　　　　　お父さんに本を差し上げました。

---

062 • N에게서 / 한테서【～から】

|形態情報| [パッチム✕] 친구 → 친구에게서 / 친구한테서　　　[パッチム○] 동생 → 동생에게서 / 동생한테서

| 例　文 | ・사나 씨한테서 전화 왔어요? │ サナさんから電話きましたか。

　　　　　・부모님에게서 생일 선물을 받았어요. │ 両親から誕生日プレゼントをもらいました。

❶ １つの文にしなさい。

① 선배 / 그 말을 들었어요.　　　　　　　　先輩／その話しを聞きました。

　→ ＿＿＿＿＿＿＿＿＿＿＿＿＿＿ .　　　先輩からその話しを聞きました。

② 친구 / 편지가 왔어요.　　　　　　　　　友達／手紙がきました。

　→ ＿＿＿＿＿＿＿＿＿＿＿＿＿＿ .　　　友達から手紙がきました。

③ 누나 / 피아노를 배웠어요.　　　　　　　お姉さん／ピアノを習いました。

　→ ＿＿＿＿＿＿＿＿＿＿＿＿＿＿ .　　　お姉さんからピアノを習いました。

④ 선생님 / 이메일을 받았어요.　　　　　　先生／メールを受け取りました。

　→ ＿＿＿＿＿＿＿＿＿＿＿＿＿＿ .　　　先生からメールを受け取りました。

⑤ 선배 / 테니스를 배워요.　　　　　　　　先輩／テニスを習います。

　→ ＿＿＿＿＿＿＿＿＿＿＿＿＿＿ .　　　先輩からテニスを習います。

---

063 • N에 대해서[대해, 대하여, 대한]【～について／についての】

|形態情報| [パッチム✕] 나 → 나에 대해서　　　[パッチム○] 사랑 → 사랑에 대해서

| 例　文 | ・오늘은 환경 문제에 대해 이야기해 봅시다. │ 今日は環境問題について話してみましょう。

　　　　　・이 영화는 남녀의 사랑에 대한 것이다. │ この映画は男女の愛についてのものだ。

❶ 下線部に入る、適当な表現を書きなさい。

① 저는 컴퓨터＿＿＿＿＿＿ 잘 몰라요.　　　　私はパソコンについてよく知りません。

② 저는 한국 역사＿＿＿＿＿＿ 공부하려고 합니다.　私は韓国歴史について勉強しようと思います。

③ 인터넷 댓글＿＿＿＿＿＿ 어떻게 생각합니까?　インターネットの掲示板コメントについてどう考えていますか。

④ 한국 문화＿＿＿＿ 비디오가 있습니다.　　　韓国文化についてのビデオがあります。

⑤ 하나 씨＿＿＿＿＿＿ 소문 들었어요?　　　ハナさんについての噂聞きましたか。

形態情報	[パッチム✕] 뉴스 → 뉴스에 따르면　　[パッチム○] 논문 → 논문에 따르면
例 文	・일기예보에 따르면 내일 비가 온다고 해요. │ 天気予報によると、明日雨が降るそうです。 ・뉴스에 따르면 어제 지진이 발생했다고 한다. │ ニュースによると、昨日地震が発生したそうだ。

❶ 下線部に入る、適当な表現を書きなさい。

① 일기예보＿＿＿＿＿＿＿＿ 내일은 날씨가 맑다고 합니다.

　天気予報によると明日は晴れるそうです。

② 조사결과＿＿＿＿＿＿＿＿ 여자가 남자보다 오래 산다고 해요.

　調査結果によると女性が男性より長生きするそうです。

③ 하나 씨 말＿＿＿＿＿＿＿＿ 소이 씨가 지금 여기로 온다고 해요.

　ハナさんの言葉によるとソイさんが今ここに来るそうです。

④ 보고서＿＿＿＿＿＿＿＿ 여성의 대학 진학률이 증가하고 있다고 해요.

　報告書によると女性の大学進学率が増加しているとのことです。

⑤ 경찰＿＿＿＿＿＿＿＿ 과속이 중요한 사고 원인이라고 해요.

　警察によるとスピードの出し過ぎが重要な事故原因とのことです。

---

065 • N에 비해서[비해, 비하여, 비하면] 【〜に比べて】

形態情報	[パッチム✕] 친구 → 친구에 비해서　　[パッチム○] 동생 → 동생에 비해서
例 文	・저희 언니는 나이에 비해 젊어 보여요. │ 私の姉は年の割に若く見えます。 ・시골은 도시에 비해 공기가 좋아요. │ 田舎は都市に比べて空気が良いです。

❶ 下線部に入る、適当な表現を書きなさい。

① 물가가 지난달＿＿＿＿＿＿＿ 많이 올랐다.　　物価が先月に比べて、かなり上がった。

② 나이＿＿＿＿＿＿＿ 키가 큰 편이에요.　　年齢に比べて、背が高い方です。

③ 가격＿＿＿＿＿＿＿ 성능이 좋아요.　　価格に比べて、性能がいいです。

④ 시골이 도시＿＿＿＿＿＿＿ 공기가 맑아요.　　田舎が都市に比べて、空気が澄んでいます。

⑤ 지난달＿＿＿＿＿＿＿ 환율이 많이 내렸어요.　　先月に比べて、ウォンの値打ちがとても下がりました。

---

066 • A·V-요, N(이)요 【〜です】

形態情報	[パッチム✕] 가수 → 가수요　　[パッチム○] 학생 → 학생이요
例 文	A : 어제 누구 만났니? │ 昨日誰に会ったの？ B : 친구요. │ 友達です。 A : 어디에서 만났어? │ どこで会ったの？ B : 집에서요. │ 家でです。

❶ 対話文を完成しなさい。

① A : 점심 뭐 먹었어요?　　お昼、何食べましたか。

　B : (김치찌개)＿＿＿＿＿＿＿＿＿.　　キムチチゲです。

② A : 어디에서 먹었어요? どこで食べましたか。

　 B : (학교 식당)＿＿＿＿＿＿＿＿＿． 学校の食堂でです。

③ A : 어제 어디에서 쇼핑했어요? 昨日どこで買い物しましたか。

　 B : (동대문 시장)＿＿＿＿＿＿＿＿＿． 東大門市場でです。

④ A : 누구랑 쇼핑했어요? 誰と買い物しましたか。

　 B : (언니)＿＿＿＿＿＿＿＿＿． 姉とです。

⑤ A : 뭐 샀어요? 何買いました。

　 B : (가방)＿＿＿＿＿＿＿＿＿． カバンです。

067 ● A·V-(으)니까¹, N(이)니까 【～なので】

形態情報　[形] 크다 → 크니까, 작다 → 작으니까　　[動] 가다 → 가니까, 먹다 → 먹으니까

例　文　・날씨가 좋으니까 등산 갑시다. | 天気がいいので登山に行きましょう。
　　　　・1시간 전에 출발했으니까 아마 도착했을 거예요. | 1時間前に出発したので多分到着したでしょう。
　　　　・월요일이니까 길이 많이 막힐 거예요. | 月曜日なので道がかなり渋滞するでしょう。

❶ 1つの文にしなさい。

① 내일 시험이 있다 / 열심히 공부하세요. 明日、試験がある／一生懸命勉強してください。

　→ ＿＿＿＿＿＿＿＿＿＿＿＿＿＿＿＿＿． 明日、試験があるので、一生懸命勉強してください。

② 목이 마르다 / 콜라를 마실까요? 喉が渇く／コーラを飲みましょうか。

　→ ＿＿＿＿＿＿＿＿＿＿＿＿＿＿＿＿？ 喉が渇いたので、コーラを飲みましょうか。

③ 오늘은 바쁘다 / 내일 만나요. 今日は忙しい／明日会いましょう。

　→ ＿＿＿＿＿＿＿＿＿＿＿＿＿＿＿＿＿． 今日は忙しいので、明日会いましょう。

④ 피곤하다 / 여기에서 좀 쉽시다. 疲れる／ここでちょっと休みましょう。

　→ ＿＿＿＿＿＿＿＿＿＿＿＿＿＿＿＿＿． 疲れたので、ここでちょっと休みましょう。

⑤ 그 영화는 재미없다 / 보지 마세요. その映画はつまらない／見ないでください。

　→ ＿＿＿＿＿＿＿＿＿＿＿＿＿＿＿＿＿． その映画はつまらないので、見ないでください。

❷ 会話を完成しなさい。

① A : 버스 탈까요? バス乗りましょうか。

　 B : 시간이 (없다)＿＿＿＿＿＿ 택시 탑시다. 時間がないのでタクシー乗りましょう。

② A : 선생님, 시간 있으세요? 先生、時間ありますか。

　 B : 지금은 (바쁘다)＿＿＿＿ 나중에 이야기해요. 今は忙しいので、後で話しましょう。

③ A : 어제 본 영화 어땠어요? 昨日見た映画、どうでしたか。

　 B : (재미있다)＿＿＿＿＿ 나중에 꼭 보세요. 面白いからあとでぜひ見てください。

④ A : 날씨가 (좋다)＿＿＿＿＿ 밖에 놀러 가요. 天気がいいから外へ遊びに行きましょう。

　 B : 네, 좋아요. はい、いいですよ。

⑤ A : 비가 (오다)＿＿＿＿＿ 우산 가지고 가세요. 雨が降っているので傘持って行ってください。

　 B : 네, 알겠습니다. はい、分かりました。

068 • V-(으)려고 (N을 하다) 【~ようと】

形態情報 ［パッチム✕］가다 → 가려고　　［パッチム○］먹다 → 먹으려고, 살다 → 살려고

例文
・편지를 보내려고 우체국에 갔어요. ｜ 手紙を送ろうと郵便局に行きました。
・오늘은 일찍 집에 가려고요. ｜ 今日は早く家に帰ろうと思っています。

① 1つの文にしなさい。

① 여행 가다 / 돈을 모으고 있어요.　　　　　　　旅行に行く／お金を貯めています。

　　→ _____.　　　旅行に行くためにお金を貯めています。

② 점심에 먹다 / 도시락을 샀어요.　　　　　　　お昼に食べる／弁当を買いました。

　　→ _____.　　　お昼に食べようと弁当を買いました。

③ 리포트를 쓰다 / 도서관에 가요.　　　　　　　レポートを書く／図書館に行きます。

　　→ _____.　　　レポートを書こうと図書館に行きます。

④ 예뻐지다 / 다이어트를 시작했어요.　　　　　可愛くなる／ダイエットを始めました。

　　→ _____.　　　可愛くなろうとダイエットを始めました。

⑤ 친구한테 주다 / 선물을 샀어요.　　　　　　　友達にあげる／プレゼントを買いました

　　→ _____.　　　友達にあげようとプレゼントを買いました。

② 対話文を完成しなさい。

① A : 지금 뭐 하고 있어요?　　　　　　　　　　今何していますか。

　　B : (공항 가다)_____ 버스를 기다리고 있어요.　空港に行こうとバスを待っています。

② A : 지민 씨, 지금 뭐 해요?　　　　　　　　　ジミンさん、今何していますか。

　　B : 통장을 (만들다)_____ 신청서를 쓰고 있어요.　通帳を作ろうと申込書を書いています。

③ A : 지금 뭐 해요?　　　　　　　　　　　　　今何していますか。

　　B : (영화 보다)_____ 표를 예매하고 있어요.　映画、見ようとチケットを前もって買っています。

④ A : 왜 그렇게 커피를 많이 마셔요?　　　　　なぜそんなにコーヒーをたくさん飲んでいるんですか。

　　B : (안 자다)_____ 마셔요.　　　　　寝ないため飲んでいます。

⑤ A : 무슨 꽃이에요?　　　　　　　　　　　　何のお花ですか。

　　B : 이거요? 아내에게 (주다)_____ 샀어요.　これですか。妻にあげようと買いました。

069 • V-(으)려고 하다 【~ようと思う】

形態情報 ［パッチム✕］가다 → 가려고 하다　　［パッチム○］읽다 → 읽으려고 하다

例文
・졸업 후에 취직하려고 해요. ｜ 卒業後、就職しようと思います。
・주말에는 친구를 만나려고 해요. ｜ 週末は友達に会おうと思います。

① 表を完成しなさい。

	-(으)려고 해요	意味
① 주말에 파티하다		週末にパーティーしようと思います。
② 방학 때 한국에 가다		休みの時、韓国に行こうと思います。
③ 올해는 술을 줄이다		今年は酒を減らそうと思います。
④ 다이어트를 하다		ダイエットをしようと思います。
⑤ 아이는 두 명쯤 낳다		子供は2人ぐらい産もうと思います。

② 対話文を完成しなさい。

① A : 수업 끝나면 뭐 할 거예요? 　　授業が終わると何するつもりですか。

　　B : (백화점에 가다)＿＿＿＿＿＿＿＿＿＿. 　　デパートに行こうと思います。

② A : B씨는 나중에 뭐가 되고 싶어요? 　　Bさんは将来、何になりたいですか。

　　B : (선생님이 되다)＿＿＿＿＿＿＿＿＿＿. 　　先生になろうと思います。

③ A : 졸업 후에 뭐 할 거예요? 　　卒業後に何するつもりですか。

　　B : (대학원에 진학하다)＿＿＿＿＿＿＿. 　　大学院に進学しようと思います。

④ A : 방학에 뭐 하려고 해요? 　　休みに何をするつもりですか。

　　B : (책을 많이 읽다)＿＿＿＿＿＿＿＿＿. 　　本をたくさん読もうと思います。

⑤ A : 언제쯤 결혼할 거예요? 　　いつ頃結婚するつもりですか。

　　B : (5년 후쯤 하다)＿＿＿＿＿＿＿＿＿. 　　5年後ぐらいにしようと思います。

070 • V-(으)려면【～ようとすれば/思えば】

形態情報 ［パッチム✕］가다 → 가려면　　　［パッチム〇］먹다 → 먹으려면

例文 ・부산에 가려면 KTX를 타는 게 좋아요. | 釜山に行こうと思えばKTXに乗るのがいいです。

　　　・학교에 늦지 않으려면 일찍 자야 해요. | 学校に遅れないようするなら、早く寝なければなりません。

① 1つの文にしなさい。

① 서울역에 가다 / 2호선을 타야 해요. 　　ソウル駅に行く／2号線に乗らなければなりません。

　→ ＿＿＿＿＿＿＿＿＿＿＿＿＿＿＿. 　　ソウル駅に行こうと思えば、2号線に乗らなければなりません。

② 해외여행을 가다 / 여권이 필요해요. 　　海外旅行に行く／パスポートが必要です。

　→ ＿＿＿＿＿＿＿＿＿＿＿＿＿＿＿. 　　海外旅行に行こうと思えば、パスポートが必要です。

③ 김선생님을 뵙다 / 사무실로 가세요. 　　金先生にお目にかかる／事務室に行ってください。

　→ ＿＿＿＿＿＿＿＿＿＿＿＿＿＿＿. 　　金先生にお目にかかろうと思えば、事務室に行ってください。

④ 7시 버스를 타다 / 서둘러야 해요. 　　7時のバスに乗る／急がなくてはなりません。

　→ ＿＿＿＿＿＿＿＿＿＿＿＿＿＿＿. 　　7時のバスに乗ろうと思えば、急がなくてはなりません。

⑤ 일을 다 끝내다 / 아직 멀었어요. 　　仕事を全て終える／まだまだです。

　→ ＿＿＿＿＿＿＿＿＿＿＿＿＿＿＿. 　　仕事を全て終えようとするには、まだまだです。

❷ 対話文を完成しなさい。

① A : (부산에 가다)_____ 어떻게 해야 돼요? 　釜山に行こうと思えば、どうしなければなりま
　　　　　　　　　　　　　　　　　　　　　せんか。

　　B : 서울역에서 KTX를 타세요. 　　　　　　ソウル駅でKTXに乗ってください。

② A : 영화를 보려고 하는데요. 　　　　　　　映画を観ようと思うんですが。

　　B : _____ 먼저 표를 구입하세요. 　映画を観ようとすれば、まずチケットを購入し
　　　　　　　　　　　　　　　　　　　　　てください。

③ A : 살을 빼고 싶어요. 　　　　　　　　　やせたいです。

　　B : _____ 꾸준히 운동하세요. 　やせようと思えば、継続して運動してください。

④ A : 돈을 모아야 해요. 　　　　　　　　　お金を貯めなければなりません。

　　B : _____ 저축하세요. 　　　　お金を貯めようとすれば、貯金してください。

⑤ A : 한국어를 잘하고 싶어요. 　　　　　　韓国語が上手になりたいです。

　　B : _____ 많이 연습하세요. 　韓国語が上手になろうと思えば、たくさん練習
　　　　　　　　　　　　　　　　　　　　　しなさい。

◖071 • N(으)로¹【〜に】

‖形態情報‖ [パッチムＸ] 위 → 위로　　　[パッチム○] 집 → 집으로, 서울 → 서울로

‖例　文‖ ・수업 끝나고 1층으로 오세요. ‖授業が終わって1階に来てください。
　　　　・지하철 2번 출구로 나오세요. ‖地下鉄2番出口に出てください。

❶ 適切な助詞を書きなさい。

① 오른쪽(　　　) 가십시오. 　　　　　　　　右に行ってください。

② 이 버스는 서울역(　　　) 갑니다. 　　　　このバスはソウル駅に行きます。

③ 사거리에서 오른쪽(　　　) 가세요. 　　　　交差点から右に行ってください。

④ 2층(　　　) 올라가시면 화장실이 있어요. 　2階に上がられると、トイレがあります。

⑤ 3번 출구(　　　) 나오세요. 기다리고 있을게요. 　3番出口に出てきてください。待っています。

❷ 対話文を完成しなさい。

① A : 화장실이 어디에 있어요? 　　　　　　トイレはどこにありますか。

　　B : 3층에 있어요. 3층(　　　) 가세요. 　　3階にあります。3階に行ってください。

② A : 수고하셨어요. 이제 어디로 가실 거예요? 　お疲れさまでした。今からどこに行かれる予
　　　　　　　　　　　　　　　　　　　　　定ですか。

　　B : 저는 집(　　　) 가요. A씨는요? 　　　私は家に帰ります。Aさんは？

③ A : 서울역에서 어떻게 가요? 　　　　　　ソウル駅からどうやって行きますか。

　　B : 내려서 2번 출구(　　　) 나오세요. 　　降りて、2番出口に出てきてください。

④ A : (택시에서) 어디로 갈까요? 　　　　　（タクシーで）どこに行きましょうか。

　　B : 부산역(　　　) 가 주세요. 　　　　　釜山駅に行ってください。

62

⑤ A : 선생님, 어디(　　　) 가면 돼요?　　　先生、どこに行けばいいですか。

　　 B : 제 사무실(　　　) 오세요.　　　私の事務室に来てください。

072 • N(으)로² 【～で】

|形態情報| [パッチム✕] 한국어 → 한국어로　　　 [パッチム〇] 손 → 손으로, 연필 → 연필로

|例　文| ・저는 컴퓨터로 영화를 봐요. | 私はパソコンで映画を見ます。

　　　　 ・국은 숟가락으로 드세요. | スープはスプーンで召し上がってください。

❶ 適切な助詞を書きなさい。

① 저는 왼손(　　　) 글을 써요.　　　私は左手で字を書きます。

② 지하철(　　　) 학교에 왔어요.　　　地下鉄で学校に来ました。

③ 교실에서는 한국어(　　　) 이야기합시다.　　　教室では韓国語で話しましょう。

④ 오른손(　　　) 밥을 먹어요.　　　右手でご飯を食べます。

❷ 対話文を完成しなさい。

① A : 국은 어떻게 먹어요?　　　汁はどうやって食べますか。

　　 B : 국은 숟가락(　　　) 드세요.　　　汁はスプーンで召し上がってください。

② A : 이름을 잘못 썼어요.　　　名前を間違って書きました。

　　 B : 지우개(　　　) 지우고 다시 쓰세요.　　　消しゴムで消して、また書いてください。

③ A : 이름은 펜(　　　) 쓰세요.　　　名前はペンで書いてください。

　　 B : 연필(　　　) 쓰면 안 돼요?　　　鉛筆で書いたらダメですか。

④ A : 이 사진 뭘(　　　) 찍었어요?　　　この写真何を使って撮りましたか。

　　 B : 스마트폰(　　　) 찍었어요.　　　スマフォで撮りました。

⑤ A : 뭘(　　　) 짐을 옮길 거예요?　　　何を使って荷物を移動するつもりですか。

　　 B : 친구 차(　　　) 옮길 거예요.　　　友達の車で移動するつもりです。

073 • N(으)로³ 【～で】

|形態情報| [パッチム✕] 감기 → 감기로　　　 [パッチム〇] 병 → 병으로, 일 → 일로

|例　文| ・무슨 일로 오셨어요? | 何のご用件でいらっしゃいましたか。

　　　　 ・지난주는 감기로 엄청 고생했어요. | 先週は風邪でとても難儀しました。

❶ 適切な助詞を書きなさい。

① 올겨울은 감기(　　　) 고생했어요.　　　今年の冬は風邪で難儀しました。

② 큰 비(　　　) 홍수가 났어요.　　　大雨で洪水になりました。

③ 여기는 사과(　　　) 유명해요.　　　ここは林檎で有名です。

④ 이번 지진(　　　) 큰 피해를 입었다.　　　今回の地震で大きな被害を受けた。

⑤ 교통 사고(　　　) 입원했어요.　　　交通事故で入院しました。

| 形態情報 | [パッチム✕] 위 → 위로부터　　[パッチム〇] 집 → 집으로부터 |

| 例 文 | ・어제 선생님으로부터 메일을 받았어요. ┃ 昨日先生からメールをもらいました。 |
| | ・학교로부터 합격했다는 연락이 왔어요. ┃ 学校から合格したという連絡が来ました。 |

❶ 適切な助詞を書きなさい。

① 선생님(　　　　　　) 생일 선물을 받았다.　　　　先生から誕生日プレゼントをもらいました。

② 형(　　　　　) 인생을 배웠어요.　　　　　　　　兄から人生を学びました。

③ 학교(　　　　　　) 합격했다는 연락을 받았어요.　学校から合格したという連絡を受けました。

④ 이 일은 지금(　　　　　) 30년 전에 일어났다.　この事は今から 30 年前に起こった。

| 形態情報 | [パッチム✕] 감기 → 감기로 인해　　[パッチム〇] 태풍 → 태풍으로 인해 |

例 文	・지진으로 인해 사람들이 많이 다쳤다. ┃ 地震によってたくさんの人がけがをした。
	・감기로 인해 병원을 찾는 사람이 많아졌다. ┃ 風邪で病院を訪れる人が多くなった。
	・시험으로 인한 스트레스 때문에 잘 못 잤어요. ┃ 試験によるストレスのためよく眠れませんでした。

❶ 下線部に入る、適切な表現を書きなさい。

① 전쟁＿＿＿＿＿ 많은 사람들이 죽었다.　　　　　戦争によって多くの人が死んだ。

② 태풍＿＿＿＿＿ 큰 피해를 입었다.　　　　　　　台風によって大きな被害を受けた。

③ 개인적인 사정＿＿＿＿＿ 학교를 그만두었어요.　個人的な事情によって学校を辞めました。

④ 이번 지진＿＿＿＿＿ 피해를 입은 곳이 많다.　　今回の地震による被害を受けたところが多い。

| 形態情報 | [パッチム✕] 하다 → 하며, 싸다 → 싸며　　[パッチム〇] 먹다 → 먹으며, 밝다 → 밝으며 |

| 例 文 | ・하나 씨는 웃으며 이야기했어요. ┃ ハナさんは笑いながら話しました。 |
| | ・밥을 먹으며 텔레비전을 봤어요. ┃ ご飯を食べながらテレビを見ました。 |

❶ 1 つの文にしなさい。

① 그 사람이 웃다 / 말했어요.　　　　　　　その人が笑う／言いました。

→ ＿＿＿＿＿＿＿＿＿＿＿＿＿＿＿.　　　その人が笑いながら、言いました。

② 옛날 사진을 보다 / 재미있게 보냈어요.　昔の写真を見る／楽しく過ごしました。

→ ＿＿＿＿＿＿＿＿＿＿＿＿＿＿＿.　　　昔の写真を見ながら、楽しく過ごしました。

③ 무서워서 울다 / 산을 내려왔어요.　　　　恐ろしくて泣く／山を下りてきました。

→ ＿＿＿＿＿＿＿＿＿＿＿＿＿＿＿.　　　恐ろしくて泣きながら、山を下りてきました。

④ 직장 생활을 하다 / 학교에 다녔어요.　　社会人生活をする／学校に通いました。

→ ＿＿＿＿＿＿＿＿＿＿＿＿＿＿＿.　　　社会人生活をしながら、学校に通いました。

⑤ 놀다 / 천천히 하세요.　　　　　　　　　遊ぶ／ゆっくりしてください。

→ ＿＿＿＿＿＿＿＿＿＿＿＿＿＿＿.　　　遊びながら、ゆっくりしてください。

077 • A・V-(으)면, N(이)면 【～れば／と】

┃形態情報┃ ［パッチム✕］ 가다 → 가면, 싸다 → 싸면　　　［パッチム○］ 먹다 → 먹으면, 밝다 → 밝으면
┃例　文┃ ・피곤하면 집에 가서 좀 쉬세요. ┃ 疲れたら家に帰って休んでください。
　　　　　・날씨가 좋으면 산책할 거예요. ┃ 天気がよければ散歩するつもりです。

❶ 1つの文にしなさい。

① 시간이 있다 / 같이 영화 보러 갑시다.　　　　時間がある／一緒に映画観に行きましょう。
　→ ＿＿＿＿＿＿＿＿＿＿＿＿＿＿＿.　　　時間があれば一緒に映画観に行きましょう。

② 지금 가다 / 만날 수 있어요?　　　　　　　今行く／会えますか。
　→ ＿＿＿＿＿＿＿＿＿＿＿＿＿＿＿.　　　今行けば会えますか。

③ 비싸지 않다 / 아이폰을 사고 싶어요.　　　　高くない／ iPhone を買いたいです。
　→ ＿＿＿＿＿＿＿＿＿＿＿＿＿＿＿.　　　高くなければ iPhone を買いたいです。

④ 음식이 맵다 / 먹지 마세요.　　　　　　　料理が辛い／食べないでください。
　→ ＿＿＿＿＿＿＿＿＿＿＿＿＿＿＿.　　　料理が辛ければ食べないでください。

⑤ 전화번호를 알다 / 가르쳐 주세요.　　　　　電話番号を知っている／教えてください
　→ ＿＿＿＿＿＿＿＿＿＿＿＿＿＿＿.　　　電話番号を知っていれば教えてください。

❷ 対話文を完成しなさい。

① A : 부모님이 보고 싶으면 어떻게 해요?　　　両親に会いたければ、どうしますか。
　 B : (보고 싶다)＿＿＿＿＿＿ 전화해요.　　　会いたければ電話します。

② A : 시간이 있으면 뭐 하고 싶어요?　　　　時間があれば、何がしたいですか。
　 B : ＿＿＿＿＿＿＿ 여행을 가고 싶어요.　　時間があれば、旅行に行きたいです。

③ A : 덥네요.　　　　　　　　　　　　　暑いですね。
　 B : ＿＿＿＿＿＿＿ 창문을 여세요.　　　　暑ければ窓を開けてください。

④ A : 우체국이 어디에 있어요?　　　　　　郵便局がどこにありますか。
　 B : (똑바로 가다)＿＿＿＿＿＿ 있어요.　　まっすぐ行けば、あります。

⑤ A : 피곤해요.　　　　　　　　　　　　疲れています。
　 B : (피곤하시다)＿＿＿＿ 오늘은 일찍 주무세요.　疲れていれば今日は早く休んでください。

078 • V-(으)면 안 되다 【～してはいけない／～したらいけない】

┃形態情報┃ ［パッチム✕］ 자다 → 자면 안 되다　　　［パッチム○］ 먹다 → 먹으면 안 되다
┃例　文┃ ・여기서 담배를 피우면 안 돼요. ┃ ここでタバコを吸ってはいけません。
　　　　　・여기에 주차하면 안 돼요. ┃ ここに駐車してはいけません。

❶ 表を完成しなさい。

	-(으)면 안 돼요	意味
① (지하철에서) 큰 소리로 전화하다		(地下鉄で) 大きな声で電話したらダメです。
② (실내에서) 담배를 피우시다		(室内で) タバコを吸われたらダメです。

③ (거리에) 쓰레기를 버리다		(道で) ゴミを捨てたらダメです。
④ (에스컬레이터에서) 뛰다		(エスカレーターで) 走ったらダメです。
⑤ (도서관에서) 떠들다		(図書館で) 騒いだらダメです。

❷ 対話文を完成しなさい。

① A : 지금 집에 가도 돼요? 　　　　　　　今家に行ってもいいですか。

　 B : 아니요, (가다) _____. 　　いいえ、行ったらダメです。

② A : 내일 조금 늦게 와도 돼요? 　　　　明日少し遅く来てもいいですか。

　 B : 아니요, (늦게 오다) _____. 　いいえ、遅く来たらダメです。

③ A : 여기에서 사진 찍어도 됩니까? 　　ここで写真撮ってもいいですか。

　 B : 아니요, (찍다) _____. 　　いいえ、撮ったらダメです。

④ A : 시험 볼 때 사전을 봐도 돼요? 　　試験を受ける時、辞書をみてもいいですか。

　 B : 아니요, (보다) _____. 　　いいえ、みたらダメです。

⑤ A : 여기에서 기다려도 돼요? 　　　　ここで待ってもいいですか。

　 B : 아뇨. 거기에서 (기다리다) _____. いいえ。そこで待ったらダメです。

◖ 078-1 ◗ V-(으)면 되다【～ればいい】

形態情報	[パッチム✕] 오다 → 오면 되다　　[パッチム〇] 먹다 → 먹으면 되다
例 文	・9시에 시작하니까 9시 전까지 가면 돼요.	9時に始めますから9時前までに行けばいいです。
	・지하철 1번 출구로 나오면 돼요.	地下鉄1番出口を出ればいいです。

❶ 表を完成しなさい。

	-(으)면 돼요	意味
① 9시까지 오시다		9時までいらっしゃればいいです。
② 2번 출구로 나오다		2番出口に出て来ればいいです。
③ 이 옷으로 갈아입다		この服に着替えればいいです。
④ 식후에 드시다		食後に召し上がればいいです。
⑤ 오른쪽으로 가다		右に行けばいいです。

❷ 対話文を完成しなさい。

① A : 이거 어떻게 먹어요? 　　　　　　これどうやって食べますか。

　 B : 고추장을 넣은 후 (비비다) _____. コチュジャンを入れた後、かき混ぜればいいです。

② A : 신발은 어떻게 할까요? 　　　　　靴はどうしましょうか。

　 B : 그냥 신고 (들어오시다) _____. 靴を履いて、入られればいいです。

③ A : 어디에서 기다리면 됩니까? 　　　どこで待てばいいですか。

　 B : 여기에서 (기다리시다) _____. ここで待たれればいいです。

④ A : 역에 가려면 어디로 가야 해요?　　　　　駅に行こうと思えば、どこに行かなければなりませんか。

　　B : 3번 출구로 (나가다)＿＿＿＿＿＿.　　　３番出口に出て行けばいいです。

⑤ A : 사진을 찍으려면 어떻게 해야 해요?　　　写真を撮ろうと思えば、どうしなければなりませんか。

　　B : 이 버튼을 (누르시다)＿＿＿＿＿＿.　　　このボタンを押せばいいです。

079 · A·V-(으)면서, N(이)면서【〜で／ながら】

形態情報　[形] 싸다 → 싸면서, 좋다 → 좋으면서　　　[動] 가다 → 가면서, 읽다 → 읽으면서

例　文　・맥주를 마시면서 이야기했어요. | ビールを飲みながら話しました。

　　　　　・밥을 먹으면서 책을 읽지 마세요. | ご飯を食べながら本を読まないでください。

❶ 表を完成しなさい。

① 신문을 보다 / 밥을 먹어요.　　　　　　新聞を読む／ご飯を食べます。

　→ ＿＿＿＿＿＿＿＿＿＿＿＿＿.　　　　新聞を読みながらご飯を食べます。

② 샤워를 하다 / 노래를 불러요.　　　　　シャワーをします／歌を歌います。

　→ ＿＿＿＿＿＿＿＿＿＿＿＿＿.　　　　シャワーをしながら歌を歌います。

③ 그 사람이 웃다 / 말했어요.　　　　　　彼が笑う／言いました。

　→ ＿＿＿＿＿＿＿＿＿＿＿＿＿.　　　　彼が笑いながら言いました。

④ 음악을 듣다 / 요리를 해요.　　　　　　音楽を聞く／料理をします。

　→ ＿＿＿＿＿＿＿＿＿＿＿＿＿.　　　　音楽を聞きながら料理をします。

⑤ 스마트폰을 보다 / 걸으면 안 돼요.　　　スマートフォンを見る／歩いてはいけません。

　→ ＿＿＿＿＿＿＿＿＿＿＿＿＿.　　　　スマフォを見ながら歩いてはいけません。

❷ 対話文を完成しなさい。

① A : (운전하다)＿＿＿＿＿＿ 담배를 피우면 안 돼요.　運転しながら、タバコを吸ったら、ダメです。

　　B : 네, 알겠습니다.　　　　　　　　　はい、わかりました。

② A : 미나 씨, 왜 그러세요?　　　　　　　ミナさん、どうなさいましたか。

　　B : (자다)＿＿＿＿＿＿ 무서운 꿈을 꿨어요.　寝ていて、怖い夢をみました。

③ A : 하나 씨 만나서 뭐 했어요?　　　　　ハナさんに会って、何しましたか。

　　B : (커피 마시다)＿＿＿＿＿＿ 이야기했어요.　コーヒー飲みながら、話しました。

④ A : 집은 어떻게 하기로 했어요?　　　　家はどうすることにしましたか。

　　B : (살다)＿＿＿＿＿＿ 고치기로 했어요.　暮らしながら、直すことにしました。

⑤ A : 이제 어떡하실 거예요?　　　　　　　今からどうなさるつもりですか。

　　B : (쉬다)＿＿＿＿＿＿ 천천히 생각해 보려고 해요.　休みながら、ゆっくり考えてみるつもりです。

080 · V-은/는/을 것

080-① · V-는 것【〜ること（の）】

形態情報　[パッチムX] 자다 → 자는 것 같다　　　[パッチム◯] 먹다 → 먹는 것 같다

例　文　・저는 테니스 치는 것을 좋아해요. | 私はテニスするのが好きです。

　　　　　・제 꿈은 가수가 되는 것입니다. | 私の夢は歌手になることです。

❶ 1つの文にしなさい。

① 테니스 치다 / 좋아해요.　　　　　　テニスする／好きです。

→ _____.　テニスするのが好きです。

② 공부하다 / 싫어해요.　　　　　　　　勉強する／嫌いです。

→ _____.　勉強するのが嫌いです。

③ 제 꿈은 가수가 되다 / 입니다.　　　　私の夢は歌手になる／です。

→ _____.　私の夢は歌手になることです。

④ 손을 깨끗이 씻다 / 중요해요.　　　　手をきれいに洗う／重要です。

→ _____.　手をきれいに洗うことが重要です。

⑤ 매일 운동하다 / 좋아요.　　　　　　　毎日、運動する／好きです。

→ _____.　毎日、運動するのが好きです。

❷ 対話文を完成しなさい。

① A : 하나 씨는 뭐 좋아해요?　　　　　ハナさんは何好きですか。

B : 저는 (음악 듣다)_____ 좋아해요.　私は音楽聴くのが好きです。

② A : 장래 희망이 뭐예요?　　　　　　将来の希望は何ですか。

B : 선생님이 (되다)_____ 꿈이에요.　先生になるのが夢です。

③ A : 영화 (보다)_____ 좋아하세요?　映画観るのがお好きですか。

B : 네, 좋아해요. A씨는요?　　　　　はい、好きです。Aさんは？

④ A : 한국에서 뭐가 힘들어요?　　　　韓国で何がつらいですか。

B : 고향 음식 (못 먹다)_____ 힘들어요.　実家の食べ物が食べられないのがつらいです。

⑤ A : 축구 보는 거 좋아해요?　　　　　サッカー見るのが好きですか。

B : (보다)____보다 (하다)____ 더 좋아해요.　見るのよりするのがもっと好きです。

080-②・ A-(으)ㄴ 것¹, N(이)ㄴ 것【～い／なこと（の）】

| 形態情報 | [パッチム✕] 싸다 → 싼 것　　[パッチム○] 밝다 → 밝은 것 |
| 例　文 | ・저는 따뜻한 거 좋아해요. ┃ 私は暖かいの好きです.
・저는 매운 것은 잘 못 먹어요. ┃ 私は辛いものはよく食べられません. |

❶ 1つの文にしなさい。

① 미나 씨가 아프다 / 몰랐어요.　　　　ミナさんが痛い／知らなかったです。

→ _____.　ミナさんが痛いのを知らなかったです。

② 하나 씨가 선생님이다 / 알아요?　　　ハナさんが先生だ／知っていますか。

→ _____.　ハナさんが先生なのを知っていますか。

③ 저는 비싸다 / 별로 안 좋아해요.　　　私は高い／別に好きではありません。

→ _____.　私は高いものが別に好きではありません。

④ 저는 맵다 / 잘 먹어요.　　　　　　　私は辛い／よく食べます。

→ _____.　私は辛いものをよく食べます。

⑤ 저는 찬 커피보다 따뜻하다 / 더 좋아해요.　　　私は冷たいコーヒーより温かい／より好きです。
　　→ _____ .　　　私は冷たいコーヒーより温かいのがより好きです。

② 対話文を完成しなさい。

① A : 방이 (넓다) _____ 좋아요?　　　部屋が広いのが好きですか。
　　B : 아뇨, 저는 (좁다) _____ 좋아요.　　　いいえ、私は狭いのが好きです。
② A : 김치찌개 먹을래요?　　　キムチチゲ食べますか。
　　B : 저는 (맵다) _____ 못 먹어요.　　　私は辛いものを食べられません。
③ A : 여기에 (유명하다) _____ 있어요?　　　ここに有名なものがありますか。
　　B : 여기요? 아무것도 없어요.　　　ここですか？ 何もありません。
④ A : (따뜻하다) _____ 하나 마실래요?　　　温かいの一杯飲みますか。
　　B : 네, 좋아요.　　　はい、いいですよ。

(080-③) V-(으)ㄴ 것² 【～たこと（の）】

| 形態情報 | ［パッチム✕］ 하다 → 한 것　　　［パッチム〇］ 먹다 → 먹은 것
| 例 文 | ・어제 먹은 거 뭐예요? | 昨日食べたの何ですか。
　　　　・두 사람 헤어진 거 몰랐어요. | 2人が別れたの知らなかったです。

① 1 つの文にしなさい。

① 어제 먹었다 / 이름이 뭐예요?　　　昨日食べた／名前は何ですか。
　　→ _____ .　　　昨日食べたものの名前は何ですか。
② 어제 배웠다 / 다시 한 번 설명해 주세요.　　　昨日学んだ／もう一度説明してください。
　　→ _____ .　　　昨日学んだもの、もう一度説明してください。
③ 제가 마셨다 / 영민 씨 커피였어요?　　　私が飲んだ／ヨンミンさんのコーヒーでしたか。
　　→ _____ .　　　私が飲んだの、ヨンミンさんのコーヒーでしたか。
④ 하나 씨 결혼했다 / 몰랐어요?　　　ハナさん結婚した／知りませんでしたか？
　　→ _____ .　　　ハナさん結婚したの知りませんでしたか？
⑤ 궁금했다 / 있어요.　　　困惑した／あります。
　　→ _____ .　　　困惑したことがあります。

② 対話文を完成しなさい。

① A : 조금 전에 (먹었다) _____ 이름이 뭐예요?　　　少し前に食べたものの名前は何ですか。
　　B : 잡채라고 해요.　　　チャプチェと言います。
② A : 저 결혼했어요.　　　私結婚しました。
　　B : 언제요? (결혼했다) _____ 몰랐어요.　　　いつですか。結婚したこと、知りませんでした。
③ A : 이 편지 누가 (썼다) _____ ?　　　この手紙、誰が書いたものですか。
　　B : 제가 (썼다) _____ .　　　私が書いたものです。

69

④ A：어제 (배웠다)＿＿＿＿＿＿ 기억하고 있어요?　昨日習ったもの覚えていますか。

　　B：아뇨, 벌써 다 잊어버렸어요.　　　　　　いいえ、もう全部忘れてしまいました。

🎧 080-④ ・ A・V–(으)ㄹ 것【～すること（の）】

|形態情報| ［パッチム✕］하다 → 할 것　　　［パッチム〇］먹다 → 먹을 것

|例 文| ・오늘 할 거 많아요? | 今日すること多いですか。

　　　　・저는 마실 걸 준비할게요. | 私は飲み物を準備します。

❶ 1つの文にしなさい。

① 먹다 / 좀 있어요?　　　　　　　　　　食べる／ありますか。

　→ ＿＿＿＿＿＿＿＿＿＿＿＿＿＿.　　食べる物ありますか。

② 하나 씨는 마시다 / 좀 준비해 주세요.　ハナさんは飲む／準備してください。

　→ ＿＿＿＿＿＿＿＿＿＿＿＿＿＿.　　ハナさんは飲み物を準備してください。

③ 오늘 하다 / 많아요?　　　　　　　　　今日する／多いですか。

　→ ＿＿＿＿＿＿＿＿＿＿＿＿＿＿.　　今日すること多いですか。

④ 심심한데 읽다 / 좀 주세요.　　　　　　退屈なんで読む／ください。

　→ ＿＿＿＿＿＿＿＿＿＿＿＿＿＿.　　退屈なんで読むものください。

⑤ 더운데 마시다 / 좀 주세요.　　　　　　暑いんで飲む／ください。

　→ ＿＿＿＿＿＿＿＿＿＿＿＿＿＿.　　暑いんで飲み物ください。

❷ 対話文を完成しなさい。

① A：(먹다)＿＿＿＿＿＿ 좀 있어요?　　　食べ物ありますか。

　　B：뭐 먹고 싶어요?　　　　　　　　　何食べたいですか。

② A：심심한데 뭐 (읽다)＿＿＿＿＿＿ 좀 없어요?　退屈なんで何か読むものありませんか。

　　B：신문이라도 괜찮아요?　　　　　　新聞でも大丈夫ですか。

③ A：제가 (도와주다)＿＿＿＿＿＿ 없어요?　私が手伝うことありますか。

　　B：괜찮아요, 거의 다 했어요.　　　　大丈夫です、ほぼ全部しました。

④ A：오늘 (하다)＿＿＿＿＿＿ 많아요?　　今日すること多いですか。

　　B：거의 다 했어요.　　　　　　　　　ほぼ全部しました。

🎧 080-1 ・ A・V–기【～こと】

|形態情報| ［パッチム✕］하다 → 하기　　　［パッチム〇］읽다 → 읽기

|例 文| ・외국어 공부는 듣기가 중요해요. | 外国語の勉強は聞き取りが重要です。

　　　　・말하기가 어려워요. | 話すことが難しいです。

　　　　・취미는 사진 찍기예요. | 趣味は写真撮ることです。

❶ 表を完成しなさい。

	‐기	意味
① 듣다		聞くこと
② 말하다		話すこと
③ 읽다		読むこと
④ 쓰다		書くこと

❷ 1つの文にしなさい。

① 공부하다 / 힘들죠?　　　　　　　　　勉強する／つらいでしょ？

→ ＿＿＿＿＿＿＿＿＿＿＿＿＿＿＿＿？　　勉強するのはつらいでしょ？

② 제 취미는 사진 찍다 / 예요.　　　　　私の趣味は写真撮る／です。

→ ＿＿＿＿＿＿＿＿＿＿＿＿＿＿＿＿.　　私の趣味は写真撮ることです。

③ 혼자 밥 먹다 / 싫어요.　　　　　　　1人でご飯食べる／嫌です。

→ ＿＿＿＿＿＿＿＿＿＿＿＿＿＿＿＿.　　1人でご飯食べるのは嫌です。

④ 등산하다 / 좋은 날씨예요.　　　　　山登りする／いい天気です。

→ ＿＿＿＿＿＿＿＿＿＿＿＿＿＿＿＿.　　山登りにいい天気です。

⑤ 늘 건강하시다 / 바랍니다.　　　　　いつも健康でいらっしゃる／望みです。

→ ＿＿＿＿＿＿＿＿＿＿＿＿＿＿＿＿.　　いつも健康でいらっしゃるのが望みです。

｜ 080-2 ｜ A・V‐(으)ㅁ 【～こと】

|形態情報| [パッチム✕] 흐리다 → 흐림, 쓰다 → 씀　　　[パッチム〇] 맑다 → 맑음, 읽다 → 읽음

| 例　文 | ・내일 수업은 휴강임. | 明日の授業は休講。

　　　　　・하나 씨는 한국 사람임에 틀림없어요. | ハナさんは韓国人であることに間違いありません。

❶ 表を完成しなさい。

	‐음	意味
① 맑다		晴れ
② 모르다		知らないこと
③ 다르다		違うこと
④ 쓰다		書くこと
⑤ 믿다		信じること
⑥ 웃다		笑い

❷ 1つの文にしなさい。

① 그 사람은 학생이다 / 에 틀림없다.　　　その人は学生だ／間違いない。

→ ＿＿＿＿＿＿＿＿＿＿＿＿＿＿＿＿.　　その人は学生なのは間違いない。

② (알림) 오후 1시 회의 있다　　　（お知らせ）午後１時会議ある

　　→ ＿＿＿＿＿＿＿＿＿＿＿＿＿＿ ．　　午後１時会議あり。

③ (알림) 다음 주 목요일 시험 보다　　（お知らせ）来週の木曜日試験受ける

　　→ ＿＿＿＿＿＿＿＿＿＿＿＿＿＿ ．　　来週の木曜日試験受けること。

④ 아이 울다 / 소리가 들려요.　　　　子供泣く／音が聞こえます。

　　→ ＿＿＿＿＿＿＿＿＿＿＿＿＿＿ ．　　子供の泣き声が聞こえます。

⑤ 웃다 / 소리가 너무 커요.　　　　　笑う／音がとても大きいです。

　　→ ＿＿＿＿＿＿＿＿＿＿＿＿＿＿ ．　　笑い声がとても大きいです。

081 • -은/는/을 것 같다

081-①, ② A-(으)ㄴ 것 같다¹, V-는 것 같다, -있다[없다]-는 것 같다

【～るようだ、いる（あり）／いない（ない）ようだ】

| 形態情報 | [動] 가다 → 가는 것 같다　　[形] 싸다 → 싼 것 같다　　[있다] 있는 것 같다 |

| 例 文 | ・하나 씨 아직 자는 것 같아요. | ハナさんはまだ寝ているようです。
・지금 집에 아무도 없는 것 같아요. | 今家に誰もいないようです。
・미나 씨는 요즘 많이 바쁜 것 같아요. | ミナさんは最近とても忙しいようです。
・저 사람, 외국인인 것 같아요. | あの人、外国人のようです。 |

❶ 表を完成しなさい。

品詞	表現	-ㄴ 것 같아요	-는 것 같아요	意味
動詞	① 오다	—		来るようです。
	② 살다	—		住むようです。
	③ 먹다	—		食べるようです。
形容詞	④ 바쁘다		—	忙しそうです。
	⑤ 아프다		—	痛そうです。
	⑥ 맵다		—	辛そうです。
있다/없다	⑦ 맛있다	—		美味しそうです。
	⑧ 재미없다	—		面白くなさそうです。
이다	⑨ 학생이다		—	学生のようです。
	⑩ 남자 친구이다		—	彼氏のようです。

❷ 対話文を完成しなさい。

① A : 소이 씨는 무슨 음식을 좋아해요?　　ソイさんはどんな料理が好きですか。

　　B : 소이 씨는 삼겹살을 ＿＿＿＿＿＿ ．　ソイさんはサムギョプサルが<u>好きみたいです</u>。

② A : 소이 씨랑 지민 씨, 사귀어요?　　　ソイさんとチミンさん、付き合っていますか。

　　B : 네, (그렇다) ＿＿＿＿＿＿ ．　　　はい、<u>そうみたいです</u>。

③ A : 저 사람 (누구이다)＿＿＿＿＿＿＿＿＿? 　　あの人誰だと思いますか。

　　B : 글쎄요? 하나 씨 친구 아니에요? 　　そうですね。ハナさんの友達じゃないですか。

④ A : 지민 씨 가끔 만나요? 　　チミンさんたまに会いますか。

　　B : 아뇨, 지민 씨 요즘 많이 (바쁘다)＿＿＿＿＿. 　　いいえ、チミンさん最近忙しそうです。

⑤ A : 저 사람 멋있지요? 　　あの人かっこいいでしょう。

　　B : 근데 저 사람 (여친이 있다)＿＿＿＿＿＿＿. 　　でもあの人彼女がいるみたいです。

081-③ · V-(으)ㄴ 것 같다² 【～たようだ】

| 形態情報 | [パッチム✕] 가다 → 간 것 같다　　[パッチム〇] 먹다 → 먹은 것 같다

| 例　文 | ・밖에 비가 온 것 같아요. | 外は雨が降ったようです。

　　　　・하나 씬 어제 늦게까지 공부한 것 같아요. | ハナさんは昨日遅くまで勉強したようです。

❶ 表を完成しなさい。

	-(으)ㄴ 것 같아요	意味
① 비가 왔다		雨が降ったようです。
② 하나 씨가 먹었다		ハナさんが食べたようです。
③ 한국에 갔다		韓国に行ったようです。
④ 친구와 싸웠다		友達と喧嘩したようです。
⑤ 여자친구와 헤어지다		彼女と別れたようです。

❷ 対話文を完成しなさい。

① A : 최근에 하나 씨 본 적 있어요? 　　最近ハナさん会いましたか。

　　B : 하나 씨 (고향에 돌아갔다)＿＿＿＿＿＿＿. 　　ハナさん実家に帰ったみたいです。

② A : 저 사람 멋있지요? 　　あの人かっこいいでしょう。

　　B : 근데 벌써 (결혼했다)＿＿＿＿＿＿. 　　でももう結婚しているみたいです。

③ A : 소이 씨 어디에 있어요? 　　ソイさんどこにいますか。

　　B : 벌써 (퇴근했다)＿＿＿＿＿＿＿. 　　もう家に帰ったみたいです。

④ A : 제 빵 누가 먹었어요? 　　私のパン誰が食べましたか。

　　B : 하나 씨가 (먹었다)＿＿＿＿＿＿＿. 　　ハナさんが食べたみたいです。

⑤ A : 이거 누가 했어요? 　　これ誰がしましたか。

　　B : 하나 씨가 (했다)＿＿＿＿＿＿＿. 　　ハナさんがしたみたいです。

081-④ · A·V-(으)ㄹ 것 같다, N(이)ㄹ 것 같다 【～るようだ/るそうだ】

| 形態情報 | [形] 크다 → 클 것 같다, 작다 → 작을 것 같다　　[動] 오다 → 올 것 같다, 먹다 → 먹을 것 같다

| 例　文 | ・밤에 눈이 올 것 같아요. | 夜に雪が降りそうです。

　　　　・이 옷은 미나 씨한테 조금 작을 것 같아요. | この服はミナさんに少し小さいようです。

❶ 表を完成しなさい。

	-(으)ㄹ 것 같아요	意味
① 옷이 작다		服が小さそうです。
② 영화가 재미없다		映画が面白くなさそうです。
③ 노래를 잘하다		歌が上手そうです。
④ 비가 오다		雨が降りそうです。
⑤ 날씨가 덥다		暑そうです。

❷ 対話文を完成しなさい。

① A : 오늘 경기 누가 이길 것 같아요?　　　　　今日の試合どっちが勝ちそうですか。
　 B : (한국이 이기다)＿＿＿＿＿＿＿＿＿.　　　韓国が勝ちそうです。

② A : 소미 씨, 밖의 날씨 어때요?　　　　　　　ソミさん、外の天気どうですか。
　 B : (비가 오다)＿＿＿＿＿＿＿＿＿.　　　　雨が降りそうです。

③ A : 이 목걸이 예쁘지요?　　　　　　　　　　このネックレスかわいいでしょう。
　 B : 네, 그런데 좀 (비싸다)＿＿＿＿＿＿.　　はい、でもちょっと高そうです。

④ A : 저 영화 봤어요?　　　　　　　　　　　　あの映画見ましたか。
　 B : 아뇨, 하지만 아주 (재미있다)＿＿＿＿＿.　いいえ、でもとても面白そうです。

⑤ A : 누가 범인일까요?　　　　　　　　　　　誰が犯人でしょうか。
　 B : 저는 저 남자가 (범인이다)＿＿＿＿＿＿.　私はあの男が犯人だと思います。

---

082 ● V-(으)ㄴ 덕분(에/이다), N 덕분(에/이다) 【～おかげ（で／だ）】

形態情報 [動] 하다 → 한 덕분에, 읽다 → 읽은 덕분에　　[名] 선생님 → 선생님 덕분에

例　文 ・고마워, 모두 네 덕분이야. | ありがとう、みんな君のおかげだよ。
　　　　・덕분에 저는 잘 지내고 있습니다. | おかげさまで私は元気です。

❶ [N 덕분(에/이다)] 文を完成しなさい。

① 선생님 ＿＿＿＿＿＿ 한국 생활이 행복했어요.　先生のおかげで韓国の生活が無事に過ごせました。

② 내가 합격한 건 모두 네 ＿＿＿＿＿＿이야. 고마워.　私が合格したのはみんなお前のおかげだ。ありがとう。

③ 친구들 ＿＿＿＿ 한국 생활에 빨리 적응할 수 있었다.　友達のおかげで韓国の生活にすぐに適応することができた。

④ 부모님 ＿＿＿＿＿＿ 유학 올 수 있었어요.　両親のおかげで留学することができました。

⑤ 하나 씨 ＿＿＿＿＿＿ 좋은 집을 구했다.　ハナさんのおかげでよい家を見つけた。

② [V-(으)ㄴ 덕분에] 1つの文にしなさい。

① 열심히 공부했다 / 시험에 합격했다.　　　　一生懸命勉強した／試験に合格した。
　→ _____ .　　一生懸命勉強したおかげで試験に合格した。

② 친구가 도와줬다 / 일이 빨리 끝났다.　　　　友達が手伝ってくれた／仕事が早く終わった。
　→ _____ .　　友達が手伝ってくれたおかげで仕事が早く終わった。

③ 열심히 쿠폰을 모았다 / 공짜로 피자를 먹었다.　一生懸命クーポンを集めた／ただでピザを食べた。
　→ _____ .　　一生懸命クーポンを集めたおかげでただでピザを食べた。

④ 소이 씨를 만났다 / 많은 것을 경험했다.　　　ソイさんに会った／多くのことを経験した。
　→ _____ .　　ソイさんに会ったおかげで多くのことを経験した。

083 ・ V-(으)ㄴ 적(이) 있다[없다] 【～たことがある／ない】

|形態情報| [パッチム✕] 가다 → 간 적이 있다　　　[パッチム〇] 먹다 → 먹은 적이 있다
| 例 文 | ・한국에 간 적이 있어요. | 韓国に行ったことがあります。
　　　　・저도 실수한 적 많아요. | 私もミスしたことがたくさんあります。
　　　　・삼계탕을 먹어 본 적이 있어요. | 参鶏湯を食べたことがあります。

① 表を完成しなさい。

	-(으)ㄴ 적이 있어요[없어요]	意味
① 실수하다		失敗したことがあります。
② 담배를 피우다		タバコを吸ったことがあります。
③ 한국 영화를 보다		韓国映画を観たことがあります。
④ 다이어트를 하다		ダイエットをしたことがあります。
⑤ 친구랑 싸우다		友達とケンカしたことがあります。
⑥ 거짓말하다		嘘ついたことがあります。

② 対話文を完成しなさい。

① A : 수업에 (지각하다) _____ ?　　授業に遅刻したことがありますか。
　B : 아뇨, 한번도 없어요.　　　　　　　　　いいえ、一度もありません。

② A : 한국에 (가 보다) _____ ?　　韓国に行ったことがありますか。
　B : 네, 작년에 한 번 가 봤어요.　　　　　　はい、去年一度行ってみました。

③ A : 우리 (만나다) _____ ?　　　私たち会ったことがありますか。
　B : 지난번 축제에서 만났잖아요.　　　　　　この前の学園祭で会ったじゃないですか。

④ A : 닭갈비 (먹어 보다) _____ ?　タッカルビ食べたことがありますか。
　B : 아뇨, 아직 없어요.　　　　　　　　　　いいえ、まだありません。

⑤ A : 이 책 (읽다) _____ ?　　　この本読んだことがありますか。
　B : 네, 도서관에서 빌려서 읽어 봤어요.　　はい、図書館で借りて、読んでみました。

084 • V-(으)ㄴ 지 【～てから】

形態情報 [パッチム✕] 만나다 → 만난 지 　　[パッチム◯] 먹다 → 먹은 지

例　文 ・남자 친구랑 사권 지 1년 됐어요. ┃ 彼氏と付き合って 1 年になりました。
・한국에 온 지 한 달쯤 됐어요. ┃ 韓国に来て 1 ヵ月くらいになりました。
・밥 먹은 지 얼마 안 됐어요. ┃ ご飯食べたばかりです。

❶ 1 つの文にしなさい。

① 한국어를 배우다 / 1년 되다.　　　　　　韓国語を学ぶ／ 1 年になる

→ ＿＿＿＿＿＿＿＿＿＿＿＿＿＿＿＿.　　韓国語を学んで 1 年になりました。

② 남자 친구를 만나다 / 얼마 안 되다.　　彼氏に会う／間もない

→ ＿＿＿＿＿＿＿＿＿＿＿＿＿＿＿＿.　　彼氏に会って間もないです。

③ 그 친구랑 헤어지다 / 5개월 되다.　　　その友達と別れる／ 5 ヶ月なる

→ ＿＿＿＿＿＿＿＿＿＿＿＿＿＿＿＿.　　その友達と別れて 5 ヶ月になりました。

④ 청소를 하다 / 오래 되다.　　　　　　　掃除をする／かなり経つ

→ ＿＿＿＿＿＿＿＿＿＿＿＿＿＿＿＿.　　掃除をしてからかなり経ちました。

⑤ 삿포로에서 살다 / 벌써 10년이나 되다.　札幌で暮らす／もう 10 年もなる

→ ＿＿＿＿＿＿＿＿＿＿＿＿＿＿＿＿.　　札幌で暮らしてもう 10 年になりました。

❷ 対話文を完成しなさい。

① A : 언제 한국에 왔어요?　　　　　　　　いつ韓国に来ましたか。
　 B : (오다)＿＿＿＿＿ 2개월쯤 됐어요.　　来て 2 か月ぐらいなりました。

② A : (한국어를 배우다)＿＿＿＿＿ 얼마나 됐어요?　韓国語を学んでどれぐらいなりましたか。
　 B : 7개월 됐어요.　　　　　　　　　　　7 か月になりました。

③ A : (남자 친구랑 사귀다)＿＿＿＿＿ 몇 년 됐어요?　彼氏と付き合って何年なりましたか。
　 B : 2년쯤 됐어요.　　　　　　　　　　　2 年ぐらいになりました。

④ A : 언제 결혼하셨어요?　　　　　　　　　いつ結婚しましたか。
　 B : (결혼하다)＿＿＿＿＿ 12년 됐어요.　結婚して 12 年になりました。

⑤ A : (여기에서 살다)＿＿＿＿＿ 오래 됐어요?　ここで住んで長いですか。
　 B : 아뇨, 작년부터 살았어요.　　　　　　いいえ、去年から住んでいます。

085 • A・V-(으)ㄴ 후(에/이다), N 후(에/이다) 【～た後（に／だ）】

形態情報 [パッチム✕] 가다 → 간 후에　　[パッチム◯] 먹다 → 먹은 후에　　[名] 수업 후에, 식사 후에

例　文 ・밥을 먹은 후에 이를 닦아요. ┃ ご飯を食べた後に歯を磨きます。
・졸업 후에 바로 결혼했어요. ┃ 卒業後にすぐ結婚しました。

❶ 1 つの文にしなさい。

① 책을 읽다 → 자요.　　　　　　　　　　本を読む→寝ます。

→ ＿＿＿＿＿＿＿＿＿＿＿＿＿＿＿＿＿＿.　本を読んだ後、寝ます。

② 청소를 하다 → 빨래를 해요.　　　　　　　　掃除をする→洗濯をします。

　→ _____.　　　　　掃除をした後、洗濯をします。

③ 숙제를 하다 → 친구랑 같이 놀 거예요.　　宿題をする→友達と遊ぶつもりです。

　→ _____.　　　　　宿題をした後、友達と一緒に遊ぶつもりです。

④ 수업이 끝나다 → 집에 가요.　　　　　　授業が終わる→家に帰ります。

　→ _____.　　　　　授業が終わった後、家に帰ります。

⑤ 졸업하다 → 취직할 거예요.　　　　　　　卒業する→就職するつもりです。

　→ _____.　　　　　卒業した後、就職するつもりです。

② 対話文を完成しなさい。

① A : (수업)_____ 어디에 갈 거예요?　　授業の後、どこに行くつもりですか。

　B : 아르바이트하러 가요.　　　　　　　　アルバイトしに行きます。

② A : 시험이 (끝나다)_____ 뭐 할 거예요?　試験が終わった後、何するつもりですか。

　B : 놀러 갈 거예요.　　　　　　　　　　遊びに行くつもりです。

③ A : 어제 (헤어지다)_____ 뭐 했어요?　昨日別れた後、何しましたか。

　B : 친구 만나러 시내에 갔어요.　　　　　友達に会いに街に出かけました。

④ A : 보통 (식사)_____ 뭐 해요?　　通常、食後に何しますか。

　B : 자요.　　　　　　　　　　　　　　　寝ます。

⑤ A : (방학하다)_____ 뭐 하고 싶어요?　休暇に入った後、何したいですか。

　B : 해외여행을 가고 싶어요.　　　　　　海外旅行に行きたいです。

086 • A-(으)ㄴ데, V-는데, N(이)ㄴ데¹ 【～だが／るけど】

形態情報 [形] 비싸다 → 비싼데, 좋다 → 좋은데　　[動] 가다 → 가는데, 먹다 → 먹는데

例文 ・지금 마트에 가는데 필요한 거 없어요? | 今マートに行くけど必要なものないですか。

　　　・심심한데 같이 영화 보러 갈래요? | 退屈なんだけど一緒に映画を見に行きますか。

　　　・미나 씨는 제 친구인데 미국에 살아요. | ミナさんは私の友達ですがアメリカに住んでます。

① 1つの文にしなさい。

① 덥다 / 냉면 먹읍시다.　　　　　　　　暑い／冷麺食べましょう。

　→ _____.　　　　暑いんで、冷麺食べましょう。

② 배 고프다 / 밥 먹으러 가요.　　　　　　お腹がすいている／ご飯食べに行きましょう。

　→ _____.　　　　お腹がすいてるんで、ご飯食べに行きましょう。

③ 선물을 사고 싶다 / 뭐가 좋을까요?　　プレゼントを買いたい／何がいいでしょうか。

　→ _____.　　　　プレゼントを買いたいんですが、何がいいでしょうか。

④ 옷 사러 가다 / 같이 갈래요?　　　　　服買いに行く／一緒に行きましょうか。

　→ _____.　　　　服買いに行きますが、一緒に行きましょうか。

⑤ 내일은 시간이 있다 / 내일 만날까요?　明日は時間がある／明日会いましょうか。

　→ _____.　　　　明日は時間がありますが、明日会いましょうか。

② 対話文を完成しなさい。

① A : 안녕하세요. 거기 소이 씨 집이죠?　　こんにちは。そちらソイさんの家でしょう？

　 B : 네, (그렇다)_____. 누구세요?　　はい、<u>そうですが</u>、どちら様ですか。

　 A : (친구이다)_____ 소이 씨 집에 있어요?　<u>友達ですが</u>、ソイさん家にいますか。

　 B : 네, 잠깐만 기다리세요.　　はい、ちょっと待ってください。

② A : 영화 (보러 가다)_____ 같이 갈래요?　映画観に行きますが、一緒に行きませんか。

　 C : 네, 좋아요. 저도 가고 싶었어요.　　はい、いいですよ。私も行きたかったんです。

③ A : 저는 이 옷이 (좋다)_____ 미나 씨는　私はこの服がいいんですが、ミナさんはどうで

　　　어때요?　　すか。

　 B : 저도 마음에 들어요.　　私も気に入りました。

④ A : 이거 제가 (만든 것이다)_____ 좀 드셔　これ私が作ったものですが、召し上がってみて

　　　보세요.　　ください。

　 B : 네, 잘 먹겠습니다.　　はい、いただきます。

---

087 • A-(으)ㄴ데, V-는데, N(이)ㄴ데² 【～なのに／るけど】

|形態情報| [形] 크다 → 큰데, 좋다 → 좋은데　　[動] 가다 → 가는데, 먹다 → 먹는데

| 例 文 | ・그 사람 얼굴은 아는데 이름은 몰라요. | その人の顔は知っているけど名前は知りません。
　　　・노래는 잘 부르는데 춤은 잘 못 춰요. | 歌は上手だけど踊りは下手です
　　　・지난 시험은 잘 봤는데 이번 시험은 못 봤어요. | 前のテストはよくできたけど今回の試験はできませ
　　　んでした。

① 1 つの文にしなさい。

① 아침이다 + 그런데 벌써 더워요.　　朝だ＋ところでもう暑い。

　 → _____.　　朝なのにもう暑いです。

② 4월이다 + 그런데 아직 추워요.　　4月だ＋ところでまだ寒い。

　 → _____.　　4月なのにまだ寒いです。

③ 얼굴은 예쁘다 + 그런데 성격이 안 좋아요.　顔は可愛い＋ところで性格がよくないです。

　 → _____.　　顔は可愛いけど性格がよくないです。

④ 형은 키가 크다 + 그런데 저는 키가 작아요.　兄は背が高い＋ところで私は背が低い。

　 → _____.　　兄は背が高いが、弟は背が低いです。

⑤ 열심히 공부했다 + 그런데 시험에 떨어졌어요.　一生懸命勉強した＋ところで試験に落ちました。

　 → _____.　　一生懸命勉強したが、試験に落ちました。

② 対話文を完成しなさい。

① A : 미나 씨 어때요?　　ミナさんどうですか。

　 B : 얼굴은 _____ 머리가 나빠요.　　顔はかわいいけど、賢くないです。

② A : 영화 좋아해요?　　映画好きですか。

　 B : 액션 영화는 _____ 공포 영화는 안　アクション映画は好きですが、ホラー映画は好き

　　　좋아해요.　　ではありません。

③ A : 많이 힘드세요?　　　　　　　　　　とてもお疲れですか。

　　B : 마음은 (10대이다) _____ 몸이　　心は 10 代ですが、体が 40 代なので…。

　　　　40대라서…

④ A : 신발 가격이 어땠어요? 비싸지 않았어요?　履物の値段はどうでしたか。高くなかったですか。

　　B : 구두는 _____ 운동화는 안 비쌌어요.　靴は高かったですが、運動靴は高くなかったです。

⑤ A : 한국 음식은 다 매워요?　　　　　　韓国の食べ物は全部辛いですか。

　　B : 김치는 _____ 삼계탕은 안 매워.　キムチは辛いですが、サムゲタンは辛くありません。

088 • A-(으)ㄴ데요, V-는데요, N(이)ㄴ데요【～だが／るけど】

形態情報 [形] 크다 → 큰데, 좋다 → 좋은데　　　[動] 가다 → 가는데, 먹다 → 먹는데

例 文 ・이거 저한테 너무 작은데요. | これは私に小さすぎなんだけど。

　　　・지금 집에 가는데요. 왜요? | 今家に帰るんですが。どうしてですか？

　　　・하나 친구인데요. 하나 있어요? | ハナの友達ですが。ハナいますか。

❶ 表を完成しなさい。

	-(으)ㄴ데요/-는데요	意味
① 질문이 있다		質問があるんですが…。
② 편지를 보내러 왔다		手紙を送りにきたんですが…。
③ 기억이 잘 안 나다		よく思い出せないんですが…。
④ 잘 모르겠다		よくわかりませんが…。
⑤ 저이다		私ですが…。

❷ 対話文を完成しなさい。

① A : 이거 누구 책이에요?　　　　　　　これ誰の本ですか。

　　B : (제 것이다) _____.　　　　　私のですが…。

② A : 이번 주말에 하나 씨 생일 파티에 안 갈래요?　今週末にハナさんの誕生日パーティーに行きませんか。

　　B : 저는 초대를 (못 받았다) _____.　私は招待されていないんですが…。

③ A : (전화에서) 실례지만 누구세요?　　（電話で）失礼ですが、どちら様ですか。

　　B : 저 (민서이다) _____. 하나 씨 있어요?　私ミソンですが…。ハナさんいますか。

④ A : 저, 통장을 (만들려고 하다) _____.　あの、通帳を作ろうと思うんですが…。

　　B : 그러세요? 여기에 이름과 주소를 써 주세요.　そうですか。ここに名前と住所を書いてください。

⑤ A : 지금 뭐 해요?　　　　　　　　　　今何していますか。

　　B : 그냥 (집에서 쉬고 있다) _____.　ただ家で休んでいるんですが…。

089 • A-(으)ㄴ 반면(에), V-는 반면(에)【～のに対して】

形態情報 [形] 싸다 → 싼 반면, 많다 → 많은 반면　　　[動] 가다 → 가는 반면, 먹다 → 먹는 반면

例 文 ・일하는 사람이 있는 반면에 노는 사람도 있다. | 働く人がいるのに対して、遊ぶ人もいる。

　　　・아는 사람은 많은 반면 친한 친구는 없어요. | 知り合いは多いけど、親しい友達はいません。

❶ 1つの文にしなさい。

① 값이 비싸다 ＋ 반면에 품질이 좋아요.　　　　値段が安い／一方、品質がよいです。

　　→ _____.　　　値段が高いですが、品質がよいです。

② 성격은 좋다 ＋ 반면에 공부를 못해요.　　　　性格はいい／一方、勉強ができません。

　　→ _____.　　　性格はいいですが、勉強ができません。

③ 아는 사람은 많다 ＋ 반면에 친한 사람은 없어요.　知り合いは多い／一方、親しい人はいません。

　　→ _____.　　　知り合いは多いですが、親しい人はいません。

④ 머리는 좋다 ＋ 반면에 노력을 안 해요.　　　　賢い／一方、努力をしません。

　　→ _____.　　　賢いですが、努力をしません。

⑤ 단점이 있다 ＋ 반면 장점도 있어요.　　　　　短所がある／一方、長所もあります。

　　→ _____.　　　短所があるが、長所もあります。

---

090 ● A-(으)ㄴ지, V-는지, N(이)ㄴ지 (알다, 모르다)【〜か知っている／知らない】

|形態情報| [形] 싸다 → 싼지, 좋다 → 좋은지　　[動] 가다 → 가는지, 먹다 → 먹는지

| 例　文 | ・오늘 할 일이 뭔지 아세요? | 今日すべきことが何なのかご存知ですか。

　　　　・이 책이 싼지 비싼지 잘 모르겠어요. | この本が安いか高いのかよくわかりません。

　　　　・밖에 비가 오는지 어떤지 잘 모르겠어요. | 外は雨が降っているかどうかよくわかりません。

❶ 表を完成しなさい。

	-(으)ㄴ/는지 알아요	意味
① 혹시 저 사람 누구이다		ひょっとしてあの人誰か知っていますか。
② 잡채를 어떻게 만들다		チャプチェをどうやって作るか知っていますか。
③ 하나 씨 어디에 살다		ハナさんどこに住んでいるか知っていますか。
④ 하나 씨가 왜 결석했다		ハナさんが何で欠席したか知っていますか。
⑤ 시험이 언제이다		試験がいつなのか知っていますか。

❷ 対話文を完成しなさい。

① A : 하나 씨 무슨 일 (하다) _____ 알아요?　　ハナさん何の仕事しているか知っていますか。

　 B : 네, 알아요.　　　　　　　　　　　　　　　　はい、知っています。

② A : 오늘 (몇 월 며칠이다) _____ 아세요?　今日が何月何日かご存知ですか。

　 B : 오늘은 4월 14일이에요.　　　　　　　　　　今日は 4 月 14 日です。

③ A : 이 옷 (얼마이다) _____ 아세요?　　　この服いくらかご存知ですか。

　 B : 아뇨, 얼마예요?　　　　　　　　　　　　　いいえ、いくらですか。

④ A : 미나 씨가 언제 집에 (가다) _____ 알아요?　ミナさんいつ家に帰るか知っていますか。

　 B : 아뇨, 몰라요. 언제 가는데요?　　　　　　　いいえ、知りません。いつ帰るんですか。

⑤ A : 제주도에는 언제 가면 (좋다) _____ 아세요?　済州島にはいつ行けばいいかご存知ですか。

　 B : 제주도는 봄에 가는 게 좋아요.　　　　　　済州島は春行くのがいいです。

091 • A-(으)ㄴ 줄, V-는 줄, N(이)ㄴ 줄 알다[모르다]【～だとは知っている／知らない】

| 形態情報 | [パッチム✕] 똑똑하다 → 똑똑한 줄 모르다　　[パッチム〇] 살다 → 사는 줄 모르다 |

例　文	・하나 씨가 그렇게 똑똑한 줄 몰랐어요.	ハナさんがそんなに賢いとは知りませんでした。
	・내가 너 좋아하는 줄 몰랐어?	私があなた好きだと知らなかった？
	・너무 재미있어서 시간 가는 줄 몰랐어요.	とても面白くて時間が過ぎるのを忘れました。

❶ 1つの文にしなさい。

① 그 아이가 그렇게 똑똑하다 ＋ 몰랐어요.　　その子がそんなに賢い／知りませんでした。

→ _____.　　その子がそんなに賢いとは知りませんでした。

② 비가 오다 ＋ 몰랐어요.　　雨が降る／知りませんでした。

→ _____.　　雨が降るとは知りませんでした。

③ 운전하는 게 이렇게 어렵다 ＋ 몰랐습니다.　　運転するのがこんなに難しい／知りませんでした。

→ _____.　　運転するのがこんなに難しいとは知りませんでした。

④ 하나 씨가 저를 좋아하다 ＋ 몰랐어요.　　ハナさんが私を好きだ／知りませんでした。

→ _____.　　ハナさんが私を好きだとは知りませんでした。

⑤ 제가 하나 씨를 싫어하다 ＋ 알았어요?　　私がハナさんが嫌いだ／思っていましたか。

→ _____?　　私がハナさんが嫌いだと思っていましたか。

❷ 対話文を完成しなさい。

① A : 저도 삿포로에 살아요.　　私も札幌に住んでいます。

B : 삿포로에 (살다) _____ 몰랐어요.　　札幌に住んでいるとは知りませんでした。

② A : 실은 저도 하나 씨 좋아해요.　　実は私もハナさん好きです。

B : 그래요? 저 (좋아하다) _____ 몰랐어요.　　そうですか。私のこと好きだとは知りませんでした。

③ A : 숙제했어요?　　宿題しましたか。

B : 네? 숙제가 (있다) _____ 몰랐어요.　　はい？ 宿題があるとは知りませんでした。

④ A : 사나 씨랑은 그냥 친구예요.　　サナさんとはただの友達です。

B : 저는 두 사람이 (사귀다) _____ 알았어요.　　私は2人が付き合っていると思っていました。

⑤ A : 그렇게 하면 안 돼요.　　そうしたらダメです。

B : 그래요? 이렇게 해도 (되다) _____ 알았어요.　　そうですか。こうしてもいいと思っていました。

092 • A-(으)ㄴ 편이다, V-는 편이다【～のほうだ／るほうだ】

| 形態情報 | [形] 비싸다 → 비싼 편이다, 춥다 → 추운 편이다　　[動] 가다 → 가는 편이다, 먹다 → 먹는 편이다 |

例　文	・아침에 늦게 일어나는 편이에요.	朝遅く起きるほうです。
	・밥을 많이 먹는 편이에요.	ご飯をたくさん食べるほうです。
	・이 가게는 조금 비싼 편이에요.	この店は少し高いほうです。

① 表を完成しなさい。

	−은/는 편이에요	意味
① 공부 잘하다		勉強できるほうです。
② 아무거나 잘 먹다		何でもよく食べるほうです。
③ 잘생기다		まあまあハンサムです。
④ 노래를 잘 부르다		歌がうまいほうです。
⑤ 방이 넓다		部屋が広いほうです。

② 対話文を完成しなさい。

① A : 보통 몇 시에 주무세요?　　　　　　　たいてい何時にお休みですか。

　 B : 일찍 (자다) _____.　　　早く<u>寝るほうです</u>。

② A : 이거 드실 수 있어요?　　　　　　　これ召し上がることができますか。

　 B : 네, 저는 아무거나 다 잘 (먹다) _____.　　私は何でもよく<u>食べるほうです</u>。

③ A : 남자 친구 잘생겼어요.　　　　　　彼氏がハンサムですか。

　 B : 네, (잘생기다) _____.　　はい、<u>まあまあハンサムです</u>。

④ A : 벌써 다 드셨어요?　　　　　　　もう全部召し上がったんですか。

　 B : 네, 밥을 빨리 (먹다) _____.　　はい、ご飯を速く<u>食べるほうです</u>。

⑤ A : 서울 물가는 어때요?　　　　　　ソウルの物価はどうですか。

　 B : 일본보다는 (싸다) _____.　　日本よりは<u>安いほうです</u>。

093 • A · V−(으)ㄹ 거예요² 【〜でしょう】

形態情報 ［形］크다 → 클 거예요, 작다 → 작을 거예요　　［動］가다 → 갈 거예요, 먹다 → 먹을 거예요

例　文 ・주말이라서 길이 많이 막힐 거예요. | 週末なので道がとても渋滞するんでしょう。
　　　　・벌써 한국에 도착했을 거예요. | もう韓国に着いたでしょう。

① 下線部を書きかえなさい。

① 주말이라서 백화점이 <u>복잡해요</u>.　　　週末なのでデパートが<u>混んでいるでしょう</u>。

② 하나 씨는 착하니까 친구들이 <u>좋아해요</u>.　　ハナさんは賢いから友達が<u>好きでしょう</u>。

③ 지금 7시니까 아마 집에 <u>도착했어요</u>.　　今 7 時なのでおそらく家に<u>到着しているでしょう</u>。

④ 고기를 좋아하니까 삼겹살도 <u>잘 먹어요</u>.　　肉が好きなのでサムギョプサルも<u>よく食べるでしょう</u>。

⑤ 열심히 공부했으니까 내일 시험도 <u>잘 봐요</u>.　　一生懸命勉強したので明日の試験も<u>大丈夫でしょう</u>。

⑥ 방학이니까 도서관에 자리가 <u>있어요</u>.　　長期休暇なので図書館の席が<u>空いているでしょう</u>。

② 対話文を完成しなさい。

① A : 내일 날씨 어떨까요?　　　　　　　　　明日の天気、どうでしょうか。

　 B : 아마 비가 (오다)＿＿＿＿＿＿＿＿.　　たぶん雨が降るでしょう。

② A : 이 옷 비쌀까요?　　　　　　　　　　　この服、高いでしょうか。

　 B : 조금 (비싸다)＿＿＿＿＿＿＿＿.　　　少し高いでしょう。

③ A : 지금 몇 시예요?　　　　　　　　　　　今何時ですか。

　 B : 아마 열 시쯤 (됐다)＿＿＿＿＿＿＿.　たぶん10時ぐらいでしょう。

④ A : 내일 바쁘세요?　　　　　　　　　　　明日お忙しいですか。

　 B : 네, 좀 (바쁘다)＿＿＿＿＿＿＿＿.　　はい、ちょっと忙しいと思います。

⑤ A : 오늘은 일찍 집에 올 거예요?　　　　　今日は早く家に帰るつもりですか。

　 B : 미안해요. 오늘도 조금 (늦다)＿＿＿＿. ごめんなさい。今日もちょっと遅くなると思います。

093-1 ● V-(으)ㄹ 거예요¹【～るつもりだ】

| 形態情報 | [パッチム✕] 자다 ➡ 잘 거예요　　[パッチム◯] 먹다 ➡ 먹을 거예요

| 例 文 |・내일은 학교에 갈 거예요. | 明日は学校に行くつもりです。
　　　　・주말에 친구를 만날 거예요. | 週末に友達に会うつもりです。

① 対話文を完成しなさい。

① A : 내일 뭐 할 거예요?　　　　　　　　　明日何するつもりですか。

　 B : (도서관에서 공부하다)＿＿＿＿＿＿.　図書館で勉強するつもりです。

② A : 토요일에 뭐 할 거예요?　　　　　　　土曜日に何するつもりですか。

　 B : (청소를 하다)＿＿＿＿＿＿＿.　　　掃除をするつもりです。

③ A : 주말에 등산 갈 거예요?　　　　　　　週末登山に行くつもりですか。

　 B : 네, (가다)＿＿＿＿＿＿＿.　　　　　はい、行くつもりです。

④ A : 뭐 (먹다)＿＿＿＿＿＿＿＿＿?　　　何食べるつもりですか。

　 B : 오늘은 좀 매운 걸 먹고 싶어요.　　　今日は少し辛いのを食べたいです。

---

094 ● V-(으)ㄹ게요【～ます】

| 形態情報 | [パッチム✕] 가다 ➡ 갈게요　　[パッチム◯] 먹다 ➡ 먹을게요

| 例 文 |・엄마, 내일부터는 늦지 않을게요. | お母さん、明日からは遅れません。
　　　　・오늘 교실 청소는 제가 할게요. | 今日の教室の掃除は私がします。
　　　　・한국에 도착하면 전화할게요. | 韓国に着いたら電話します。

① 表を完成しなさい。

状況	約束すること	-(으)ㄹ게요	意味
① 学校によく遅刻した	내일부터 일찍 오다		明日から早く来ます。
② 母が掃除をしている	제가 하다		私がします。
③ タバコを吸う	올해부터 담배를 끊다		今年からタバコを止めます。

④ 彼氏と別れながら	집에 가서 전화하다		家に帰って電話します。
⑤ お酒を飲みすぎる	올해는 술을 끊다		今年はお酒を止めます。

② 対話文を完成しなさい。

① A : 오늘은 일찍 집에 들어오세요.　　　　　明日は早く家に帰ってきてください。

　　B : 8시까지는 (오다)＿＿＿＿＿＿＿＿＿.　8 時までには帰ってきます。

② A : 술 마시지 마세요.　　　　　　　　　　お酒飲まないでください。

　　B : 네, 안 (마시다)＿＿＿＿＿＿＿＿.　　はい、飲みません。

③ A : 오늘은 제가 (사다)＿＿＿＿＿＿＿＿.　　今日は私がおごります。

　　B : 그럼 다음에는 제가 (사다)＿＿＿＿＿＿.　じゃ、次は私がおごります。

④ A : 집에 도착하면 전화하세요.　　　　　　家に着いたら電話してください。

　　B : 네, 그렇게 (하다)＿＿＿＿＿＿＿.　　はい、そうします。

⑤ A : 오늘 청소 누가 할래요?　　　　　　　今日の掃除誰がしますか。

　　B : 제가 (하다)＿＿＿＿＿＿＿＿.　　　　私がします。

095 • V-(으)ㄹ까 (하다) 【～かと思う】

形態情報 [パッチムX] 자다 → 잘까 하다　　[パッチム〇] 먹다 → 먹을까 하다

例 文 ・주말에는 등산이나 갈까 해요. | 週末には山登りでもしようかと思います。
　　　　・저녁은 밖에서 먹을까 생각 중이에요. | 夕食は外で食べようか考えているところです。

① 表を完成しなさい。

	-(으)ㄹ까 해요	意味
① 오후에는 영화를 보다		午後は映画を観ようかと思います。
② 졸업 후 유학을 가다		卒業後、留学をしようかと思います。
③ 방학 때 고향에 돌아가다		休みの時、実家に帰ろうかと思います。
④ 주말에는 집에서 쉬다		週末は家で休もうかと思います。
⑤ 도서관에 책을 빌리러 가다		図書館に本を借りに行こうかと思います。

② 対話文を完成しなさい。

① A : 점심에 뭐 먹을 거예요?　　　　　　　昼食の時に何食べるつもりですか。

　　B : 오늘 점심은 (굶다)＿＿＿＿＿＿＿＿.　今日昼食は抜こうかと思います。

② A : 언제 결혼하실 거예요?　　　　　　　　いつ結婚なさるつもりですか。

　　B : 결혼 안 하고 혼자 (살다)＿＿＿＿＿＿.　結婚せず、1 人で生きようかと思います。

③ A : 오늘 오후에 어디에 갈 거예요?　　　　今日の午後どこに行くつもりですか。

　　B : (시내에 가다)＿＿＿＿＿＿＿＿.　　　街に出かけようかと思います。

④ A : 방학 때 뭐 하실 거예요?　　　　　　　休みの時何なさるつもりですか。

　　B : (여행이나 가다)＿＿＿＿＿＿＿＿.　　旅行でも行こうかと思います。

⑤ A: 점심 먹고 뭐 할 거예요?　　　　　　　　　　昼食食べて何するつもりですか。

　　B: (낮잠이나 자다)_____.　　　　昼寝でもしようかと思います。

096 • V-(으)ㄹ까요?[1] 【～ましょうか】

|形態情報| ［パッチム✕］자다 → 잘까요　　　［パッチム〇］읽다 → 읽을까요

|例　文| ・저기서 우리 같이 사진 찍을까요? | あそこで私たち一緒に写真撮りましょうか。
　　　　・같이 커피 마실까요? | 一緒にコーヒー飲みましょうか。

❶ 表を完成しなさい。

	-(으)ㄹ까요?	意味
① 한잔하다		一杯飲みましょうか。
② 같이 밥 먹다		一緒にご飯食べましょうか。
③ 놀러 가다		遊びに行きましょうか。
④ 영화 보러 가다		映画観に行きましょうか。
⑤ 비빔밥 먹다		ビビンバ食べましょうか。

❷ 対話文を完成しなさい。

① A: 차나 (한잔하다)_____?　　　　お茶でも一杯飲みましょうか。

　　B: 네, 좋아요. 한잔해요.　　　　　　　　　はい、いいですよ。飲みましょう。

② A: 점심 같이 (먹다)_____?　　　お昼一緒に食べましょうか。

　　B: 네, 좋아요.　　　　　　　　　　　　　はい、いいです。

③ A: 영화 (보다)_____, 박물관에 (가다)_____?　映画観ましょうか、博物館に行きましょうか。

　　B: 영화 봐요.　　　　　　　　　　　　　映画観ましょう。

④ A: 시험 공부 같이 (하다)_____?　試験勉強一緒にしましょうか。

　　B: 미안해요. 다른 약속이 있어요.　　　　ごめんなさい。他の約束があります。

⑤ A: 길이 막히니까 택시 (타다)_____?　道が混んでるからタクシー乗りましょうか。

　　B: 네, 그렇게 해요.　　　　　　　　　　はい、そうしましょう。

096-1 V-(으)ㄹ래요? 【～ましょうか／ますか】

|形態情報| ［パッチム✕］자다 → 잘래요　　　［パッチム〇］읽다 → 읽을래요

|例　文| ・내일 같이 영화 보러 갈래요? | 明日一緒に映画観に行きましょうか。
　　　　・피곤한데 저기서 좀 쉴래요? | 疲れたんだけど、あそこで休みましょうか。

❶ 表を完成しなさい。

	-(으)ㄹ래요?	意味
① 한잔하다		一杯飲みましょうか。
② 같이 밥 먹다		一緒にご飯食べましょうか。

③ 놀러 가다		遊びに行きましょうか。
④ 영화 보러 가다		映画観に行きましょうか。
⑤ 뭐 먹다		何食べましょうか。

② 対話文を完成しなさい。

① A : 주말에 (바다에 가다) _____?　　週末に海に行きましょうか。

　 B : 네, 좋아요.　　　　　　　　　　　　　　はい、いいです。

② A : 저녁에 (커피 한잔하다) _____?　夕方にコーヒー一杯飲みましょうか。

　 B : 미안해요. 저녁에 약속이 있어요.　　　　ごめんなさい。夕方に約束があります。

③ A : 배가 고파요.　　　　　　　　　　　　　お腹が空いてます。

　 B : 그럼 같이 (밥 먹으러 가다) _____?　では、一緒にご飯食べに行きましょうか。

④ A : 오늘 우리 집에 (놀러 안 가다) _____?　今日私の家に遊びに行きませんか。

　 B : 미안해요. 오늘은 안 돼요.　　　　　　　ごめんなさい。今日はだめです。

⑤ (식당에서)　　　　　　　　　　　　　　　（食堂で）

　 A : (뭐 먹다) _____?　　　　　何を食べましょうか。

　 B : 음, 저는 비빔밥 먹을래요.　　　　　　うん、私はビビンバ食べます。

---

097 ・ A・V−(으)ㄹ까요?², N(이)ㄹ까요? 【～でしょうか】

形態情報 ［パッチム✕］싸다 → 쌀까요　　　［パッチム◯］맑다 → 맑을까요

例 文 ・내일 날씨가 좋을까요? | 明日天気がいいでしょうか？
　　　　・이 옷 저한테 작을까요? | この服私に小さいでしょうか？

① 文を書きかえなさい。

	−(으)ㄹ까요?	意味
① 시험이 어렵다		試験が難しいでしょうか。
② 내일 날씨 춥다		明日寒いでしょうか。
③ 늦지 않다		遅れないでしょうか。
④ 이 옷 비싸다		この服高いでしょうか。
⑤ 하나 씨 몇 살이다		ハナさん何歳でしょうか。

② 対話文を完成しなさい。

① A : 저 사람 (학생이다) _____?　　あの人学生でしょうか。

　 B : 글쎄요. 잘 모르겠어요.　　　　　　　　そうですね。よく分かりません。

② A : 제가 이 일을 (할 수 있다) _____?　私がこの仕事できるでしょうか。

　 B : 물론이에요.　　　　　　　　　　　　　もちろんです。

③ A: 하나 씨 지금쯤 어디까지 (갔다)_____?　ハナさん今頃どこまで行ったでしょうか。

　　B: 지금쯤 집에 도착했을 거예요.　今頃家についたでしょう。

④ A: 영민 씨가 오늘 왜 (화가 났다)_____?　ヨンミンさんが今日なんで怒ったんでしょうか。

　　B: 저도 모르겠어요.　私も分かりません。

⑤ A: 이 옷 저한테 (맞다)_____?　この服私に合うでしょうか。

　　B: 네, 손님한테 딱 맞는 사이즈예요.　はい、お客様にぴったり合うサイズです。

098 • N을/를 대상으로【～を対象に】

形態情報　[パッチム✕] 남녀 → 남녀를 대상으로　　[パッチム○] 학생 → 학생을 대상으로

例文　・주부를 대상으로 취미에 대해 조사했습니다.｜主婦を対象に趣味について調査しました。

　　　　・대학생을 대상으로 원하는 직업을 조사했다.｜大学生を対象に希望する職業を調査した。

❶ 下線部に入る、適切な表現を書きなさい。

① 대학생 100명_____ 설문조사를 하였다.　大学生 100 名を対象にアンケート調査をした。

② 고등학생_____ 장래 희망을 물어보았다.　高校生を対象に将来の夢を尋ねてみた。

③ 신문에서 주부_____ 조사를 하였습니다.　新聞で主婦を対象に調査をしました。

④ 음식점_____ 음식값을 조사했습니다.　飲食店を対象に商品の値段を調査しました。

099 • A・V-(으)ㄹ 때, N 때【～る時】

形態情報　[形] 싸다 → 쌀 때　　[動] 가다 → 갈 때, 먹다 → 먹을 때　　[ㄹパッチム] 놀다 → 놀 때

例文　・외로울 때 저는 음악을 들어요.｜寂しい時私は音楽を聞きます。

　　　　・시간 있을 때 꼭 전화 주세요.｜時間がある時必ず電話してください。

　　　　・방학 때는 여행을 갈 거예요.｜休みの時は旅行に行きます。

❶ 1つの文にしなさい。

① 웃다 / 제일 예뻐요.　笑う／一番かわいいです。

　→ _____.　笑っている時、一番かわいいです。

② 어리다 / 키가 작았어요.　若い（幼い）／背が低かったです。

　→ _____.　幼い時、背が低かったです。

③ 심심하다 / 동영상을 봐요.　退屈だ／動画を見ます。

　→ _____.　退屈な時は、動画を見ます。

④ 피곤하다 / 커피를 마셔요.　疲れる／コーヒーを飲みます。

　→ _____.　疲れた時は、コーヒーを飲みます。

⑤ 집에 있다 / 화장을 안 해요.　家にいる／化粧をしません。

　→ _____.　家にいる時は、化粧をしません。

② それぞれのものはどんな時、使いますか？

① 　② 　③ 　④ 　⑤ 　⑥

_____　_____　_____　_____　_____　_____

100・ V-(으)ㄹ 생각[계획, 예정]이다 【～るつもりだ】

| 形態情報 | [パッチム✕] 가다 → 갈 생각이다　　[パッチム〇] 먹다 → 먹을 생각이다 |
| 例　文 | ・주말에는 친구를 만날 생각이에요. │ 週末には友達に会うつもりです。
・점심에는 삼계탕을 먹을 계획이에요. │ 昼食時にはサムゲタンを食べるつもりです。
・방학 때는 해외여행을 갈 예정이에요. │ 休みの時は海外旅行に行くつもりです。 |

① 表を完成しなさい。

	-(으)ㄹ 생각이에요	意味
① 가 보다		行くつもりです。
② 먹어 보다		食べるつもりです。
③ 한번 해 보다		一度してみるつもりです。
④ 헤어지다		別れるつもりです。

② 対話文を完成しなさい。

① A : 방학 때 뭐 할 거예요?　　　　　　　長期休暇の時何するつもりですか。

　 B : 아르바이트를 (해 보다)_____.　アルバイトをしてみるつもりです。

② A : 내일 뭐 하세요?　　　　　　　　　　明日何なさいますか。

　 B : 바다에 (가 보다)_____.　　　海に行ってみるつもりです。

③ A : 한국 가서 뭐 먹을 거예요?　　　　　韓国行って何食べるつもりですか。

　 B : 이번에는 짜장면을 (먹어 보다)_____.　今度はジャージャー麺を食べてみるつもりです。

④ A : 졸업하면 뭐 하실 거예요?　　　　　卒業したら、何なさるつもりですか。

　 B : (결혼하다)_____.　　　　結婚するつもりです。

⑤ A : 취직하면 어디에서 사실 거예요?　　就職したら、どこで住まわれるつもりですか。

　 B : 일본에서 (살다)_____.　　　日本で暮らすつもりです。

101・ V-(으)ㄹ 수 있다[없다] 【～ることができる／できない】

| 形態情報 | [パッチム✕] 하다 → 할 수 있다　　[パッチム〇] 먹다 → 먹을 수 있다 |
| 例　文 | ・한국어를 조금 할 수 있어요. │ 韓国語が少しできます。
・불고기를 만들 수 있어요. │ プルコギを作ることができます。
・시끄러워서 잘 수 없어요. │ うるさくて寝られません。 |

① 表を完成しなさい。

	-(으)ㄹ 수 있어요[없어요]	意味
① 운전하다		運転できます。
② 자전거 타다		自転車乗れます。
③ 한국 노래 부르다		韓国の歌、歌えます。
④ 피아노 치다		ピアノ弾けます。
⑤ 매운 음식 먹다		辛い食べ物、食べられます。

② 対話文を完成しなさい。

① A : (운전하다)＿＿＿＿＿＿＿＿？　　運転することができますか。
　　B : 네, 할 수 있어요.　　　　　　　　はい、できます。
② A : 테니스 (치다)＿＿＿＿＿＿＿？　　テニスすることができますか。
　　B : 네, 칠 수 있어요.　　　　　　　　はい、することができます。
③ A : 한국어 (하다)＿＿＿＿＿＿＿？　　韓国語話すことができますか。
　　B : 아뇨, 잘 못해요.　　　　　　　　いいえ、あまりできません。
④ A : 이거 (먹다)＿＿＿＿＿＿＿？　　　これ食べることができますか。
　　B : 아뇨, 먹으면 안 돼요.　　　　　いいえ、食べたらいけません。
⑤ A : 여기에 (주차하다)＿＿＿＿＿？　　ここに駐車することができますか。
　　B : 네, 주차해도 돼요.　　　　　　　はい、駐車してもいいです。

102 • V-(으)ㄹ 줄 알다[모르다] 【〜ることができる／できない】

| 形態情報 | [パッチム✕] 하다 → 할 줄 알다　　[パッチム〇] 먹다 → 먹을 줄 모르다 |
| 例 文 | ・한국어 할 줄 알아요? | 韓国語できますか。
・곱창은 먹을 줄 몰라요. | ホルモンは食べられません。 |

① 表を完成しなさい。

	-(으)ㄹ 줄 알아요[몰라요]	意味
① 요리하다		料理できます／できません。
② 운전하다		運転できます／できません。
③ 골프 치다		ゴルフできます／できません。
④ 영어 하다		英語できます／できません。

② 対話文を完成しなさい。

① A : (운전하다)＿＿＿＿＿＿＿？　　運転することができますか。
　　B : 네, (하다)＿＿＿＿＿＿＿.　　　はい、することができます。

② A : 테니스 (치다) _____?　　テニスすることができますか。

　 B : 아뇨, (치다) _____.　　いいえ、することができません。

③ A : 한국어 (하다) _____?　　韓国語話すことができますか。

　 B : 아뇨, 잘 못해요.　　　　　　　　いいえ、あまりできません。

④ A : 매운 음식 (먹다) _____?　　辛い料理食べられますか。

　 B : 아뇨, 매운 음식은 잘 못 먹어요.　　いいえ、辛い料理は食べられません。

⑤ A : 볶음밥 (만들다) _____?　　チャーハン、作ることができますか。

　 B : 물론이죠!　　　　　　　　　　　もちろんです。

103 • N을/를 통해서[통해, 통하여, 통한]【～を通じて／通じての】

形態情報　[パッチムX] 친구 → 친구를 통해　　[パッチム〇] 인터넷 → 인터넷을 통해

例　文　・인터넷을 통해 가구도 살 수 있어요. | インターネットを通じて家具も買えます。

　　　　　・책을 통해서 나는 많은 정보를 얻었다. | 本を通じて私はたくさんの情報を得た。

❶ 下線部に入る、適切な表現を書きなさい。

① 책 _____ 우리는 지식을 얻습니다.　　本を通じて我々は知識を得ています。

② 저는 인터넷 _____ 주로 물건을 사요.　　私はインターネットを通じて主に物品を買います。

③ 말 _____ 그 사람의 성격을 알 수 있다.　　言葉を通じてその人の性格を知ることができる。

④ 배낭 여행 _____ 많은 것을 배웠다.　　バックパック旅行から多くのことを学びました。

⑤ A : 제가 여기에 있는 거, 어떻게 알았어요?　　私がここにいるということ、どうやって分かりましたか。

　 B : 영민 씨 _____ 들었어요.　　ヨンミンさんから聞きました。

104 • N(이)나 N¹【～や】

形態情報　[パッチムX] 우유 → 우유나　　[パッチム〇] 빵 → 빵이나

例　文　・아침은 보통 빵이나 과일을 먹어요. | 朝は普通パンや果物を食べます。

　　　　　・커피나 우유 중에서 뭘 마실 거예요? | コーヒーや牛乳のうち何を飲みますか。

❶ 適切な助詞を書きなさい。

① 학교는 버스(　　) 기차를 타고 가요.　　学校はバスや汽車に乗って行きます。

② 아침에는 빵(　　) 샌드위치를 먹어요.　　朝はパンやサンドウィッチを食べます。

③ 주말에는 보통 청소(　　) 빨래를 해요.　　週末はたいてい掃除や洗濯をします。

④ 선생님께서는 화요일(　　) 수요일쯤 오세요.　　先生は火曜日や水曜日頃いらっしゃいます。

⑤ A : 언제 다시 오면 돼요?　　いつまた来ればいいですか。

　 B : 내일(　　) 모레쯤 다시 오세요.　　明日か明後日頃また来てください。

105 ● N(이)나² 【〜も／ぐらい】

形態情報 ［パッチム✕］세 개 → 세 개나　　［パッチム◯］반 → 반이나

例　文 ・어제는 고기를 3인분이나 먹었어요. ｜ 昨日は肉を 3 人前も食べました
　　　　 ・피곤해서 12시간이나 잤어요. ｜ 疲れたので 12 時間も寝ました。

❶ 1つの文にしなさい。

① 커피를 다섯 잔 / 마셨어요.　　　　　　　　コーヒーを 5 杯／飲みました。

　→ _____ .　　　　コーヒーを 5 杯も飲みました。

② 버스를 한 시간 / 기다렸어요.　　　　　　　バスを 1 時間／待ちました。

　→ _____ .　　　　バスを 1 時間も待ちました。

③ 술이 반 / 남았어요.　　　　　　　　　　　酒が半分／残りました。

　→ _____ .　　　　酒が半分も残りました。

④ 그 영화는 다섯 번 / 봤어요.　　　　　　　その映画は 5 回／観ました。

　→ _____ .　　　　その映画は 5 回も観ました。

⑤ 결혼을 세 번 / 했어요.　　　　　　　　　結婚を 3 回／しました。

　→ _____ .　　　　結婚を 3 回もしました。

❷ 対話文を完成しなさい。

① A : 오래 기다렸어요?　　　　　　　　　　　ずっと待ちましたか。

　B : 거의 (한 시간)_____ 기다렸어요.　1 時間近くも待ちました。

② A : 한 달에 책을 (몇 권)_____ 읽어요?　1 カ月に本を何冊ぐらい読みますか。

　B : 다섯 권쯤 읽어요.　　　　　　　　　　5 冊ぐらい読みます。

③ A : 집에서 학교까지 (두 시간)_____ 걸려요.　家から学校まで 2 時間もかかります。

　B : (2시간)_____ 걸려요?　　　　　2 時間もかかりますか。

④ A : 어제 모임에 몇 명 왔어요?　　　　　　昨日の集まりに何名来ましたか。

　B : (백 명)_____ 왔어요. 저도 깜짝 놀랐어요.　100 名も来ました。私もびっくりしました。

⑤ A : 심심해서 영화를 (세 편)_____ 봤어요.　退屈で映画を 3 本も観ました。

　B : 그래요?　　　　　　　　　　　　　　そうですか。

105-1 ● N(이)나³ 【〜でも】

形態情報 ［パッチム✕］영화 → 영화나　　［パッチム◯］빵 → 빵이나

例　文 ・커피나 한잔해요. ｜ コーヒーでも一杯飲みましょう。
　　　　 ・물이나 한 잔 주세요. ｜ 水でも一杯ください。

❶ 適切な助詞を書きなさい。

① 돈도 없으니까 (소주)_____ 마십시다.　お金もないので、焼酎でも飲みましょう。

② 할 일도 없는데 (잠)_____ 자요.　　することもないんで、寝ましょう。

③ 시험이 끝났으니까 (술)_____ 한잔해요.　試験が終わったので、酒でも一杯飲みましょう。

④ 밥이 없으니 (라면)_____ 먹을까요?　ご飯がないので、ラーメンでも食べましょうか。

⑤ 시간이 없으니 (김밥)＿＿＿＿＿ 사서 먹어요.　時間がないので、海苔巻きでも買って食べましょう。

② **対話文を完成しなさい。**

① A : 시간 있으면 (커피)＿＿＿＿＿ 한잔해요.　時間あれば、コーヒーでも一杯飲みましょう。
　 B : 네, 좋아요.　　　　　　　　　　　　　はい、いいです。

② A : 비가 와서 등산 못 가겠네요.　　　　　雨が降って、登山に行けませんね。
　 B : 그럼 우리 (노래방)＿＿＿＿＿ 갑시다.　じゃ、私たちカラオケでも行きましょう。

③ A : 뭐 할까요?　　　　　　　　　　　　何しましょうか。
　 B : (영화)＿＿＿＿＿ 보러 갈까요?　　映画でも観に行きましょうか。

④ A : 뭘 드릴까요?　　　　　　　　　　何か召し上がりますか。
　 B : 그냥 (물)＿＿＿＿＿ 한 잔 주세요.　ただ水でも一杯ください。

⑤ A : 뭐 할까요?　　　　　　　　　　　何しましょうか。
　 B : 집에서 (텔레비전)＿＿＿＿＿ 봅시다.　家でテレビでも見ましょう。

106 • N(이)나⁴ 【～でも】

|形態情報|　[パッチム✕] 언제 → 언제나　　[パッチム〇] 무엇 → 무엇이나
|例　文|　・그는 언제나 성실해요. | 彼はいつもまじめです。
　　　　・여권만 있으면 어디나 갈 수 있어요. | パスポートさえあればどこでも行けます。

① **適切な表現を書きなさい。**

[보기]　언제나　　누구나　　어디에나　　아무거나

① 하나 씨는 ＿＿＿＿＿ 웃는 얼굴이에요.　ハナさんはいつも笑顔です。
② 이 일은 ＿＿＿＿＿ 할 수 있는 일이에요.　このことは誰でもできることです。
③ 이런 문제는 ＿＿＿＿＿ 있어요.　　こんな問題はどこでもあります。
④ A : 뭐 먹을래요?　　　　　　　　何食べますか。
　 B : 저는 ＿＿＿＿＿ 다 잘 먹어요.　私は何でもみんなよく食べます。

107 • N(이)든지 【～でも】

|形態情報|　[パッチム✕] 누구 → 누구든지　　[パッチム〇] 무엇 → 무엇이든지
|例　文|　・저는 무엇이든지 다 잘 먹어요. | 私は何でもよく食べます。
　　　　・사나 씨랑 함께라면 어디든지 갈 수 있어요. | サナさんと一緒ならどこでも行けます。

① **適切な表現을 書きなさい。**

[보기]　뭐든지　　언제든지　　어디든지　　누구든지

① ＿＿＿＿＿ 물어보세요.　　　何でも聞いてみてください。
② 저는 ＿＿＿＿＿ 다 잘 먹어요.　私は何でもよく食べます。

③ 하나 씨랑 함께라면 _____ 갈 수 있어요.　　ハナさんと一緒ならば、どこでも行くことが
　　　　　　　　　　　　　　　　　　　　　　　　できます。

④ _____ 괜찮으니까 연락하세요.　　　　　いつでも大丈夫なので、連絡してください。

⑤ _____ 질문이 있으면 질문하세요.　　　　何でも質問があれば、質問してください。

❷ 対話文を完成しなさい。

① A : 우리 언제 다시 만날까요?　　　　　　　　私たち、いつまた会いましょうか。
　 B : 저는 _____ 괜찮아요.　　　　　　　私はいつでも大丈夫です。

② A : 저도 도서관에 들어갈 수 있어요?　　　　　私も図書館に入ることができますか。
　 B : 그럼요, 도서관에는 _____ 들어갈 수　もちろんです、図書館には誰でも入ることが
　　　 있어요.　　　　　　　　　　　　　　　　 できます。

③ A : 하나 씨는 무슨 음식을 좋아하세요?　　　　ハナさんは何の食べ物がお好きですか。
　 B : 저는 _____ 다 잘 먹어요.　　　　　 私は何でもよく食べます。

④ A : 선생님, 질문 있는데요.　　　　　　　　　先生、質問あるんですが…。
　 B : 그래요? _____ 물어보세요.　　　　 そうですか。何でも聞いてください。

⑤ A : 주말에 어디로 놀러 갈까요?　　　　　　　週末にどこに遊びに行きましょうか。
　 B : 저는 _____ 괜찮아요.　　　　　　　私はどこでもいいです。

108 • N이/가 되다【～になる】

| 形態情報 | [パッチム✕] 가수 → 가수가 되다　　　 [パッチム◯] 학생 → 학생이 되다

| 例　文 | ・커서 배우가 되고 싶어요. | 大きくなったら俳優になりたいです。
　　　　 ・얼음이 물이 되었다. | 氷が水になった。

❶ 文を完成しなさい。

① 이제 3월입니다. 봄_____.　　　　もう 3 月です。春になりました。

② 대학교를 입학했습니다. 대학생_____.　大学に入学しました。大学生になりました。

③ 올해 대학교 2학년_____.　　　　 今年大学 2 年生になりました。

④ 내년에 스무 살_____.　　　　　　来年 20 歳になります。

⑤ 빨리 엄마 _____고 싶어요.　　　　早くお母さんになりたいです。

109 • N(이)라고 하다【～という】

| 形態情報 | [パッチム✕] 김미나 → 김미나라고 하다　　 [パッチム◯] 한복 → 한복이라고 하다

| 例　文 | ・한국 전통복을 한복이라고 합니다. | 韓国の伝統服を韓服といいます。
　　　　 ・이건 한국어로 뭐라고 해요? | これは韓国語で何といいますか。

❶ 1 つの文にしなさい。

① 저는 김하나이다 / 합니다.　　　　　　　　　私は金ハナだ／言います。
　 → _____.　　　　 私は金ハナと言います。

② 이걸 한국어로 무엇이다 / 말해요?　　　　これを韓国語で何だ／言いますか。

→ _____.　　　　これを韓国語で何と言いますか。

③ 죄송하지만 지금 무엇이다 / 하셨어요?　　すみませんが、今何だ／おっしゃいましたか。

→ _____.　　　　すみませんが、今何とおっしゃいましたか。

④ 이건 일본어로 '弁当' 다 / 해요.　　　　これは日本語で「弁当」だ／言います。

→ _____.　　　　これは日本語で「弁当」と言います。

110 • N(이)라도¹ 【～でも】

形態情報 ［パッチム✕］映画 → 영화라도　　　［パッチム〇］빵 → 빵이라도

例　文 ・밥이 없으면 빵이라도 주세요. | ご飯がなければパンでもください。

・커피라도 한잔할래요? | コーヒーでも一杯飲みましょうか。

❶ 1つの文にしなさい。

① 오랜만에 만났는데 커피 / 한잔합시다.　　久しぶりに会いましたが、コーヒー／一杯飲みましょう。

→ _____.　　久しぶりに会ったので、コーヒーでも一杯飲みましょう。

② 일 끝나고 술 / 한잔해요.　　　　仕事終わり、酒／一杯飲みましょう。

→ _____.　　仕事終わり、酒でも一杯飲みましょう。

③ 심심하면 영화 / 한 편 보세요.　　退屈なら、映画／一本観てください。

→ _____.　　退屈なら、映画でも一本観てください。

④ 배 고픈데 라면 / 먹을까요?　　　お腹がすいたので、ラーメン／食べましょうか。

→ _____.　　お腹がすいたので、ラーメンでも食べましょうか。

❷ 対話文を完成しなさい。

① A : 냉장고에 아무것도 없어요.　　　　冷蔵庫に何もありません。

B : 그럼 (물)_____ 주세요.　　　では、水でもください。

② A : 먹을 게 하나도 없네요.　　　　食べ物が1つもありませんね。

B : 그럼 (빵)_____ 주세요.　　　では、パンでもください。

③ A : 한 달 전에 영민 씨랑 싸웠어요.　　1ヶ月前ヨンミンさんとケンカしました。

B : (지금)_____ 화해하는 게 어때요?　今からでも仲直りするのはどうでしょうか。

④ A : 시간이 있으면 (술)_____ 한잔할까요?　時間があれば、お酒でも一杯飲みましょうか。

B : 술이요? 좋죠!　　　　酒ですか。いいですね。

⑤ A : 돈이 없어요.　　　　お金がありません。

B : 그럼 (아르바이트)_____ 하는 게 어때요?　じゃ、アルバイトでもするのはどうですか。

111 • N(이)라도² 【～でも】

形態情報 ［パッチム✕］언제 → 언제라도　　　［パッチム〇］무엇 → 무엇이라도

例　文 ・이 일은 누구라도 할 수 있어요. | この仕事は誰でもできます。

・언제라도 괜찮으니까 연락 주세요. | いつでもいいから連絡ください。

❷ 対話文を完成しなさい。

① A : 선생님, 언제 연락드릴까요? 　　　　　　　先生、いつ連絡差し上げましょうか。

　　B : (언제)＿＿＿＿＿＿ 괜찮아요. 　　　　　いつでも大丈夫です。

② A : 저도 도서관에 들어갈 수 있어요? 　　　　私も図書館に入ることができますか。

　　B : 그럼요, 도서관에는 (누구)＿＿＿＿＿＿ 갈 　もちろんです、図書館には誰でも行くことが

　　　　수 있어요.. 　　　　　　　　　　　　できます。

③ A : 이거 누가 할래요? 　　　　　　　　　　これ誰がしますか。

　　B : (저)＿＿＿＿＿＿ 괜찮으시다면 제가 할게요. 私でもよければ、私がします。

---

112 • N(이)라(서) 【～なので】

形態情報	［パッチム✕］친구 → 친구라서　　　［パッチム〇］방학 → 방학이라서
例 文	・여자라서 행복해요.	女だから幸せです。
	・이 문법은 전에 배운 거라서 어렵지 않아요.	この文法は前に習ったものなので難しくないです。

❶ 1つの文にしなさい。

① 봄 / 날씨가 따뜻해요. 　　　　　　　　　　春／暖かいです。

　　→ ＿＿＿＿＿＿＿＿＿＿＿＿＿. 　　　　　春なので、暖かいです。

② 출근 시간 / 길이 많이 막히네요. 　　　　　出社時間／混みますね。

　　→ ＿＿＿＿＿＿＿＿＿＿＿＿＿. 　　　　　出社時間なので、混みますね。

③ 친구 생일 / 선물을 사러 갈 거예요. 　　　　友達の誕生日／プレゼントを買いに行くつもりです。

　　→ ＿＿＿＿＿＿＿＿＿＿＿＿＿. 　　　　　友達の誕生日なので、プレゼントを買いに行くつもりです。

④ 통화 중 / 전화를 끊었어요. 　　　　　　　電話中／電話を切りました。

　　→ ＿＿＿＿＿＿＿＿＿＿＿＿＿. 　　　　　電話中でつながらないので、電話を切りました。

⑤ 여자 / 행복해요. 　　　　　　　　　　　女／幸せです。

　　→ ＿＿＿＿＿＿＿＿＿＿＿＿＿. 　　　　　女だから、幸せです。

❷ 対話文を完成しなさい。

① A : 룸메이트랑 사이 좋아요? 　　　　　　　ルームメイトと仲がいいですか。

　　B : 네, (고향 친구)＿＿＿＿＿＿ 편해요. 　　はい、幼なじみなので、気兼ねがありませ
　　　　　　　　　　　　　　　　　　　　　　ん。

② A : 내일 학교 가지요? 　　　　　　　　　明日学校に行くでしょう？

　　B : 아뇨, (방학)＿＿＿＿＿＿ 수업이 없어요. 　いいえ、休みなので授業がありません。

③ A : 왜 하나 씨한테 반말로 말해요? 　　　　なんでハナさんにため口で言うんですか。

　　B : 아~, (학교 후배)＿＿＿＿＿＿ 요. 　　　あ～、学校の後輩だからです。

④ A : 이 책 좀 빌려 주세요. 　　　　　　　　この本貸してください。

　　B : 제 책이 (아니다)＿＿＿＿＿＿ 빌려 줄 수 없어요. 私の本ではないので、貸すことができません。

⑤ A : 영민 씨 (남자)＿＿＿＿＿＿ 좋겠어요. 　　ヨンミンさんは男だから、いいですね。

　　B : 에이~, 그렇지도 않아요. 　　　　　　いいえ、そうでもないですよ。

113 • A·V-잖아요, N(이)잖아요 【〜じゃないですか】

形態情報 [パッチム✕] 싸다 → 싸잖아요　　[パッチム◯] 먹다 → 먹잖아요

例　文 ・조용히! 학생들이 공부하고 있잖아요. | 静かに！学生たちが勉強しているじゃないですか。
・오늘 생일이잖아요. 그래서 샀어요. | 今日誕生日じゃないですか。それで買いました。

① 表を完成しなさい。

	−잖아요	意味
① 아까 말했다		さっき言ったじゃないですか。
② 밖에 비가 오다		外は雨が降っているじゃないですか。
③ 내가 그랬다		私がそう言ったじゃないですか。
④ 아까 마셨다		さっき飲んだじゃないですか。
⑤ 아직 학생이다		まだ学生じゃないですか。

② 対話文を完成しなさい。

① A : 담배 피우고 올게요.　　　　　　　　　タバコ吸って来ます。

　 B : 또요? 조금 전에도 (피웠다)＿＿＿＿＿.　またですか。少し前にも吸ったじゃないですか。

② A : 하나 씨 다음 주에 결혼한대요.　　　　ハナさん来週に結婚するそうです。

　 B : 지난주에 제가 (말했다)＿＿＿＿＿.　　先週私が言ったじゃないですか。

③ A : 술 못 마셔요?　　　　　　　　　　　お酒飲めませんか。

　 B : 저 아직 (18살이다)＿＿＿＿＿.　　　私まだ18歳じゃないですか。

④ A : 미역국이네. 누구 생일이야?　　　　　わかめスープだね。誰かの誕生日なの。

　 B : 몰랐어? 아빠 (생신이다)＿＿＿＿＿.　知らなかったの？ お父さんの誕生日じゃないか。

⑤ A : 왜 이렇게 서두르세요?　　　　　　　なんでこんなに急いでらいっしゃるんですか。

　 B : 지금 안 가면 약속 시간에 (늦다)＿＿＿＿.　今行かなければ約束時間に遅れるじゃないですか。

114 • N 중에서 【〜中で】

形態情報 [パッチム✕] 친구 → 친구 중에서　　[パッチム◯] 동생 → 동생 중에서

例　文 ・친구 중에서 하나랑 제일 친해요. | 友達の中でハナと一番仲がいいです。
・우리 중에서 누가 제일 예뻐? | 私たちの中で誰が一番きれい？

① 1つの文にしなさい。

① 한국 배우 / 누구를 제일 좋아해요?　　　韓国の俳優／誰が一番好きですか。

　→ ＿＿＿＿＿＿＿＿＿＿＿＿？　韓国の俳優の中で誰が一番好きですか。

② 외국어 / 영어가 가장 어려워요.　　　　外国語／英語が最も難しいです。

　→ ＿＿＿＿＿＿＿＿＿＿＿＿.　外国語の中で英語が一番難しいです。

③ 친구 / 미나 씨랑 제일 친해요.　　　　　友達／ミナさんと一番親しいです。

　→ ＿＿＿＿＿＿＿＿＿＿＿＿.　友達の中でミナさんと一番親しいです。

④ 옷 / 이 옷이 제일 마음에 들어요.　　　　　服／この服が一番気に入っています。

　　→ _____.　　服の中でこの服が一番気に入っています。

⑤ 수업 / 문학 수업이 가장 재미있었어요.　　授業／文学の授業が一番面白かったです。

　　→ _____.　　授業の中で文学の授業が一番面白かったです。

② 対話文を完成しなさい。

① A : 친구들 _____ 누가 한국어를 가장 잘해요?　　友たちの中で誰が韓国語が一番上手ですか。

　　B : 하나 씨가 제일 잘해요.　　　　　　　　　　ハナさんが一番上手です。

② A : 가족 _____ 누가 키가 제일 커요.　　家族の中で誰が背が一番高いですか。

　　B : 제가 제일 커요.　　　　　　　　　　　　私が一番高いです。

③ A : 꽃 _____ 무슨 꽃을 좋아해요?　　花の中で何の花が好きですか。

　　B : 장미꽃이요.　　　　　　　　　　　　　バラです。

④ A : 한국 가수 _____ 누구를 제일 좋아해요?　　韓国の歌手の中で誰が一番好きですか。

　　B : 아이유요.　　　　　　　　　　　　　　アイユウです。

⑤ A : 비빔밥 좋아해요?　　　　　　　　　　　ビビンバ好きですか。

　　B : 네, 한국 음식 _____ 가장 좋아하는 음식이에요.　　はい、韓国料理の中で一番好きな食べ物です。

115 • V-지 말다[마세요]【〜ることを止める／しないでください】

|形態情報| [パッチムX] 가다 → 가지 말다　　[パッチム○] 먹다 → 먹지 말다

|例　文| ・박물관에서 사진을 찍지 마세요. | 博物館で写真を撮らないでください。

　　　・너무 걱정하지 마세요. | あまり心配しないでください。

　　　・여기에 주차하지 마십시오. | ここに駐車しないでください。

① 表を完成しなさい。

	−지 마세요	意味
① 가다		行かないでください。
② 하다		しないでください。
③ 보다		見ないでください。
④ 자다		寝ないでください。
⑤ 먹다		食べないでください。

② 対話文を完成しなさい。

① A : 오늘 집에 일찍 올 거예요?　　　　　　今日家に早く帰るつもりですか。

　　B : 늦을 거 같으니까 (기다리다)_____.　　遅くなりそうだから待たないでください。

② A : 텔레비전 켜도 될까요?　　　　　　　　テレビをつけてもいいですか。

　　B : 공부 중이니까 지금은 (켜다)_____.　　勉強中なので今はつけないでください。

③ A : 싱거운데 소금 더 넣을까요?　　　　　味がうすいので塩少し入れましょうか。

　　B : 더 넣으면 짜니까 (넣다) _____.　　それ以上入れると塩辛いので、<u>入れないでください</u>。

④ A : 창문 좀 열어도 돼요?　　　　　　　　窓を開けてもいいですか。

　　B : 추우니까 (열다) _____.　　　　寒いので<u>開けないでください</u>。

⑤ A : 이번 시험 어려우면 어떡하죠?　　　　今回の試験難しければ、どうしましょうか。

　　B : (걱정하다) _____. 다 잘 될 거예요.　<u>心配しないでください</u>。全部うまくいくでしょう。

116 • V-지 말고, N 말고【～せずに】

|形態情報| ［パッチム✕］가다 → 가지 말고　　　［パッチム○］먹다 → 먹지 말고

|例　文| ・오늘 가지 말고 내일 가세요. | 今日行かないで、明日行ってください。

　　　　　・너무 걱정하지 말고 쉬세요. | あまり心配しないで、休んでください。

　　　　　・놀지 말고 열심히 공부하세요. | 遊ばないで一生懸命勉強してください。

❶ [V-지 말고]. 1 つの文にしなさい。

① 기차로 가다 / 버스로 갑시다.　　　　　汽車で行く／バスで行きましょう。

　→ _____.　　　<u>汽車で行かずにバスで行きましょう。</u>

② 싸우다 / 사이좋게 지내세요.　　　　　ケンカする／仲良くしてください。

　→ _____.　　　<u>ケンカせずに仲良くしてください。</u>

③ 일본어로 말하다 / 한국어로 하세요.　　日本語で話す／韓国語で話してください。

　→ _____.　　　<u>日本語で話さずに韓国語で話してください。</u>

④ 짜게 드시다 / 싱겁게 드세요.　　　　　塩辛く召し上がる／塩分を抑えて召し上がってください。

　→ _____.　　　<u>塩辛く召し上がらずに塩分を抑えて召し上がってください。</u>

⑤ 매일 집에만 있다 / 외출도 가끔 하세요.　毎日家にだけいる／外出も時々してください。

　→ _____.　　　<u>毎日家にだけいないで外出も時々してください。</u>

❷ [N 말고]. 対話文を完成しなさい。

① A : 영화 보러 갈래요?　　　　　　　　　映画観に行きますか。

　　B : _____ 연극 보러 가요.　<u>映画でなく舞台観に行きましょう。</u>

② A : 이번 주말에 등산 안 갈래요?　　　　今週末に登山行きますか。

　　B : _____ 집에서 쉽시다.　<u>登山でなく家で休みましょう。</u>

③ A : 오늘 만날까요?　　　　　　　　　　今日会いましょうか。

　　B : _____ 내일 봅시다.　　<u>今日でなく明日会いましょう。</u>

④ A : 오늘 저녁은 집에서 먹을까요?　　　　今日の夕方は家で食べましょうか。

　　B : _____ 밖에서 먹어요.　<u>家でなく外で食べましょう。</u>

⑤ A : 이거 살까요?　　　　　　　　　　　これ買いましょうか。

　　B : _____ 저거 삽시다.　　<u>これでなくあれ買いましょう。</u>

117 • V-지 못하다, 못 V【〜ることができない】

| 形態情報 | ［パッチム✕］가다 → 가지 못하다　　［パッチム○］먹다 → 먹지 못하다 |

例 文
・저는 요리를 잘하지 못해요. ┃ 私は料理が上手ではないです。
・친구와의 약속을 지키지 못했어요. ┃ 友達との約束を守ることができませんでした。
・지갑을 찾지 못했어요. ┃ 財布を見つけられませんでした。

❶ 表を完成しなさい。

	못	-지 못해요/못했어요	意味
① 빨래하다			洗濯できません。
② 운전하다			運転できません。
③ 테니스 치다			テニスできません。
④ 밥도 먹다			ご飯も食べられません。
⑤ 자주 만나다			あまり会えません。

❷ 対話文を完成しなさい。

① A : 수영할 수 있어요?　　　　　　　　　水泳することができますか。
　 B : 아뇨, (하다)＿＿＿＿＿＿.　　　　　いいえ、できません。
② A : 내일 우리 등산 가요.　　　　　　　　明日私たち登山行きましょう。
　 B : 미안해요. 다리를 다쳐서 등산 (가다)＿＿＿＿.　ごめんなさい。足を怪我して登山行けません。
③ A : 커피나 한잔해요.　　　　　　　　　　コーヒーでも一杯飲みましょう。
　 B : 요즘 위가 아파서 (마시다)＿＿＿＿＿＿.　最近胃が痛くて飲めません。
④ A : 주말에 여행 갈까요?　　　　　　　　週末に旅行行きましょうか。
　 B : 미안해요. 할 일이 많아서 (가다)＿＿＿＿＿.　ごめんなさい。仕事が多くて行けません。
⑤ A : 운전할 수 있어요?　　　　　　　　　運転することができますか。
　 B : 아뇨, 무서워서 (하다)＿＿＿＿＿＿.　いいえ、怖くてできません。

118 • A·V-지 않다, 안 A·V【〜しない】

| 形態情報 | ［パッチム✕］하다 → 하지 않다　　［パッチム○］먹다 → 먹지 않다 |

例 文
・지금은 배가 고프지 않아요. ┃ 今はお腹が空いていません。
・별로 먹고 싶지 않아요. ┃ あまり食べたくないです。

❶ 表を完成しなさい。

	안	-지 않아요	意味
① 어렵다			難しくないです。
② 달다			甘くないです。
③ 멀다			遠くないです。
④ 좋아하다			好きじゃないです。

⑤ 맵다			辛くないです。

❷ 対話文を完成しなさい。

① A : 친구와 같이 살아요?　　　　　　　　友達と一緒に住んでいますか。

　　B : 아뇨, 같이 (살다)_____.　　いいえ、一緒に住んでいません。

② A : 한국 친구 많아요?　　　　　　　　　韓国の友達多いですか。

　　B : 아뇨, (많다)_____.　　いいえ、多くありません。

③ A : 한국 노래 자주 들어요?　　　　　　韓国の歌よく聞きますか。

　　B : 아뇨, (자주 듣다)_____.　　いいえ、あまり聞きません。

④ A : 방학에 고향에 가요?　　　　　　　休みに実家に帰りますか。

　　B : 아뇨, (가다)_____.　　いいえ、帰りません。

⑤ A : 한국 음식 맵지 않아요?　　　　　韓国の食べ物辛くないですか。

　　B : 아뇨, (맵다)_____.　　いいえ、辛くありません。

119 ▶ A·V–지요[–죠]?, N(이)지요?【～るでしょう】

形態情報 [パッチム✕] 예쁘다 → 예쁘지요, 가다 → 가지요　　[パッチム〇] 춥다 → 춥지요, 먹다 → 먹지요

例　文 ・김치 맵지요? | キムチ辛いでしょう？

　　　　　・한국 가시지요? 하나 씨한테 들었어요. | 韓国行かれるでしょう？ ハナさんから聞きました。

　　　　　・여보세요, 거기 한국 여행사지요? | もしもし、そちらは韓国旅行社でしょう？

❶ 表を完成しなさい。

	–지요?	意味
① 일본 분이시다		日本の方でしょう？
② 오늘 날씨 춥다		今日寒いでしょう？
③ 요즘 많이 바쁘다		最近とても忙しいでしょう？
④ 피곤하시다		お疲れでしょう？
⑤ 졸리다		眠いでしょう？

❷ 対話文を完成しなさい。

① A : 날씨 (덥다)_____?　　暑いでしょう？

　　B : 네, 많이 덥네요.　　　　　　　　はい、とても暑いですね。

② A : 한국말 많이 (어렵다)_____?　　韓国語かなり難しいでしょう？

　　B : 네, 어려워요.　　　　　　　　　はい、難しいです。

③ A : 김치 (맵다)_____?　　キムチ辛いでしょう？

　　B : 아뇨, 괜찮아요.　　　　　　　　いいえ、大丈夫です。

④ A : 저 사람, 하나 씨 (남자 친구)_____?　　あの人、ハナさんの彼氏でしょう？

　　B : 아니에요. 그냥 친구예요.　　　　いいえ、ただの友達です。

⑤ A : 영화 (재미없다) _____ ?　　　映画面白くなかったでしょう？

　　B : 네, 재미없었어요.　　　　　　　　　　　はい、面白くなかったです。

120 • V−(으)니까² 【～たら】

|形態情報| 　[動] 가다 → 가니까, 먹어 보다 → 먹어 보니까

|例　文| 　・조금 전에 가니까 아무도 없었어요. | 少し前に行ったら誰もいませんでした。

　　　　　・만나 보니까 생각보다 좋은 사람이었어요. | 会ってみたら、思ったよりいい人でした。

❶ １つの文にしなさい。

① 학교에 가다 / 공사 중이었어요.　　　　　学校に行く／工事中でした。

　→ _____ .　　学校に行ってみたら工事中でした。

② 써 보다 / 아주 좋았어요.　　　　　　　　使ってみる／とてもよかったです。

　→ _____ .　　使ってみたらとてもよかったです。

③ 먹어 보다 / 아주 맛있었어요.　　　　　　食べてみる／とても美味しかったです。

　→ _____ .　　食べてみたらとても美味しかったです。

❷ 対話文を完成しなさい。

① A : 오늘 몇 시에 일어났어요?　　　　　　今日何時に起きましたか。

　　B : (일어나다) _____ 9시였어요.　　起きたら９時でした。

② A : 부산 여행 어땠어요?　　　　　　　　　釜山旅行どうでしたか。

　　B : (가 보다) _____ 아주 재미있었어요.　行ってみたらとても楽しかったです。

③ A : 가방이 무겁지 않아요?　　　　　　　　カバンが重くないですか。

　　B : 네, (들어 보다) _____ 아주 가벼웠어요.　はい、持ってみたらとても軽かったです。

101

I 文法解答

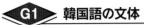
G1 韓国語の文体

G1-1 「합니다体」と「해요体」

❶

単語		平叙文	疑問文	命令文	勧誘文
① 가다	합니다体	갑니다.	갑니까?	가십시오.	갑시다.
	해요体	가요.	가요?	가요.	가요.
② 하다	합니다体	합니다.	합니까?	하십시오.	합시다.
	해요体	해요.	해요?	해요.	해요.
③ 읽다	합니다体	읽습니다.	읽습니까?	읽으십시오.	읽읍시다.
	해요体	읽어요.	읽어요?	읽어요.	읽어요.
④ 학생이다	합니다体	학생입니다.	학생입니까?	—	—
	해요体	학생이에요.	학생이에요?	—	—

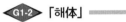
G1-2 「해体」

1 (平叙と疑問)

❶

品詞		(時制)	ため口（平叙）	ため口（疑問）		
				−아/어?	−니?	−냐?
形容詞	① 좋다	(現)	좋아.	좋아?	좋니?	좋냐?
		(過)	좋았어.	좋았어?	좋았니?	좋았냐?
	② 예쁘다	(現)	예뻐.	예뻐?	예쁘니?	예쁘냐?
		(過)	예뻤어.	예뻤어?	예뻤니?	예뻤냐?
하다	③ 좋아하다	(現)	좋아해.	좋아해?	좋아하니?	좋아하냐?
		(過)	좋아했어.	좋아했어?	좋아했니?	좋아했냐?
		(未)	좋아할 거야.	좋아할 거야?	좋아할 거니?	좋아할 거냐?
動詞	④ 가다	(現)	가.	가?	가니?	가냐?
		(過)	갔어.	갔어?	갔니?	갔냐?
		(未)	갈 거야.	갈 거야?	갈 거니?	갈 거냐?
	⑤ 먹다	(現)	먹어.	먹어?	먹니?	먹냐?
		(過)	먹었어.	먹었어?	먹었니?	먹었냐?
		(未)	먹을 거야.	먹을 거야?	먹을 거니?	먹을 거냐?
이다	⑥ 학생이다	(現)	학생이야.	학생이야?	학생이니?	학생이냐?
		(過)	학생이었어.	학생이었어?	학생이었니?	학생이었냐?

② ① 바빠　② 좋아해　③ 어디야 / 어디니 / 어디냐　④ 했어 / 했니 / 했냐　⑤ 아팠어
　⑥ 안 갈 거야　⑦ 쉬고 싶어

2 (勧誘と命令)

❶

① 하다	해요.	해.	해라.	해.	하자.
② 먹다	먹어요.	먹어.	먹어라.	먹어.	먹자.
③ 하지 말다	하지 말아요.	하지 마.	하지 마라.	—	하지 말자.

② ① 가 / 가라　② 먹어 / 먹어라　③ 넣어 / 넣어라　④ 먹어 / 먹자　⑤ 가지 마 / 가지 마라
　⑥ 하지 마 / 하지 마라　⑦ 가지 말자

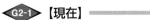 「한다体」

❶

形容詞	① 좋다	(現)	좋다	② 춥다	(現)	춥다
		(過)	좋았다		(過)	추웠다
		(未)	좋을 것이다		(未)	추울 것이다
動詞	③ 만나다	(現)	만난다	④ 먹다	(現)	먹는다
		(過)	만났다		(過)	먹었다
		(未)	만날 것이다		(未)	먹을 것이다
이다	⑤ 학생이다	(現)	학생이다	⑥ 친구이다	(現)	친구이다 / 친구다
		(過)	학생이었다		(過)	친구였다
		(未)	학생일 것이다		(未)	친구일 것이다

② ① 아침 7시에 일어난다　② 아침 7시에 일어났다　③ 내일은 7시에 일어날 것이다
　④ 아버지께서는 선생님이셨다　⑤ 요즘 많이 바쁘다　⑥ 음식이 아주 매웠다
　⑦ 보통 혼자서 밥을 먹는다　⑧ 주말에는 집에서 TV를 볼 것이다

G2　連体形

G2-1 【現在】

❶ ① 예쁜 옷　② 작은 가방　③ 매운 음식　④ 하는 일　⑤ 요리를 잘하는 남자　⑥ 사는 곳
　⑦ 아는 사람　⑧ 맛있는 것　⑨ 인기 있는 노래

❷

2-1 動詞 ① 보는　② 출발하는　③ 아는　④ 사는　⑤ 유행하는 / 좋아하는
2-2 形容詞 ① 친절한　② 넓은　③ 조용한　④ 밝은　⑤ 매운 / 매운
2-3 있다/없다 ① 있는　② 재미있는　③ 있는　④ 맛있는

G2-2 【過去】

❶ ① 어제 산 옷　② 주말에 본 영화　③ 어제 만난 사람　④ 저녁에 먹은 음식　⑤ 제가 만든 노래

② ① 산　② 만난　③ 찍은　④ 만든　⑤ 이야기한

G2-3 【未来】

❶ ① 할 일　② 앉을 자리　③ 먹을 것　④ 할 예정　⑤ 있을 경기

❷ ① 데이트할　② 먹을　③ 할　④ 여행할　⑤ 결혼할 / 할

G3 伝言（間接話法）

G3-1 平叙文

❶

品詞	表現	過去	現在	未来・推測
形容詞	① 예쁘다	예뻤다고 해요	예쁘다고 해요	예쁠 거라고 해요
	② 맛있다	맛있었다고 해요	맛있다고 해요	맛있을 거라고 해요
	③ 어렵다	어려웠다고 해요	어렵다고 해요	어려울 거라고 해요
動詞	④ 하다	했다고 해요	한다고 해요	할 거라고 해요
	⑤ 살다	살았다고 해요	산다고 해요	살 거라고 해요
	⑥ 기다리다	기다렸다고 해요	기다린다고 해요	기다릴 거라고 해요
이다	⑦ 학생이다	학생이었다고 해요	학생이라고 해요	학생일 거라고 해요
	⑧ 친구이다	친구였다고 해요	친구라고 해요	친구일 거라고 해요

❷ ① 내일이 더 춥다　② 요즘 바쁘다　③ 시험이 어려웠다　④ 남편이 회사원이라
⑤ 남자 친구가 없다

❸ ① 지금 잔다　② 가족이 동경에 산다　③ 밥 먹었다　④ 학교 앞에서 기다릴 거라
⑤ 하나 씨 만날 거라

G3-2 疑問文

❶

品詞	表現	過去	現在	未来・推定
形容詞	① 바쁘다	바빴냐고	바쁘냐고	바쁠 거냐고
	② 아프다	아팠냐고	아프냐고	아플 거냐고
	③ 어렵다	어려웠냐고	어렵냐고	어려울 거냐고
動詞	④ 하다	했냐고	하냐고	할 거냐고
	⑤ 읽다	읽었냐고	읽냐고	읽을 거냐고
	⑥ 놀다	놀았냐고	노냐고	놀 거냐고
이다	⑦ 학생이다	학생이었냐고	학생이냐고	학생일 거냐고
	⑧ 친구이다	친구였냐고	친구냐고	친구일 거냐고

❷ ① 이름이 뭐냐　② 어디에 사냐　③ 밥 먹었냐　④ 등산 갈 거냐　⑤ 많이 춥냐
⑥ 어제 많이 바빴냐

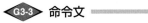

❶

	-라고	-지 말라고		-라고	-지 말라고
① 가다	가라고	가지 말라고	③ 하다	하라고	하지 말라고
② 먹다	먹으라고	먹지 말라고	④ 살다	살라고	살지 말라고

❷ ① 내일 일찍 오라　② 여기 앉으라　③ 좀 도와 달라　④ 잠시 기다려 달라　⑤ 하지 말라
　⑥ 가지 말라

 勧誘文

❶

	-자고	-지 말자고		-자고	-지 말자고
① 가다	가자고	가지 말자고	③ 하다	하자고	하지 말자고
② 놀다	놀자고	놀지 말자고	④ 읽다	읽자고	읽지 말자고

❷ ① 학교 가자　② 커피 한잔하자　③ 학교 앞에서 만나자　④ 가지 말자　⑤ 하지 말자

Ⅱ 文型＆表現解答

001 • 같이/처럼

① ① 하나 씨는 배우처럼 예뻐요
② 지민 씨와 저는 가족처럼 지내요
③ 하나 씨는 눈처럼 깨끗해요
④ 한국 사람처럼 한국어를 잘해요
⑤ 저도 선생님처럼 좋은 선생님이 되고 싶어요

② ① 가수처럼 ② 천사처럼 ③ 네이티브처럼
④ 친구처럼

002 • −거나

① ① 쉬는 시간에는 커피를 마시거나 담배를 피워요
② 우울할 때는 음악을 듣거나 샤워를 해요
③ 주말에는 빨래를 하거나 청소를 해요
④ 식사 후에는 과일을 먹거나 커피를 마셔요
⑤ 사전을 찾거나 친구에게 물어봐요

② ① 낮잠을 자거나 청소해요
② 아프거나 힘들 때 자주 생각이 나요
③ 커피 마시거나 세수해요
④ 영화 보거나 산책을 해요
⑤ 음악을 듣거나 잠을 자요

003 • −거든요

① ① 친구가 오거든요 ② 피곤하거든요
③ 감기에 걸렸거든요 ④ 늦잠을 잤거든요
⑤ 친구 생일이거든요

② ① 없거든요 ② 없거든요 ③ 있거든요
④ 있거든요 ⑤ 다이어트하거든요

004 • −게

① ① 맛있게 ② 재미있게 ③ 짧게 ④ 늦게
⑤ 어떻게

005 • −게 되다

① ① 잘하게 됐어요 ② 결혼하게 됐어요
③ 이사하게 됐어요 ④ 일찍 일어나게 됐어요

② ① 돌아가게 됐어요 ② 그만두게 됐어요
③ 잘하게 됐어요 ④ 배우게 됐어요

006 • −겠¹−

① ① 담배를 끊겠습니다
② 올해는 꼭 살을 빼겠습니다
③ 내일부터 일찍 오겠습니다
④ 꼭 남자친구를 사귀겠습니다

② ① 일찍 오겠습니다 ② 제가 하겠습니다
③ 잘 먹겠습니다 ④ 다녀오겠습니다
⑤ 제가 가겠습니다

007 • −겠²−

① ① 피곤하시겠어요 ② 외롭겠어요
③ 배가 고프시겠어요 ④ 사람이 많겠어요
⑤ 맛있겠어요

② ① 맛있겠어요 ② 걱정되시겠어요
③ 화가 많이 났겠어요 ④ 좋았겠어요
⑤ 행복하셨겠어요

008 • −고 나다

008-1 • [−고 나서]
① 밥을 먹고 나서 이를 닦아요
② 학교를 졸업하고 나서 취직할 거예요
③ 한국어를 배우고 나서 고향에 돌아갈 거예요
④ 수업이 끝나고 나서 놀러 가요

008-2 • [−고 나면]
① 이 책을 읽고 나면 마음이 달라질 거예요
② 그 사람을 만나고 나면 생각이 달라질 거예요
③ 비가 오고 나면 날씨가 조금 쌀쌀해질 거예요
④ 이 약을 먹고 나면 괜찮아질 거예요

008-3 • [−고 나니까]
① 책을 다 읽고 나니까 아침이 되었어요
② 화를 내고 나니까 스트레스가 다 풀렸어요
③ 쇼핑을 하고 나니까 기분이 좋아졌어요
④ 노래를 부르고 나니까 배가 고파요

009 • −고 있다¹

① ① 자고 있어요 ② 음악을 듣고 있어요
③ 밥 먹고 있어요 ④ 청소하고 있어요
⑤ 영화 보고 있어요

② ① TV 보고 있어요　② 커피 마시고 있어요
③ 밥 먹고 있어요　④ 이야기하고 있었어요
⑤ 자고 있었어요

010 • −고 있다²

① ① 모자를 쓰고 있는 여자
② 안경을 끼고 있는 남자
③ 바지를 입고 있는 여자

② ① 쓴 / 쓰고 있는　② 입은 / 입고 있는
③ 한 / 하고 있는　④ 쓴 / 쓰고 있는

011 • −고(요)

① ① 맛있어요. 값도 싸고요
② 방이 작아요. 화장실도 없고요
③ 구경했어요. 사진도 많이 찍었고요.
④ 참 좋은 사람이에요. 성격도 밝고요.
⑤ 요리 참 맛있었어요. 분위기도 좋았고요.

② ① 성격도 좋고요　② 바람도 많이 불고요
③ 분위기도 좋았고요　④ 먹었고요
⑤ 디자인도 예쁘고요

012 • −기 때문

① ① 여름은 덥기 때문에 짧은 옷이 필요해요
② 오늘은 일요일이기 때문에 늦게 일어났어요
③ 할 일이 많기 때문에 친구를 안 만날 거예요
④ 내일 시험이기 때문에 오늘은 공부할 거예요
⑤ 시험이 끝났기 때문에 시간이 많아요

② ① 수업이 없기 때문에　② 시간이 없기 때문에
③ 맛있기 때문에　④ 다른 약속이 있었기 때문에
⑤ 못 먹기 때문에

013 • −기 시작하다

① ① 비가 오기 시작했어요
② 갑자기 웃기 시작했어요
③ 배가 아프기 시작했어요
④ 악기를 배우기 시작했어요
⑤ 작년부터 사귀기 시작했어요

014 • −기 위해

① ① 위해(서)　② 위한　③ 위해(서)　④ 위한
⑤ 위해(서)

② ① 잊어버리지 않기 위해 메모를 해요
② 늦지 않기 위해 택시를 탔어요

③ 감기에 걸리지 않기 위해 예방 주사를 맞았어요
④ 1등을 하기 위해 열심히 공부하고 있어요
⑤ 시험에 합격하기 위해 열심히 노력하고 있어요

015 • −기 전

① ① 밥을 먹기 전에 물을 마십니다
② 자기 전에 화장실에 가요
③ 한국에 오기 전에 한국어를 조금 배웠어요
④ 물에 들어가기 전에 준비 운동을 해야 해요
⑤ 이 약은 밥을 먹기 전에 먹어야 돼요

② ① 수업 전에　② 자기 전에
③ 결혼하기 전에　④ 밥 먹기 전에
⑤ 한국에 오기 전에

016 • −기(가) (쉽다/어렵다 등)

② ① 말하기(가) 부끄러워요
② 한국을 떠나기(가) 싫어요
③ 여기는 살기(가) 편해요
④ 운동을 안 하면 살이 찌기(가) 쉬워요
⑤ 요즘 하나 씨 얼굴 보기(가) 힘들어요

017 • −기도 하다

① ① 가끔 요리를 하기도 해요
② 가끔 친구를 만나기도 해요
③ 혼자서 웃기도 하고 울기도 해요
④ 혼자 살아서 외롭기도 하고 무섭기도 해요
⑤ 주말에는 책을 읽기도 하고 낮잠을 자기도 해요

018 • −기로 하다

① ① 매일 조깅을 하기로 했어요
② 지민 씨랑 헤어지기로 했어요
③ 졸업 후에 결혼하기로 했어요
④ 신혼여행은 하와이로 가기로 했어요
⑤ 집들이에 친구들을 초대하기로 했어요

② ① 그만 만나기로 했어요
② 가기로 했어요 / 가기로 했어요
③ 결혼하기로 했어요
④ 하기로 했어요 / 안 가기로 했어요
⑤ 하기로 했어요 / 대학원에 가기로 했어요

019 • −기만 하다

① ① 매일 먹기만 해요
② 늘 자기만 해요
③ 계속 울기만 해요

④ 늘 놀기만 해요
⑤ 계속 웃기만 해요

020 • 께

❶ ① 할아버지께 전화드렸어요
② 선생님께 이메일을 보냈어요
③ 부모님께 전화드렸어요

❷ ① (O)   ② (O)   ③ (O)   ④ (X)
⑤ (O)

021 • 께서

❶ ① 할아버지께서 방에서 주무세요
② 아버지께서는 운동을 하세요
③ 할머니께서는 책을 읽으세요
④ 사장님께서는 집에 계세요
⑤ 선생님께서 수업을 하세요

022 • -느라

❶ ① 공부하느라(고) 잠을 못 잤어요
② 노느라(고) 숙제를 못했어요
③ 친구 기다리느라(고) 밥도 못 먹었어요
④ 게임하느라(고) 정신이 없어요
⑤ 쇼핑하느라(고) 돈을 다 썼어요

❷ ① 공부하느라(고)   ② 다녀오느라(고)
③ 이사하느라(고)
④ 뭐 하느라(고) / 취직 준비하느라(고)
⑤ 다이어트하느라(고)

023 • -는 게 어때다

❶ ① 좀 쉬는 게 어때요   ② 택시 타는 게 어때요
③ 운동을 좀 하시는 게 어때요
④ 약을 먹는 게 어때요   ⑤ 화해하는 게 어때요

❷ ① 지하철을 타는 게 어때요
② 같이 밥을 먹는 건/게 어때요
③ 모레 만나는 건/게 어때요
④ 한잔하는 건/게 어때요
⑤ 좀 쉬는 건/게 어때요

024 • -는 길

❶ ① 집에 오는 길에 가게에 들렀어요
② 학교 가는 길에 친구를 만났어요
③ 집에 가는 길에 잠시 들렀어요
④ 갔다 오는 길   ⑤ 오는 길

025 • -는 동안

❶ ① 친구를 기다리는 동안 책을 읽었어요
② 하나 씨가 없는 동안 많은 일이 있었어요
③ 차를 타고 가는 동안 한 마디도 안 했어요
④ 한국에 있는 동안 친구를 많이 사귀고 싶어요
⑤ 방학 동안 여러 곳을 여행했어요

❷ ① 있는 동안   ② 기다리는 동안
③ 얼마 동안 / 일주일 동안
④ 방학 동안 / 방학 동안

026 • -는 대신

❶ ① 죄송하지만 저 대신(에) 좀 가 주실래요
② 엄마 대신(에) 언니가 저를 데리러 왔어요
③ 오늘 쉬는 대신(에) 내일 더 열심히 할게요
④ 하나 씨 대신(에) 소이 씨가 하실래요
⑤ 직접 가는 대신(에) 전화를 했어요

027 • -는 중

❶ ① 공부하는 중이에요
② 텔레비전을 보는 중이에요
③ 집에 가는 중이에요
④ 식사 중이에요
⑤ 수업 중이에요

❷ ① 숙제하는 중이에요   ② 가는 중이에요
③ 샤워 중이에요   ④ 수업 중이에요
⑤ 다이어트 중이에요

028 • -다가

❶ ① 학교에 가다(가) 친구를 만났어요
② 옷을 입다(가) 벗었어요
③ 음악을 듣다(가) 시끄러워서 껐어요
④ 자다(가) 꿈 꿨어요
⑤ TV를 보다(가) 잠이 들었어요

❷ ① 책을 읽다(가)   ② 보다(가)   ③ 흐리다(가)
④ 자다(가)   ⑤ 뛰어가다(가)

029 • -다고

❶ ① 싸다고 (해서) 다 좋은 것은 아니에요
② 아파트에 산다고 (해서) 모든 게 편리한 것은 아니
다
③ 바쁘다고 (해서) 연애를 못하는 것은 아니에요
④ 부자라고 (해서) 늘 좋은 것은 아니에요

030 • –다고요?

1
① 예쁘다고요　② 키가 작다고요
③ 옷이 싸다고요　④ 저를 좋아한다고요
⑤ 집에 간다고요　⑥ 혼자 먹는다고요
⑦ 맛있다고요　⑧ 재미있다고요
⑨ 학생이라고요　⑩ 학생이 아니라고요

2
① 사겠다고요
② 돌아간다고요 / 돌아갈 거라고요
③ 먹고 싶다고요　④ 좋아한다고요
⑤ 먹는다고요 / 먹을 거라고요

031 • –다면

1
① 괜찮다면　② 바쁘다면　③ 많다면
④ 사랑한다면　⑤ 태어난다면　⑥ 모른다면
⑦ 안다면　⑧ 꿈이라면　⑨ 그 사람이라면

2
① 간다면　② 온다면　③ 간다면
④ 막히지 않는다면

032 • 대로

1
① 사실대로　② 약속대로　③ 설명서대로
④ 레시피대로　⑤ 마음대로

033 • 도¹

1
① 하나도　② 한 명도　③ 눈도
④ 한 마리도　⑤ 상상도

034 • (아무) N도²

1
① 아무도　② 아무것도　③ 아무 데도
④ 아무 일도　⑤ 아무것도 / 아무 일도

2
① 아무 일도 없어요　② 아무것도 안 할 거예요
③ 아무 데도 안 가요 / 안 갈 거예요
④ 아무것도
⑤ 아무것도 아니에요 / 아무 일도 아니에요

035 • –도록

1
① 내일부터 일찍 일어나도록 할게요
② 머리가 아프면 이 약을 먹도록 하세요
③ 수업에 늦지 않도록 주의하겠습니다
④ 이해할 수 있도록 쉽게 설명해 주세요
⑤ 음식이 상하지 않도록 냉장고에 넣어 두었습니다

2
① 읽도록　② 가도록　③ 끝내도록
④ 끊도록　⑤ 지내도록

036 • 때문

1
① 감기 때문에 학교에 못 갔어요
② 두통 때문에 약을 먹었어요
③ 시험 때문에 잠을 못 잤어요
④ 친구 때문에 남자 친구랑 싸웠어요
⑤ 장마 때문에 놀이공원에 못 갔어요

2
① 출장 때문에　② 숙제 때문에
③ 지하철 공사 때문에　④ 시험 때문에
⑤ 태풍 때문

037 • 마다

1
① 10분마다 버스가 와요
② 일요일마다 산에 가요
③ 날마다 운동해요
④ 사람마다 성격이 달라요
⑤ 나라마다 문화가 달라요

2
① 교실마다　② 10분마다　③ 사람마다
④ 날마다　⑤ 토요일마다

038 • 밖에

1
① 천 원밖에　② 조금밖에　③ 저밖에
④ 한 번밖에　⑤ 서울밖에

2
① 저밖에　② 4시간밖에　③ 지갑밖에
④ 하나밖에　⑤ 라면밖에

039 • 보다

1
① 서울이 제 고향보다 더 추워요
② 지하철이 버스보다 빨라요
③ 한국어가 영어보다 더 쉬워요
④ 저보다 친구가 키가 커요
⑤ 개보다 고양이를 더 좋아해요

2
① 보다　② 보다　③ 보다　④ 보다
⑤ 보다

040 • 뿐(만) 아니라

1
① 청소뿐만 아니라 빨래도 했어요
② 한국어뿐만 아니라 영어도 잘해요
③ 저뿐만 아니라 저희 가족들도 좋아해요
④ 점심뿐만 아니라 아침도 굶었어요
⑤ 경주뿐만 아니라 제주도에도 갔다왔어요

040-1 • 뿐

1
① 하나 씨뿐이에요　② 책뿐이에요
③ 우유뿐이에요　④ 말뿐이에요

⑤ 몇 개뿐이에요

041 • -아/어 가지고²

❶ ① 빵을 사 가지고 집으로 갑니다
② 월급을 받아 가지고 휴대폰을 살 거예요
③ 야채를 깨끗이 씻어 가지고 오세요
④ 자료는 제가 준비해 가지고 갈게요
⑤ 15p까지 공부해 가지고 오세요

❷ ① 연락해 가지고   ② 구워 가지고

041-1 • -아/어 가지고¹

❶ ① 화가 나 가지고 죽겠어요
② 배가 고파 가지고 밥을 두 그릇이나 먹었어요
③ 열이 심해 가지고 고생했어요
④ 눈이 나빠 가지고 잘 안 보여요
⑤ 잠을 못 자 가지고 하루 종일 힘들었어요

042 • -아/어 놓다

❶ ① 식사 준비를 해 놓았어요   ② 만들어 놓으세요
③ 포장해 놓으세요   ④ 이름을 써 놓았어요
⑤ 불을 켜 놓으세요

043 • -아/어도

❶ ① 돈이 없어도 행복해요
② 힘들어도 계속 할 거예요
③ 약을 먹어도 감기가 안 나아요
④ 백화점에 가도 없을 거예요
⑤ 아무리 바빠도 운동은 꼭 해요

❷ ① 전화해도   ② 늦어도   ③ 마셔도
④ 가도   ⑤ 타도

044 • -아/어도 되다

❶ ① 여기에 앉아도 돼요
② 오늘 일찍 집에 가도 돼요
③ 화장실에 갔다 와도 돼요
④ 카드로 계산해도 돼요
⑤ 창문 열어도 돼요
⑥ 불을 켜도 돼요

❷ ① 입어 봐도 돼요   ② 내도 돼요
③ 먹어 봐도 돼요   ④ 들어가도 돼요
⑤ 주차해도 돼요

045 • -아/어 두다

❶ ① 메모해 뒀어요   ② 잘 봐 두세요

③ 거기에 놓아 두세요   ④ 11p까지 읽어 두세요
⑤ 이 단어는 외워 두세요

046 • -아/어 보다

❶ ① 한국에 가 봤어요 / 가 보고 싶어요 / 가 보세요
② 회 먹어 봤어요 / 먹어 보고 싶어요 / 먹어 보세요
③ 한국 친구 사귀어 봤어요 / 사귀어 보고 싶어요 /
사귀어 보세요
④ 한복 입어 봤어요 / 입어 보고 싶어요 / 입어 보세
요
⑤ 도자기 만들어 봤어요 / 만들어 보고 싶어요 / 만
들어 보세요

❷ ① 가 봤어요   ② 먹어 봤어요
③ 들어 봤어요   ④ 입어 보세요
⑤ 드셔 보세요

047 • -아/어 보이다

❶ ① 아파 보여요   ② 예뻐 보여요
③ 피곤해 보여요   ④ 기분이 나빠 보여요
⑤ 젊어 보여요

❷ ① 좋아 보여요   ② 어려 보여요
③ 어려워 보여요   ④ 젊어 보여요
⑤ 힘들어 보여요

048 • -아/어 있다

❶ ① 의자에 앉아 있어요   ② 침대에 누워 있어요
③ 꽃이 피어 있어요   ④ 아직 살아 있어요
⑤ 기억에 남아 있어요

❷ ① 누워 있어요   ② 들어 있어요
③ 살아 있어요   ④ 앉아 계세요
⑤ 남아 있어요

049 • -아/어 주다

❶ ① 빌려 주세요   ② 보여 주세요
③ 찍어 주세요   ④ 가 주세요
⑤ 사 줄게요   ⑥ 기다려 줄게요
⑦ 가르쳐 줄게요   ⑧ 깎아 줄게요

❷ ① 우산 좀 빌려 주세요   ② 사진 좀 보여 주세요
③ 사진 좀 찍어 주세요   ④ 공항까지 가 주세요
⑤ 이 문법 좀 가르쳐 주세요

050 • -아/어지다

❶ ① 날씨가 추워졌어요   ② 뚱뚱해졌어요

③ 흰머리가 많아졌어요
④ 그 사람이 좋아졌어요   ⑤ 익숙해졌어요

051 • -아/어서¹

❶ ① 친구와 싸워서 기분이 안 좋아요
② 길이 막혀서 늦었어요
③ 배가 아파서 학교에 못 왔어요
④ 아직 안 배워서 모르겠어요
⑤ 너무 바빠서 하나 씨 만날 시간도 없어요

❷ ① 초대해 주셔서 / 와 주셔서   ② 늦어서
③ 보고 싶어서   ④ 못 자서요   ⑤ 배 고파서

052 • -아/어서²

❶ ① 아침에 일어나서 세수해요
② 식당에 가서 밥을 먹었어요
③ 도서관에 가서 책을 빌렸어요
④ 여기에 앉아서 잠시만 기다리세요
⑤ 길을 건너서 똑바로 가세요

❷ ① 은행에 가서   ② 만나서   ③ 일어나서
④ 건너서   ⑤ 사서

053 • -아/어서는 안 되다

❶ ① 실내에서 담배를 피워서는 안 돼요
② 도서관에서 떠들어서는 안 돼요
③ 여기에 주차해서는 안 돼요
④ 그런 말을 해서는 안 돼요
⑤ 그렇게 해서는 안 돼요

054 • -아/어야

❶ ① 택시를 타야 편해요
② 한국말을 알아야 한국에서 살기 편해요
③ 건강해야 무슨 일이든지 할 수 있어요
④ 그건 해 봐야 알 수 있어요
⑤ 저는 커피를 한잔해야 집중이 돼요

055 • -아/어야겠다

❶ ① 일이 있어서 일찍 가야겠어요
② 확인해 봐야겠어요
③ 시험이 있어서 일찍 자야겠어요
④ 내일부터는 일찍 일어나야겠어요
⑤ 그 사람 한번 만나 봐야겠어요

056 • -아/어야 되다

❶ ① 일찍 자야 해요 / 돼요

② 약속을 지켜야 해요 / 돼요
③ 표를 예매해야 해요 / 돼요
④ 지금 가야 해요 / 돼요
⑤ 열심히 공부해야 해요 / 돼요

❷ ① 공부해야 해요 / 돼요
② 들어가야 해요 / 돼요
③ 가야 해요/ 돼요
④ 예약해야 해요 / 돼요

057 • -아/어하다

❶ ① 좋아하다   ② 싫어하다   ③ 미워하다
④ 어려워하다   ⑤ 부끄러워하다
⑥ 무서워하다   ⑦ 귀여워하다
⑧ 피곤해 하다   ⑨ 예뻐하다
⑩ -고 싶어 하다

❷ ① 좋아요 / 좋아해요   ② 싫어요 / 싫어해요
③ 어려워요 / 어려워해요
④ 만나고 싶어요 / 만나고 싶어 해요
⑤ 부끄러워요 / 부끄러워 하

058 • -았/었던

❶ ① 입학식 때 입었던 옷이에요
② 지난주에 갔던 식당에 갑시다
③ 지난번에 먹었던 치킨을 시킵시다
④ 어제 말했던 책 가지고 왔어요
⑤ 잃어버렸던 시계를 오늘 찾았어요

❷ ① 앉았던   ② 갔던   ③ 먹었던   ④ 입었던
⑤ 봤던

059 • -았/었으면

❶ ① 키가 컸으면 좋겠어요
② 남자 친구가 있었으면 좋겠어요
③ 돈이 많았으면 좋겠어요
④ 집이 조금 더 넓었으면 좋겠어요
⑤ 요리를 잘했으면 좋겠어요

❷ ① 적었으면 좋겠어요   ② 행복했으면 좋겠어요
③ 취직했으면 좋겠어요   ④ 생겼으면 좋겠어요
⑤ 수업이 없었으면

060 • -았/었을 때

❶ ① 처음 공항에 내렸을 때 긴장이 됐어요
② 장학금을 받았을 때 너무 기뻤어요
③ 컴퓨터가 고장 났을 때 짜증이 많이 났어요
④ 남자 친구와 헤어졌을 때 아주 슬펐어요

⑤ 넘어졌을 때 많이 부끄러웠어요

061 • 에게 / 한테

❶ ① 동생한테(에게) 책을 줍니다
② 친구한테(에게) 이메일을 보냈어요
③ 하나 씨한테(에게) 전화했어요
④ 친구한테(에게) 생일 선물을 줬어요
⑤ 하나 씨는 외국인한테(에게) 영어를 가르쳐요

❷ ① (O)　②(O)　③(O)　④(✕)
⑤ (O)

062 • 에게서 / 한테서

❶ ① 선배한테서(에게서) 그 말을 들었어요
② 친구한테서(에게서) 편지가 왔어요
③ 누나한테서(에게서) 피아노를 배웠어요
④ 선생님한테서(에게서) 이메일을 받았어요
⑤ 선배한테서(에게서) 테니스를 배워요

063 • 에 대해

❶ ① 에 대해(서)　② 에 대해(서)　③ 에 대해(서)
④ 에 대한　⑤ 에 대한

064 • 에 따르면

❶ ① 에 따르면　② 에 따르면　③ 에 따르면
④ 에 따르면　⑤ 에 따르면

065 • 에 비해

❶ ① 에 비해(서)　② 에 비해(서)　③ 에 비해(서)
④ 에 비해(서)　⑤ 에 비해(서)

066 • -요

❶ ① 김치찌개요　② 학교 식당에서요
③ 동대문 시장에서요　④ 언니하고요 / 언니랑요
⑤ 가방이요

067 • -(으)니까¹

❶ ① 내일 시험이 있으니까 열심히 공부하세요
② 목이 마르니까 콜라를 마실까요
③ 오늘은 바쁘니까 내일 만나요
④ 피곤하니까 여기에서 좀 쉽시다
⑤ 그 영화는 재미없으니까 보지 마세요

❷ ① 없으니까　② 바쁘니까　③ 재미있으니까
④ 좋으니까　⑤ 오니까

068 • -(으)려고

❶ ① 여행 가려고 돈을 모으고 있어요
② 점심에 먹으려고 도시락을 샀어요
③ 리포트를 쓰려고 도서관에 가요
④ 예뻐지려고 다이어트를 시작했어요
⑤ 친구한테 주려고 선물을 샀어요

❷ ① 공항 가려고　② 만들려고　③ 영화 보려고
④ 안 자려고　⑤ 주려고

069 • -(으)려고 하다

❶ ① 주말에 파티하려고 해요
② 방학 때 한국에 가려고 해요
③ 올해는 술을 줄이려고 해요
④ 다이어트를 하려고 해요
⑤ 아이는 두 명쯤 낳으려고 해요

❷ ① 백화점에 가려고 해요
② 선생님이 되려고 해요
③ 대학원에 진학하려고 해요
④ 책을 많이 읽으려고 해요
⑤ 5년 후쯤 하려고 해요

070 • -(으)려면

❶ ① 서울역에 가려면 2호선을 타야 해요
② 해외여행을 가려면 여권이 필요해요
③ 김선생님을 뵈려면 사무실로 가세요
④ 7시 버스를 타려면 서둘러야 해요
⑤ 일을 다 끝내려면 아직 멀었어요

❷ ① 부산에 가려면　② 영화를 보려면
③ 살을 빼려면　④ 돈을 모으려면
⑤ 한국어를 잘하려면

071 • (으)로¹

❶ ① 으로　② 으로　③ 으로　④ 으로
⑤ 로

❷ ① 으로　② 으로　③ 로　④ 으로
⑤ 로 / 로

072 • (으)로²

❶ ① 으로　② 로　③ 로　④ 으로

❷ ① 으로　② 로　③ 으로 / 로　④ 로 / 으로
⑤ 로 / 로

073 • (으)로³

❶ ① 로　　② 로　　③ 로　　④ 으로　　⑤ 로

074 • (으)로부터

❶ ① 으로부터　　② 으로부터　　③ 로부터
　④ 으로부터

075 • (으)로 인해

❶ ① 으로 인해(서)　　② 으로 인해(서)
　③ 으로 인해(서)　　④ 으로 인한

076 • –(으)며

❶ ① 그 사람이 웃으며 말했어요
　② 옛날 사진을 보며 재미있게 보냈어요
　③ 무서워서 울며 산을 내려왔어요
　④ 직장 생활을 하며 학교에 다녔어요
　⑤ 놀며 천천히 하세요

077 • –(으)면

❶ ① 시간이 있으면 같이 영화 보러 갑시다
　② 지금 가면 만날 수 있어요
　③ 비싸지 않으면 아이폰을 사고 싶어요
　④ 음식이 매우면 먹지 마세요
　⑤ 전화번호를 알면 가르쳐 주세요

❷ ① 보고 싶으면　　② 시간이 있으면
　③ 더우면(더우시면)　　④ 똑바로 가면
　⑤ 피곤하시면

078 • –(으)면 안 되다

❶ ① 큰 소리로 전화하면 안 돼요
　② 담배를 피우시면 안 돼요
　③ 쓰레기를 버리면 안 돼요
　④ 뛰면 안 돼요　　⑤ 떠들면 안 돼요

❷ ① 가면 안 돼요　　② 늦게 오면 안 돼요
　③ 찍으면 안 돼요　　④ 보면 안 돼요
　⑤ 기다리면 안 돼요

078-1 • –(으)면 되다

❶ ① 9시까지 오시면 돼요
　② 2번 출구로 나오면 돼요
　③ 이 옷으로 갈아입으면 돼요
　④ 식후에 드시면 돼요
　⑤ 오른쪽으로 가면 돼요

❷ ① 비비면 돼요　　② 들어오시면 돼요

③ 기다리시면 돼요　　④ 나가면 돼요
⑤ 누르시면 돼요

079 • –(으)면서

❶ ① 신문을 보면서 밥을 먹어요
　② 샤워를 하면서 노래를 불러요
　③ 그 사람이 웃으면서 말했어요
　④ 음악을 들으면서 요리를 해요
　⑤ 스마트폰을 보면서 걸으면 안 돼요

❷ ① 운전하면서　　② 자면서　　③ 커피 마시면서
　④ 살면서　　⑤ 쉬면서

080 • –은/는/을 것

080-① • –는 것

❶ ① 테니스 치는 것을 좋아해요
　② 공부하는 것을 싫어해요
　③ 제 꿈은 가수가 되는 것입니다
　④ 손을 깨끗이 씻는 것이 중요해요
　⑤ 매일 운동하는 것이 좋아요

❷ ① 음악 듣는 것을　　② 되는 것이
　③ 보는 것을　　④ 못 먹는 것이
　⑤ 보는 것 / 하는 것을

080-② • –은 것¹

❶ ① 미나 씨가 아픈 것을 몰랐어요
　② 하나 씨가 선생님인 것을 알아요
　③ 저는 비싼 것을 별로 안 좋아해요
　④ 저는 매운 것을 잘 먹어요
　⑤ 저는 찬 커피보다 따뜻한 것을 더 좋아해요

❷ ① 넓은 것이 / 좁은 것이　　② 매운 것을
　③ 유명한 것이　　④ 따뜻한 것

080-③ • –은 것²

❶ ① 어제 먹은 것 이름이 뭐예요
　② 어제 배운 것 다시 한 번 설명해 주세요
　③ 제가 마신 것 영민 씨 커피였어요
　④ 하나 씨 결혼한 것을 몰랐어요
　⑤ 궁금한 것이 있어요

❷ ① 먹은 것/거　　② 결혼한 것/거
　③ 쓴 것이에요 / 거예요　　④ 배운 것/거

080-④ • –을 것

❶ ① 먹을 거/것 좀 있어요
　② 하나 씨는 마실 거/걸/것을 좀 준비해 주세요
　③ 오늘 할 것이/게/거 많아요

④ 심심한데 읽을 것/거 좀 주세요
⑤ 더운데 마실 것/거 좀 주세요

❷ ① 먹을 거/것   ② 읽을 거/것
③ 도와줄 거/것   ④ 할 거 /것

080-1 • -기

❶ ① 듣기   ② 말하기   ③ 읽기   ④ 쓰기

❷ ① 공부하기 힘들죠
② 제 취미는 사진 찍기예요
③ 혼자 밥 먹기 싫어요
④ 등산하기 좋은 날씨예요
⑤ 늘 건강하시기 바랍니다

080-2 • -음

❶ ① 맑음   ② 모름   ③ 다름   ④ 씀
⑤ 믿음   ⑥ 웃음

❷ ① 그 사람은 학생임에 틀림없다
② 오후 1시 회의 있음
③ 다음 주 목요일 시험 봄
④ 아이 울음 소리가 들려요
⑤ 웃음 소리가 너무 커요

081 • -은/는/을 것 같다

081-①, ② • -은 것 같다¹, -는 것 같다

❶ ① – / 오는 것 같아요   ② – / 사는 것 같아요
③ – / 먹는 것 같아요   ④ 바쁜 것 같아요 / –
⑤ 아픈 것 같아요 / –   ⑥ 매운 것 같아요 / –
⑦ – / 맛있는 것 같아요
⑧ – / 재미없는 것 같아요
⑨ 학생인 것 같아요 / –
⑩ 남자 친구인 것 같아요 / –

❷ ① 좋아하는 것 같아요   ② 그런 것 같아요
③ 누구인 것 같아요   ④ 바쁜 것 같아요
⑤ 여친이 있는 것 같아요

081-③ • -은 것 같다²

❶ ① 비가 온 것 같아요
② 하나 씨가 먹은 것 같아요
③ 한국에 간 것 같아요
④ 친구와 싸운 것 같아요
⑤ 여자 친구와 헤어진 것 같아요

❷ ① 고향에 돌아간 것 같아요
② 결혼한 것 같아요
③ 퇴근한 것 같아요
④ 먹은 것 같아요

⑤ 한 것 같아요

081-④ • -을 것 같다

❶ ① 옷이 작을 것 같아요
② 영화가 재미없을 것 같아요
③ 노래를 잘할 것 같아요
④ 비가 올 것 같아요
⑤ 날씨가 더울 것 같아요

❷ ① 한국이 이길 것 같아요   ② 비가 올 것 같아요
③ 비쌀 것 같아요   ④ 재미있을 것 같아요
⑤ 범인일 것 같아요

082 • -은 덕분

❶ 덕분에[이다]
① 덕분에   ② 덕분   ③ 덕분에   ④ 덕분에
⑤ 덕분에

❷ [-은 덕분에]
① 열심히 공부한 덕분에 시험에 합격했다
② 친구가 도와준 덕분에 일이 빨리 끝났다
③ 열심히 쿠폰을 모은 덕분에 공짜로 피자를 먹었다
④ 소이 씨를 만난 덕분에 많은 것을 경험했다

083 • -은 적(이) 있다[없다]

❶ ① 실수한 것이 있어요
② 담배를 피운 적이 있어요
③ 한국 영화를 본 적이 있어요
④ 다이어트를 한 적이 있어요
⑤ 친구랑 싸운 적이 있어요
⑥ 거짓말한 적이 있어요

❷ ① 지각한 적(이) 있어요   ② 가 본 적(이) 있어요
③ 만난 적(이) 있어요   ④ 먹어 본 적(이) 있어요
⑤ 읽은 적(이) 있어요

084 • -은 지

❶ ① 한국어를 배운 지 1년이 되었어요/됐어요
② 남자 친구를 만난 지 얼마 안 되었어요/됐어요
③ 그 친구랑 헤어진 지 5개월 되었어요/됐어요
④ 청소를 한 지 오래 되었어요/됐어요
⑤ 삿포로에서 산 지 벌써 10년이나 되었어요/됐어요

❷ ① 온 지   ② 한국어를 배운 지
③ 남자 친구랑 사귄 지   ④ 결혼한 지
⑤ 여기에서 산 지

085 • -은 후

1
① 책을 읽은 후(에) 자요
② 청소를 한 후(에) 빨래를 해요
③ 숙제를 한 후(에) 친구랑 같이 놀 거예요
④ 수업이 끝난 후(에) 집에 가요
⑤ 졸업한 후(에) 취직할 거예요

2
① 수업 후(에)　② 끝난 후(에)
③ 헤어진 후(에)　④ 식사 후(에)
⑤ 방학한 후(에)

086 • -은/는데¹

1
① 더운데 냉면 먹읍시다
② 배 고픈데 밥 먹으러 가요
③ 선물을 사고 싶은데 뭐가 좋을까요
④ 옷 사러 가는데 같이 갈래요
⑤ 내일은 시간이 있는데 내일 만날까요

2
① 그런데요 / 친구인데요　② 보러 가는데
③ 좋은데　④ 만든 것인데

087 • -은/는데²

1
① 아침인데 벌써 더워요
② 4월인데 아직 추워요
③ 얼굴은 예쁜데 성격이 안 좋아요
④ 형은 키가 큰데 저는 키가 작아요
⑤ 열심히 공부했는데 시험에 떨어졌어요

2
① 예쁜데　② 좋아하는데　③ 10대인데
④ 비싼데　⑤ 매운데

088 • -은/는데요

1
① 질문이 있는데요　② 편지를 보내러 왔는데요
③ 기억이 잘 안 나는데요　④ 잘 모르겠는데요
⑤ 전데요

2
① 제 것인데요/건데요　② 못 받았는데요
③ 민서인데요　④ 만들려고 하는데요
⑤ 집에서 쉬고 있는데요

089 • -은/는 반면

1
① 값이 비싼 반면(에) 품질이 좋아요
② 성격은 좋은 반면(에) 공부를 못해요
③ 아는 사람은 많은 반면(에) 친한 사람은 없어요
④ 머리는 좋은 반면(에) 노력을 안 해요
⑤ 단점이 있는 반면(에) 장점도 있어요

090 • -은/는지

1
① 혹시 저 사람 누구인지 알아요
② 잡채를 어떻게 만드는지 알아요
③ 하나 씨 어디에 사는지 알아요
④ 하나 씨가 왜 결석했는지 알아요
⑤ 시험이 언제인지 알아요

2
① 하는지　② 몇 월 며칠인지　③ 얼마인지
④ 가는지　⑤ 좋은지

091 • -은/는 줄 모르다[알다]

1
① 그 아이가 그렇게 똑똑한 줄 몰랐어요
② 비가 오는 줄 몰랐어요
③ 운전하는 게 이렇게 어려운 줄 몰랐습니다
④ 하나 씨가 저를 좋아하는 줄 몰랐어요
⑤ 제가 하나 씨를 싫어하는 줄 알았어요

2
① 사는 줄　② 좋아하는 줄　③ 있는 줄
④ 사귀는 줄　⑤ 되는 줄

092 • -은/는 편이다

1
① 공부 잘하는 편이에요
② 아무거나 잘 먹는 편이에요
③ 잘생긴 편이에요
④ 노래를 잘 부르는 편이에요
⑤ 방이 넓은 편이에요

2
① 자는 편이에요　② 먹는 편이에요
③ 잘생긴 편이에요　④ 먹는 편이에요
⑤ 싼 편이에요

093 • -을 거예요²

1
① 복잡할 거예요　② 좋아할 거예요
③ 도착했을 거예요　④ 잘 먹을 거예요
⑤ 잘 볼 거예요　⑥ 있을 거예요

2
① 올 거예요　② 비쌀 거예요
③ 됐을 거예요　④ 바쁠 거예요
⑤ 늦을 거예요

093-1 • -을 거예요¹

1
① 도서관에서 공부할 거예요
② 청소를 할 거예요　③ 갈 거예요
④ 먹을 거예요

094 • -을게요

1
① 내일부터 일찍 올게요　② 제가 할게요
③ 올해부터 담배를 끊을게요

④ 집에 가서 전화할게요
⑤ 올해는 술을 끊을게요

❷ ① 올게요 ② 마실게요 ③ 살게요 / 살게요
④ 할게요 ⑤ 할게요

095 • -을까 (하다)

❶ ① 오후에는 영화를 볼까 해요
② 졸업 후 유학을 갈까 해요
③ 방학 때 고향에 돌아갈까 해요
④ 주말에는 집에서 쉴까 해요
⑤ 도서관에 책을 빌리러 갈까 해요

❷ ① 굶을까 해요 ② 살까 해요
③ 시내에 갈까 해요 ④ 여행이나 갈까 해요
⑤ 낮잠이나 잘까 해요

096 • -을까요?¹

❶ ① 한잔할까요? ② 같이 밥 먹을까요?
③ 놀러 갈까요? ④ 영화 보러 갈까요?
⑤ 비빔밥 먹을까요?

❷ ① 한잔할까요 ② 먹을까요
③ 볼까요 / 갈까요 ④ 할까요
⑤ 탈까요

096-1 • -을래요?

❶ ① 한잔할래요? ② 같이 밥 먹을래요?
③ 놀러 갈래요? ④ 영화 보러 갈래요?
⑤ 뭐 먹을래요?

❷ ① 바다에 갈래요 ② 커피 한잔할래요
③ 밥 먹으러 갈래요 ④ 놀러 안 갈래요
⑤ 뭐 먹을래요

097 • -을까요?²

❶ ① 시험이 어려울까요? ② 내일 날씨 추울까요?
③ 늦지 않을까요? ④ 이 옷 비쌀까요?
⑤ 하나 씨 몇 살일까요?

❷ ① 학생일까요 ② 할 수 있을까요
③ 갔을까요 ④ 화가 났을까요
⑤ 맞을까요

098 • 을 대상으로

❶ ① 을 대상으로 ② 을 대상으로
③ 를 대상으로 ④ 을 대상으로

099 • -을 때

❶ ① 웃을 때 제일 예뻐요
② 어릴 때 키가 작았어요
③ 심심할 때는 동영상을 봐요
④ 피곤할 때는 커피를 마셔요
⑤ 집에 있을 때는 화장을 안 해요

❷ ① 사진 찍을 때 ② 노래 부를 때
③ 비가 올 때 ④ 음악을 들을 때
⑤ 프린트할 때 / 스캔할 때
⑥ 복사할 때 / 카피할 때

100 • -을 생각[계획, 예정]이다

❶ ① 가 볼 생각이에요 ② 먹어 볼 생각이에요
③ 한번 해 볼 생각이에요
④ 헤어질 생각이에요

❷ ① 해 볼 생각이에요 ② 가 볼 생각이에요
③ 먹어 볼 생각이에요 ④ 결혼할 생각이에요
⑤ 살 생각이에요

101 • -을 수 있다[없다]

❶ ① 운전할 수 있어요 ② 자전거 탈 수 있어요
③ 한국 노래 부를 수 있어요
④ 피아노 칠 수 있어요
⑤ 매운 음식 먹을 수 있어요

❷ ① 운전할 수 있어요 ② 칠 수 있어요
③ 할 수 있어요 ④ 먹을 수 있어요
⑤ 주차할 수 있어요

102 • -을 줄 알다[모르다]

❶ ① 요리할 줄 알아요 / 몰라요
② 운전할 줄 알아요 / 몰라요
③ 골프 칠 줄 알아요 / 몰라요
④ 영어 할 줄 알아요 / 몰라요

❷ ① 운전할 줄 알아요 / 할 줄 알아요
② 칠 줄 알아요 / 칠 줄 몰라요
③ 할 줄 알아요 ④ 먹을 줄 알아요
⑤ 만들 줄 알아요

103 • 을 통해

❶ ① 을 통해(서) ② 을 통해(서)
③ 을 통해(서) ④ 을 통해(서)
⑤ 를 통해(서)

104 • (이)나¹

1 ① 나 ② 이나 ③ 나 ④ 이나
⑤ 이나

105 • (이)나²

1 ① 커피를 다섯 잔이나 마셨어요
② 버스를 한 시간이나 기다렸어요
③ 술이 반이나 남았어요
④ 그 영화는 다섯 번이나 봤어요
⑤ 결혼을 세 번이나 했어요

2 ① 한 시간이나 ② 몇 권이나
③ 두 시간이나 / 두 시간이나 ④ 백 명이나
⑤ 세 편이나

105-1 • (이)나³

1 ① 소주나 ② 잠이나 ③ 술이나
④ 라면이나 ⑤ 김밥이나

2 ① 커피나 ② 노래방이나 ③ 영화나
④ 물이나 ⑤ 텔레비전이나

106 • (이)나⁴

1 ① 언제나 ② 누구나 ③ 어디에나
④ 아무거나

107 • (이)든지

1 ① 뭐든지 ② 뭐든지 ③ 어디든지
④ 언제든지 ⑤ 뭐든지

2 ① 언제든지 ② 누구든지 ③ 뭐든지
④ 뭐든지 ⑤ 어디든지

108 • 이/가 되다

1 ① 봄이 되었어요 / 됐어요
② 대학생이 되었어요 / 됐어요
③ 2학년이 되었어요 / 됐어요
④ 스무 살이 되었어요 / 됐어요
⑤ 엄마가 되

109 • (이)라고 하다

1 ① 저는 김하나라고 합니다
② 이걸 한국어로 뭐라고 말해요
③ 죄송하지만 지금 뭐라고 하셨어요
④ 이건 일본어로 弁当라고 해요.

110 • (이)라도¹

1 ① 오랜만에 만났는데 커피라도 한잔합시다
② 일 끝나고 술이라도 한잔해요
③ 심심하면 영화라도 한 편 보세요
④ 배 고픈데 라면이라도 먹을까요

2 ① 물이라도 ② 빵이라도 ③ 지금이라도
④ 술이라도 ⑤ 아르바이트라도

111 • (이)라도²

2 ① 언제라도 ② 누구라도 ③ 저라도

112 • (이)라(서)

1 ① 봄이라서 날씨가 따뜻해요
② 출근 시간이라서 길이 많이 막히네요
③ 친구 생일이라서 선물을 사러 갈 거예요
④ 통화 중이라서 전화를 끊었어요
⑤ 여자라서 행복해요

2 ① 고향 친구라서 ② 방학이라서
③ 학교 후배라서 ④ 아니라서 ⑤ 남자라서

113 • -잖아

1 ① 아까 말했잖아요 ② 밖에 비가 오잖아요
③ 내가 그랬잖아요 ④ 아까 마셨잖아요
⑤ 아직 학생이잖아요

2 ① 피웠잖아요 ② 말했잖아요
③ 18살이잖아요 ④ 생신이잖아
⑤ 늦잖아요

114 • 중

1 ① 한국 배우 중에(서) 누구를 제일 좋아해요
② 외국어 중에(서) 영어가 가장 어려워요
③ 친구 중에(서) 미나 씨랑 제일 친해요
④ 옷 중에(서) 이 옷이 제일 마음에 들어요
⑤ 수업 중에(서) 문학 수업이 가장 재미있었어요

2 ① 중에(서) ② 중에(서) ③ 중에(서)
④ 중에(서) ⑤ 중에(서)

115 • -지 말다

1 ① 가지 마세요 ② 하지 마세요
③ 보지 마세요 ④ 자지 마세요
⑤ 먹지 마세요

❷ ① 기다리지 마세요   ② 켜지 마세요
   ③ 넣지 마세요   ④ 열지 마세요
   ⑤ 걱정하지 마세요

116 • -지 말고

116-1 • [-지 말고]
① 기차로 가지 말고 버스로 갑시다
② 싸우지 말고 사이좋게 지내세요
③ 일본어로 말하지 말고 한국어로 하세요
④ 짜게 드시지 말고 싱겁게 드세요
⑤ 매일 집에만 있지 말고 외출도 가끔 해세요

116-2 • [말고]
① 영화 말고   ② 등산 말고   ③ 오늘 말고
④ 집에서 말고   ⑤ 이거 말고

117 • -지 못하다

❶ ① 빨래 못해요 / 빨래하지 못해요
   ② 운전 못해요 / 운전하지 못해요
   ③ 테니스 못 쳐요 / 테니스 치지 못해요
   ④ 밥도 못 먹어요 / 밥도 먹지 못해요
   ⑤ 자주 못 만나요 / 자주 만나지 못해요

❷ ① 하지 못해요 / 못해요
   ② 가지 못해요 / 못 가요
   ③ 마시지 못해요 / 못 마셔요
   ④ 가지 못해요 / 못 가요
   ⑤ 못해요 / 하지 못해요

118 • -지 않다

❶ ① 안 어려워요 / 어렵지 않아요
   ② 안 달아요 / 달지 않아요
   ③ 안 멀어요 / 멀지 않아요
   ④ 안 좋아해요 / 좋아하지 않아요
   ⑤ 안 매워요 / 맵지 않아요

❷ ① 살지 않아요 / 안 살아요
   ② 많지 않아요 / 안 많아요
   ③ 자주 듣지 않아요 / 자주 안 들어요
   ④ 가지 않아요 / 안 가요
   ⑤ 맵지 않아요 / 안 매워요

119 • -지요

❶ ① 일본 분이시지요?   ② 오늘 날씨 춥지요?
   ③ 요즘 많이 바쁘지요?   ④ 피곤하시지요?
   ⑤ 졸리지요?

❷ ① 덥지요   ② 어렵지요   ③ 맵지요

④ 남자 친구지요   ⑤ 재미없지요

120 • -(으)니까²

❶ ① 학교에 가니까 공사 중이었어요.
   ② 써 보니까 아주 좋았어요.
   ③ 먹어 보니까 아주 맛있었어요.

❷ ① 일어나니까   ② 가 보니까   ③ 들어 보니까